高等教育“十三五”规划教材

房地产开发与管理

Fangdichan Kaifa Yu Guanli

马立强　主编

中国矿业大学出版社
China University of Mining and Technology Press

内 容 提 要

本书以房地产开发企业进行房地产开发项目的运作流程为主线，系统介绍了房地产开发与管理的基本理论与方法，包括从房地产开发企业成立到后期物业管理的完整过程，全面讲述了房地产开发企业、开发项目策划、项目用地的获取、可行性研究、规划设计与招标管理、项目融资管理、营销管理、物业委托管理等相关知识。

本书注重理论与实践的结合，相关的案例、习题可帮助读者加强对理论知识的理解，具有内容丰富、时效性强、实际操作性强的特点，既可作为高等院校工程管理、房地产开发与管理、工程造价、物业管理、工商管理、土木工程、土地资源管理等专业的教学用书，也可作为参加注册房地产估价师、房地产经纪人考试人员及房地产开发企业、房地产经营管理企业管理人员与技术人员等专业人士的参考用书。

图书在版编目(CIP)数据

房地产开发与管理 / 马立强主编. —徐州：中国矿业大学出版社，2017.11

ISBN 978-7-5646-3771-2

Ⅰ. ①房… Ⅱ. ①马… Ⅲ. ①房地产开发②房地产管理 Ⅳ. ①F293.3

中国版本图书馆 CIP 数据核字(2017)第 270956 号

书　　名　房地产开发与管理
主　　编　马立强
责任编辑　褚建萍
出版发行　中国矿业大学出版社有限责任公司
　　　　　　（江苏省徐州市解放南路　邮编 221008）
营销热线　(0516)83885307　83884995
出版服务　(0516)83885767　83884920
网　　址　http://www.cumtp.com　**E-mail**:cumtpvip@cumtp.com
印　　刷　徐州中矿大印发科技有限公司
开　　本　787×1092　1/16　**印张** 13.5　**字数** 340 千字
版次印次　2017 年 11 月第 1 版　2017 年 11 月第 1 次印刷
定　　价　27.00 元
（图书出现印装质量问题，本社负责调换）

前　言

我国幅员广阔、人口众多，随着经济快速发展和城镇化水平的提高，城市建设大规模展开，人民物质生活水平迅速提高，对房地产产品的需求日益增加，从而拓展了房地产开发长远发展的良好空间。作为国民经济的基础性、先导性产业，房地产在我国经历了一段时期的高增长发展之后，正逐步走向市场化和规范化的道路，市场面临以住宅为主的规模化开发销售占主流的格局转变为集约化开发与配套服务经营共同发展的格局。

与我国房地产开发迅猛发展态势不相适应的是真正精通房地产开发与管理的人才相对匮乏。为满足培养高素质房地产专业人才要求，作者根据多年从事教学、科研和实践的经验，对大纲经过不断论证和完善，在取材上力求体现国家对房地产业的新政策法规、房地产市场的发展趋势，以及房地产开发管理实践能力的要求。在编著过程中，力图突出系统性、实践性、前瞻性，将房地产开发与管理有机地结合在一起，做到理论与实践的高度统一，使读者通过学习，既能了解具有一定深度的理论知识，又能提高实践操作能力。

全书主要阐述房地产开发与管理的基本理论与方法，分为四个板块共10章。第一板块为房地产开发与管理概述板块，包括第1章和第2章，第1章讲述房地产、房地产业和房地产开发的基本概念，第2章讲述房地产开发主体即房地产企业和相关利益者；第二板块为房地产开发前期工作管理板块，包括第3、4、5、6章，第3章介绍房地产策划相关知识，第4章介绍房地产项目用地的获取，第5章介绍房地产开发项目可行性研究的相关理论方法，第6章介绍房地产开发规划设计与招标管理的相关知识；第三板块为房地产开发实施与经营管理板块，包括第7、8、9章，第7章讲述房地产开发项目的建设管理，第8章讲述房地产开发项目的融资管理，第9章介绍房地产开发项目的营销管理；第四板块为房地产开发后期物业委托管理板块，即第10章，介绍房地产项目的物业委托管理。

本教材的编写在内容构建和编撰方法上具有以下几个特点：① 注重房地产开发与管理理论和方法的全面性。本教材在内容上尽量全面涵盖房地产开发与管理的知识体系，在结构上按照房地产开发项目运作流程的先后顺序编排，思路清晰。② 强调可操作性。本教材力求进一步缩短理论学习和实践操作之间的距离，操作性强。③ 紧跟房地产开发与管理的最新政策，反映国家政策和房地产领域的新动态、新要求，完整刻画房地产开发管理领域所处的经济、社会、法律环境等所发生的深刻变化，对教材选用内容进行及时更新，力求理论体系的新颖性和适用性。④ 体现学校人才培养与社会执业资格对接的理念。在内容设置上，参考了我国注册房地产估价师、房地产经纪人考试大纲和考试教材，便于实现学校人才培养与社会执业资格认证的对接，为学生将来走向社会，更快适应实际工作奠定扎实基础。

本书由马立强负责章节设计，马立强任主编，王敏、闫旭骞、崔金荣任副主编。马立强编写第1章、第2章、第5章、第8章，余赛编写第3章、第4章，王敏编写第6章、第9章，崔金荣编写第 7 章，闫旭骞编写 10 章。

本书在编写过程中参考了许多专家的教材、论著和资料，在此向他们表示诚挚的谢意。另外，还得到了中国矿业大学出版社褚建萍的大力支持与帮助，在此一并致以谢意。

鉴于作者水平有限，书中错误之处在所难免，敬请读者予以指正。

编 者

2017 年 9 月

目　录

1 绪 论

学习目标

1. 了解房地产与房地产业的含义、特征；
2. 掌握房地产开发的含义、分类、作用和模式；
3. 熟悉房地产开发项目的基本运作流程。

1.1 房地产与房地产业

1.1.1 房地产的含义和特征

1. 房地产的含义

房地产又称不动产，是房屋和土地两种财产的合称，是指土地、建筑物、其他地上附着物及其附带的各种权益。从实物形态上看，房地产通常被认为是土地以及与之相连的建筑物、构筑物和基础设施。在现实中，由于其他地上附着物往往可以视为土地或建筑物的组成或附属部分，因此，房地产包括土地和建筑物两大部分。

通常所讲的房产是指房屋财产，包括地上建筑物和构筑物，它的价值是由建筑工人在生产或建造房屋过程中耗费的社会必要劳动时间及建筑材料和建筑机械成本所形成的。房屋所有权是指房屋所有人在法律规定的范围内对房屋的占有、使用、收益和充分的独占性支配权。房屋所有权排斥他人的干涉，并受到国家法律的保护。

通常所讲的地产是指土地财产，其具有两重含义：一是指原属自然资源经过投入资金和劳动后可供开发建设的土地，城镇土地一般属于此范畴；二是指在特定的经济关系中与土地相关的一切权益。我国城市土地权属的基本形式是国有土地所有权和政府法定有效期内土地的使用权，后者是经济活动中权属流转的主要内容。国有土地使用权是一种相对独立的财产权，可以按照法律设定的规则进入市场，并准许个人、各类法人团体等非公有主体依法取得土地使用权。

地产可以单独存在，也可以独立进入市场进行运作；而房屋则必须在土地上建造，也只有与土地结合起来才能整体进入市场。房产与地产密不可分、相互依存。房产不能离开土地而单独存在，而土地作为房屋的承载体，它的价值必须通过人们对房产的需求反映出来，因此对土地的需求是一种引致需求。土地开发和房产开发成为紧密联系的产业环节。在企业运作过程中，土地开发和房产开发是一个并行或继起的过程，企业通常以整体运作的方式高效整合各环节的资源，最大限度地实现房地产的市场价值。

2. 房地产的特征

(1) 自然特性，主要包括：① 位置的固定性。任何房屋都需要建造在土地上，而土地具有不可移动性，这就决定了房地产位置的固定性。② 产品的独特性。由于房屋要坐落在不可移动的土地上，因此，即使两个房地产项目在建筑设计、结构及内外装饰上完全相同，也会在周围环境以及交通等方面有所差异。也就是说，不可能存在一模一样的房地产项目，即房地产具有独特性。③ 数量的有限性。由于土地受大自然的限制，本身数量有限，同时土地的使用又受到城市规划的制约，在一定时间内可供利用的土地数量受到限制，并且在有限的土地上建造的房屋不可能无限地向空中或地下延伸，因此，房地产呈现出数量的有限性特征。④ 产品的耐久性。一般生产资料或生活资料会随着人们的使用而消耗或磨损，但由于土地的不可毁灭性，建在其上的房屋建筑一经建成，其使用期限可达几十年甚至上百年。如：按照现有的规定，普通房屋和构筑物的设计使用年限为 50 年，纪念性建筑和特别重要的建筑结构设计使用年限为 100 年。⑤ 产品的实用性。房地产可以作为生存资料、享受资料和发展资料，为人们的生产、生活和娱乐等提供空间基础，具有强大的使用功能。

(2) 经济特征，主要包括：① 保值增值性。由于土地的不可再生特征，随着人口的增长和经济的发展，房地产的需求日益扩大，在相当长的一段时期内房地产价格呈现上涨态势，而且其上涨幅度通常大于或等于一般物价的上涨幅度，从而使得房地产具有保值增值的特征。② 变更用途的困难性。同宗土地可能有多种用途，当该土地投入某种用途之后，欲改变其利用方向则较为困难，往往会造成巨大的经济损失。③ 对资金依赖性大。无论是房地产开发投资还是置业投资，对资金的需求都非常大，几百万元、几千万元，甚至几亿元，这种资金的依赖性使得房地产与金融业的关系非同一般。

(3) 社会特征，主要表现为：① 政策影响性。房地产受政策的影响较大，土地政策、税收政策、金融政策等的变化都会对房地产市场造成影响。② 反映社会风俗和生活习惯。我国的房屋与欧洲房屋的建筑风格迥异，在使用面积和房间布置上也存在很大差异。宗教信仰不同的地方，其住房也常表现出很大的不同。

1.1.2 房地产业的含义和特性

1. 房地产业的含义

房地产业是以土地和建筑物为经营对象，从事房地产投资、开发、经营、管理和服务等集多种经济活动为一体的综合性产业体系，属于第三产业范畴。房地产业作为一个产业，与国民经济中的其他产业部门一样，在其经济运行中也要经过生产、分配、交换、消费这 4 个环节。当房地产到达消费者时，房地产业运作环节并未结束，在房地产消费过程中，对房屋进行维修、提供服务和实施管理，是房地产业不可分割的重要组成部分。房地产业主要包括以下内容：① 土地开发和再开发。② 房屋开发和建设。③ 地产经营，包括土地使用权的出让、转让、租赁和抵押。④ 房地产经营，包括房产（含土地使用权）买卖、租赁、抵押等。⑤ 房地产中介服务，包括信息、咨询、估价、测量、经纪和公证等。⑥ 房地产物业管理服务，包括家居服务、房屋及配套设施和公共场所的维修养护、安全管理、绿地养护、保洁、车辆管理等。⑦ 房地产金融服务，包括信贷、保险和房地产金融资产投资等。

2. 房地产业与建筑业的关系

建筑业的主要经营对象是各类房屋的建造和其他构筑物的修建、改造及设备安装，它完全是物质生产部门。国际上和我国都明确建筑业属于第二产业。

房地产业是不同于建筑业的独立行业，是从事投资、开发、经营、管理和服务的产业。房地产业在资源配置、产业运作、经营范畴及产业组织特征等方面与建筑业有许多不同之处。

在房地产业链条中，地上建筑物及构筑物的建设离不开建筑业。因此，建筑业是其中不可或缺的生产环节。在日常的房地产开发建设活动中，房地产企业和建筑企业的关系往往是甲方和乙方的关系。房地产业的发展为建筑业提供了巨大的空间，建筑业的技术进步和成本高低对房地产产品的品质和经营效益有着直接的影响。

3. 房地产业的特性

(1) 高度综合性。房地产业的综合性体现在它包含生产、流通、消费等各个环节，虽然以流通为主，但还参与决策、组织、规划等。虽然不直接属于消费，但在消费过程中承担维修、保养等任务，还提供售后服务和家居劳务服务。因此，房地产业的经济活动存在于房地产开发的前期准备阶段、生产阶段、流通阶段和消费阶段全过程。其产业具有高度的综合性，是开发经营周期较长，与多行业、多部门、多学科相结合的产业部门；又是占用资金量大、资金周转较慢的资金密集型产业部门；还是物业管理周期长、售后服务任务重的服务型产业部门。

(2) 政府干预强。房地产业的发展直接关系到国民经济的增长，关系到城市化进程和城市经济社会的可持续发展，关系到城市的空间布局，关系到百姓安居和社会安定。房地产业不仅涉及社会成员生存的基本条件，还涉及社会公正与公平。房地产产品的生产不只是纯粹私人物品的生产，同时也是一种与政府公共物品紧密相连的生产过程。因此，政府不仅从宏观的角度通过产业政策、货币政策等对房地产业进行干预和调控，也从微观的角度通过投资计划、土地供应、行业规范等对产业运行、企业运作和市场发育进行有效的管理和规划。因此，政府的管理行为和政策法规的制定会对房地产业的发展产生重大影响。

(3) 关系社会的稳定。房地产是人们生活的场所，财富的象征，较之其他财产，使用期限长且产权稳定，给人安全平稳的感觉，从而使房地产以其独特的功能在社会稳定中发挥相当重要的作用。在人们解决温饱问题以后，住房问题是社会普遍关心的热点，是衡量一个社会生活水平和社会保障状态的重要标志。住房的保障制度也是一个国家社会保障制度的重要组成部分。

(4) 高投资、高收益、高风险。房地产业的经济活动需要投入大量的资金进行运作，高投资虽然带来巨大的收益，但房地产业往往会出现资金筹措困难、市场价格波动等现象，所以在取得高收益的同时也面临着许多不确定性，存在很大的风险。

1.2 房地产开发的含义、分类与作用

1.2.1 房地产开发的含义

房地产开发是房地产业中最基本、最主要的经济活动内容，是城市开发建设的主要内容。简要地说，房地产开发是一种使土地开发和房屋建设相结合的生产经营活动。具体来讲，房地产开发是指房地产开发企业根据城市建设总体规划和经济、社会发展计划的要求，选择一定区域内的建设用地，按照使用性质，实行“统一规划、合理布局、综合开发、配套建设”的方针，有计划有步骤地进行开发建设，以取得良好的经济、社会和环境效益为目的的综合性生产经营活动。因此，房地产开发也称为房地产综合开发或城市建设综合开发。

房地产开发是一种经济行为，需要借助多种资源的优化组合，包括土地、建筑材料、基础

设施、专业人员、资金等资源，形成建筑产品，再通过后续的销售活动，实现经济效益。房地产开发所创造的价值，主要体现在为房屋使用者提供了满足其需求的入住空间，增加了社会物质财富的总量。

由于人口持续增长、技术进步、人类生活水平提高和工作方式不断变革，社会对通过房地产开发来改造人居环境的需求是永恒的。在房地产开发中，房地产开发企业的主要目的是在获取利润的同时尽可能降低风险；而政府在房地产开发方面的目标，则是既要促进城市空间开发、带动城市经济增长，又要在不损害环境的条件下，提供完善的城市基础设施服务，改善城市居民的生活质量。

1.2.2 房地产开发的分类

房地产开发的形式多种多样，从不同的角度可以划分为不同的类型。

1. 按开发的区域性划分

根据被开发区域的性质可以将房地产开发分为新区开发和旧区再开发两种形式。

(1) 新区开发。新区开发主要是通过对城市郊区的农地和荒地的改造，使之变成建设用地，并进行一系列的房屋、道路、公用设施等方面的建造和铺设，变成新的城区。建设卫星城就是一种大规模建设新区的形式。新区开发的主要特点是从“生地”开始，严格按照城市规划和各项开发区的功能进行建设。新区开发尽管用地位置比较偏远，但由于是第一次开发，因此配套能够比较完善地进行，用地条件也比较宽松，适合于规模较大的住宅开发或工业用房开发。

(2) 旧区再开发。旧区再开发也称为旧区改造，主要是对建成区某些区段的建筑和各项配套设施进行性质和功能的再开发。旧区改造在城市建设中具有重要的意义：一方面通过改造，可以改变以往旧城区人口过密、交通紧张、房屋陈旧、设施落后、环境质量恶劣的弊端；另一方面，也可以调整城市的用地，节约土地资源，提高土地效益，增强城市活力。

2. 按开发的规模划分

根据房地产开发规模可以将房地产开发分为单项开发和成片开发两种形式。

(1) 单项开发。单项开发是指开发规模小、占地少、功能比较单一的项目，这种项目开发投资较少，建设周期较短，往往表现为分散建造的一些单项工程或单位工程，如单独建造几栋住宅、一座商业中心、一座写字楼、一条道路等。单项开发规模虽小，没有连带的配套设施的开发，但也必须严格按照城市建设总体规划进行，工业与民用建筑须缴纳一定的城市建设配套费用。

(2) 成片开发。成片开发范围较大，占地多，功能多，无论是新区开发还是旧区改造中往往都表现为成街成片地建造多个工程项目，实施多种配套，是一种投资较高、建设周期较长的综合性开发。面积小的可以表现为某个小区的开发，面积大的相当于一个新区的开发。成片开发在具体的实施过程中往往采取分期分批、滚动开发的方式。由于占地面广、规模大、容量大，因此在进行成片开发的过程中，不仅要实行土地与房屋的开发，还应包括给排水、煤气管网、道路交通、景观绿化、幼儿园、中小学校、商业网点、娱乐设施等一系列与居民生活息息相关的基础设施的开发建设。它包括以下四大类：旧城改造、新城区开发、农业地产开发、旅游地产开发。

3. 按开发的对象划分

根据房地产开发对象可以将房地产开发分为土地开发、房屋开发和综合开发三种形式。

(1) 土地开发。土地开发是指土地开发企业通过土地征收、房屋征收、安置等，将土地开发成具备建设条件的建设用地，然后将其使用权有偿转让给房地产开发企业或其他土地使用单位的一种经营方式。土地开发的过程是将"生地"转化为"熟地"，达到出让标准。根据各地的实际情况，北方城市的基础设施配套程度为"七通一平"(路、上水、下水、电、讯、暖、燃气、土地平整)或"六通一平"(无燃气)；南方城市一般为"六通一平"(路、上水、下水、电、讯、燃气、土地平整)或"五通一平"(无燃气)。在大多数城市，土地开发主要是由政府操作；也有政府委托企业来做，政府负责管理和监督；或者由国有企业或事业单位性质的土地储备机构来做。

(2) 房屋开发。房屋开发是指房地产开发企业依法获得土地使用权之后，按规划的要求建造各类房地产商品，如住宅、写字楼、工业厂房、商业娱乐设施等，并以出售或出租手段将这些房地产商品推入市场的一种开发经营方式。

(3) 综合开发。综合开发是指将土地以及房屋和有关的市政、公建配套设施结合起来进行建设的开发方式。这种开发方式往往是由一个开发企业负责，从投资决策到土地使用权的获取，从基地的建设、房屋以及小区内市政、公建配套设施的建造，直到房屋的租售和管理，实施全过程开发。这种开发方式也是目前我国绝大多数房地产开发企业采取的一种开发方式。

4. 根据房地产开发企业合作方式划分

根据房地产开发企业合作方式的不同，可以将房地产开发模式分为定向开发模式、联合开发模式、合作开发模式和单独开发模式。

(1) 定向开发模式。此模式是指受企事业单位的委托，在其具有土地使用权的土地上为其代建房屋，房地产开发企业按照每平方米建筑面积收取一定比例的管理费的开发模式。这种模式的特点是基本没有风险，但利润也较低。

(2) 联合开发模式。此模式是指几家房地产开发企业共同出资开发商品房屋，并按照投资比例来分担风险和获得收益。一般适合于缺乏经验或实力不足的房地产开发企业。

(3) 合作开发模式。此模式是指两家企业一方出地，另一方出资，按协商的比例分房或进行利润分成的开发模式。这种模式往往是由于某些取得开发权的企业因种种原因，不能在短时间内启动项目，甚至使土地长期闲置，而一些拥有资金或技术管理优势的企业迫切希望获取土地资源，于是合作开发这种模式应运而生。

(4) 单独开发模式。此模式是指一家房地产开发企业独家出资开发，自负盈亏，自己完成房地产开发过程中的所有工作的开发模式。这种模式适用于资金雄厚、综合实力强的房地产开发企业。

1.2.3 房地产开发的作用

房地产是国民经济发展的一个基本的生产要素，任何行业的大发展都离不开房地产业。反过来说，任何行业都拥有一定的房地产，都是房地产业经济活动的参与者。因此说，房地产业是发展国民经济和改善人民生活的基础产业之一。房地产开发的重要作用主要体现为以下几个方面。

1. 为城市社会、经济、政治、文化活动以及人民生活提供空间

房屋是人类社会赖以生存和发展必不可少的生产和生活资料，同时也是城市正常运行的载体。房地产开发为城市提供了大量的住宅、基础设施以及服务设施，使人们的生产、生活得到保障，改善了城市的社会、经济、文化和商业环境，促进了城市各项活动的开展。住宅产业与房地产开发具有十分密切的关系，在保障性住房建设中，经济适用房就是采取房地产开发方式，而且在商品房的建设中也存在着配套建设保障性住房的措施，这一切都使房地产开发本身参与到了政府的保障性住房建设体系之中。虽然国家在改善居民居住条件方面推出了廉租房、公租房等一系列保障性住房建设措施，不断提高对住宅建设的投资力度，但仍然满足不了城镇居民居住水平提高的需求。因此，许多城镇居民便依靠房地产开发企业开发建设的城镇商品房来提高居住水平。

2. 推动城市规划的实施和城市建设的发展

房地产开发必须在城市规划的控制之下进行，城市规划的目标在很大程度上要依赖房地产开发来实现。新区建设和旧城区更新等房地产开发项目的实施，有利于形成布局合理、功能完善、环境优美、基础设施配套的城市环境，提高城市建设的水平。因此，房地产开发的过程也是一个城市规划得以实施和城市建设面貌不断发展与完善的过程。

3. 促进相关产业发展和拉动就业

房地产具有很强的前向关联、后向关联和侧向关联作用。在房地产开发、经营和消费过程中，需要大量的资金和建筑材料、建筑机械以及绿化产品，并需要建筑施工企业来生产房地产产品，这就使其与第一产业、第二产业和第三产业的许多行业发生了联系。这样，房地产开发的蓬勃发展，就必然促进和带动这些相关产业的发展，拉动这些行业的就业。

房地产开发直接促进建筑业的繁荣。房地产企业和建筑企业在房地产开发过程中有密不可分的关系。房地产开发必须经过建筑业才能转化为房地产产品，房地产开发必然带来建筑业的发展和壮大。与此同时，其必然直接影响建材工业、建筑设备工业、建筑机械工业和冶金、化工、运输机械、仪表等产业的发展。这些行业中许多属于劳动密集型行业，因此，这些行业的兴旺对就业的推动作用是十分巨大的。

房地产开发属于资金密集型行业，需要大量的开发资金，无论是从存款活动、信贷活动还是结算活动来看，房地产开发企业都是金融业的最大客户。与此同时，从房地产开发产品的消费者来看，其投资需要依靠银行贷款来支撑购买或租赁行为。而且，不动产的信托、抵押是现代信用的基础。与其他投资领域相比，房地产投资的效益较高，金融业也乐于向这一领域拓展。

4. 为城市政府财政和城市大型基础设施建设提供资金

不断改善的投资环境和较为丰富的投资回报，使得房地产开发市场日益扩大。在房地产开发过程中，城市政府通过土地使用权有偿出让方式，收取的土地使用权出让金和征收的各种税费构成了各级政府财政收入的重要来源，从而为城市大型基础设施的建设和维护提供了资金保障。当然，同时也应当注意到地方政府对"土地财政"过度依赖的风险。

实行房地产开发后，将房地产投资与大型基础设施建设相结合，实行统一规划、联合开发，通过大型基础设施对邻近土地的外部效益，增加周围地块的收益。政府通过出让大型基础设施周围地块和增加税收的方式，为大型基础设施建设提供了融资途径。

1.3　房地产开发模式

根据房地产企业核心业务的过程，可以将房地产开发模式划分为多元化开发、专业化开发两种基本模式。

1.3.1　多元化开发模式

房地产开发作为一种提供满足消费者（或投资者）需求的空间和服务的活动，具备多元化发展的特点。其对规模经济、降低风险和可持续发展的追求，将在很大程度上促进多元化开发经营。

1. 纵向一体化开发模式

此模式是指开发企业实行房地产开发建设与物业资产管理并重的经营方式。从国内外的经验看，拓展房地产投资及与之相关的房地产投资管理业务，构筑房地产开发与管理密切结合型企业，是房地产开发企业实施可持续发展的重要途径之一。

房地产与物业资产管理贯穿房地产项目建成后的全周期，其目标就是实现房地产价值最大化。

从发展趋势看，房地产市场无疑会从提供增量供给为主向保持存量供给为主转变，物业资产管理会成为企业的主要业务。

2. 综合项目开发模式

此模式是指诸如集居住、商业、旅游观光于一体的主题社区，集旅游、保健、高尔夫为一体的综合度假区，具备购物、餐饮、综合服务、休闲娱乐等功能的集合式商业经营地产项目等一类开发项目。

在综合项目开发经营中，多种物业功能和经营方式相互支撑，可提升房地产开发效益水平，保持收益的稳定性，有利于可持续发展。

深圳华侨城主题公园项目及香港迪士尼乐园项目，都是非常典型的综合项目，投资者采取地产与旅游品牌互动发展策略，推进投资经营。其中，具有典型的与旅游互动特点的地产项目是酒店项目。

商业地产项目也是一种重要的综合项目，商业地产包括百货店、会员店、购物点、便利店等，商业地产开发更倾向于标准化和规范化。

3. 混业开发模式

此模式是指开发企业跨行业的互动发展，包括金融投资行业、建筑材料行业、建筑施工及装饰装修行业等。以涉足金融投资行业为例，这种经营方式适应开发资金量大的需要，能有效改善开发项目的现金流。

建筑技术在房地产业竞争中发挥着越来越重要的作用，开发企业涉足建材、施工行业，将促进房地产新技术、新工艺、新材料的研发和应用，从而提升开发项目的科技含量和房地产性能质量，降低开发成本。开发企业在这方面的工作及成果是企业核心竞争力的重要组成部分。

1.3.2 专业化开发模式

房地产物质形态的多样性、产品分布的地区性以及开发经营过程的阶段性、高风险性和不确定性，使得专业化开发模式成为开发企业的重要选择。

在专业化开发模式下，开发企业的投资经营活动集中在相对小的范围内，有利于房地产产品建设、经营与管理技术的成熟和在此基础上的创新，有利于减少产品更新换代的成本。同时，由于专业化开发企业的经营管理技术与方法、管理流程及产品设施、材料特性接近，所以房地产开发项目的质量管理、计划管理、资源供应管理和成本管理等工作更易于实现标准化、制度化，为开发企业的信息化创造了较好的条件，从而有助于降低管理成本，提高管理效率。

1. 特定物业类型开发

开发企业根据对自身资源的评估以及对所处市场环境的独特认识，可以选择某类物业作为企业相对专一的开发对象，实施专业化开发。

特定物业类型开发，可以在某一特定地域上进行，也可以在规范地域上进行，甚至进行国际性开发。具体方式的选择依赖于开发企业的经营方针。

2. 特定业务领域开发

特定业务领域的开发是一种非一体化的、非全能型的开发方式，它围绕开发过程中某一业务领域来进行开发经营。这种业务领域的选择与确定，同样依赖于多种因素的综合评估。在大多数情况下，这些业务领域是开发企业的核心业务领域。特定业务领域开发，可以采取土地整理、以开发流程管理为纽带的协作型房屋、基础设施建设等开发方式。

协作型开发方式的实质就是开发企业专注于自己最擅长的业务或核心业务，然后购买其他社会化专业机构提供的最擅长业务服务，如市场专业咨询、报建专业代理、工程管理咨询、专业营销策划服务等，从而形成高协作性的开发流程，使开发机构超越一般的协调和技术细节，专注于战略管理和资金管理。毫无疑问，购买服务，不单纯是最低成本的追求，重要的是如何获取开发品质与成本控制曲线中的最优解。

3. 服务集成式开发

服务集成式开发是指开发投资企业以房地产服务集成商业的形式，提供专业房地产服务来推进房地产开发项目。这种服务涉及开发项目全过程。服务型开发也是房地产开发业发展方向之一，包括以下几方面内容：① 房屋个性化定制与服务。这是一种类似“戴尔”式的开发方式（服务的对象是市场客户），开发企业按客户的订购要求开发土地，进行房屋个性化设计、建造和经营。整个过程中的互动环节在网络平台上进行，开发商在后台通过生产与组织为客户定制服务。② 房地产开发项目管理与服务。通常可认为是一种“虚拟”开发方式（服务对象是其他开发企业），即开发企业通过品牌授权，输出管理与规模模式，推动当地开发项目的实施。开发企业还可提供一种纯咨询服务，通过提出开发项目解决方案，实施业务活动，贯穿房地产开发项目始终。

1.4 房地产开发项目流程

房地产项目的开发要按一定的程序进行，这是因为：其一，房地产产品的形成有其内在的规律性，如从设计、施工到房屋销售服务，从土地开发到房屋开发等，其次序不能颠倒，开发工作必须遵循房地产产品形成的规律有条不紊地进行；其二，由于房地产开发具有投资大、风险大的特点，开发企业不能盲目地、仓促地上开发项目，必须按照一定的科学程序，先作充分的论证，再决定上什么项目，建多大规模的项目，从而减少投资风险，并对项目的实施过程作精心的设计、周密的安排，使开发项目顺利地进行；其三，为了使房地产开发符合城市规划，促进城市的社会经济发展，保护广大房屋消费者的利益，城市政府制定了审批制度，以便对房地产开发进行引导、监督和管理。

一般来说，房地产开发项目可分为投资机会选择与决策分析阶段、项目前期工作阶段、建设实施阶段以及租售与物业管理阶段。

1.4.1 投资机会选择与决策分析阶段

投资机会选择与决策分析阶段是房地产开发的首要工作阶段，这一阶段的工作包括市场调查与分析、选择开发地块、对开发项目进行策划、形成可行性研究报告。

在投资机会选择过程中，房地产开发企业首先要选择项目所处的城市或地区，其次对拟投资地区开发项目的需求强度和竞争环境进行分析，寻找投资的可能性。此时，房地产开发企业可能面临若干种投资选择，这就需要根据市场分析的结果和企业的开发能力及经营目标等，进行分析与筛选，最终将投资设想落实到一个具体的地块上，进而提出开发项目的规划大纲和方案，并在此基础上进行项目的可行性研究，通过技术经济论证和投资风险分析，最终判定项目是否可行。

需要说明的是，市场分析主要是对市场的供求关系、竞争环境、可支付的价格水平等进行分析，而最终对开发项目是否可行的判断，必须结合具体的开发场地的选择来进行。并且，开发方案也需要一个不断修改、完善和重新评价的过程才能形成一个项目的可行性研究报告。

1.4.2 项目前期工作阶段

在项目前期工作阶段，主要有开发项目立项、申请建设用地规划许可证、获取土地使用权、领取《房地产开发项目手册》、拆迁安置、开发资金筹措、与市政设施的接驳、项目规划设计与报建等工作。这是项目正式实施的一个重要的准备阶段。由于我国各城市的机构设置不尽相同，如土地管理部门与规划管理部门，有的城市是独立的两套机构，有的城市则合二为一或采取一套机构两块牌子的办法，因此，各城市对房地产开发项目前期的工作审批程序也不尽相同。项目前期工作中涉及许多行政审批工作。

1. 开发项目立项

根据国家政策规定，房地产开发项目应纳入固定资产投资计划，并根据城市规划、年度建设用地计划和市场需求，经计划管理部门批准立项或进行备案。目前国家发展和改革委员会（简称国家发改委）已取消了房地产项目立项制度，改为实行备案制度。但一些省市仍然延续立项制度。通常立项需要提交项目建议书和可行性研究报告等资料。项目建议书的内容一般包括项目提出的必要性和依据、项目的规模、建设地点和初步方案、建设条件分析、投资估算、资金筹措初步方案、项目进度计划、综合效益等。

2. 申请建设用地规划许可证

房地产开发企业在项目立项后，应向城市规划行政主管部门提出选址定点申请，并提交项目的立项批文（如果有）、企业的资信证明、营业执照、法人代表委托书等文件和证件，申请建设用地规划许可证。城市规划行政主管部门根据城市规划要求，参照开发企业申请，考虑房地产开发项目的性质、规模，初步选定房地产项目用地的具体位置和界限，并提出规划设计条件，规划设计条件是开发项目总图规划设计的依据。然后，房地产开发企业可以委托规划设计单位按照城市规划行政主管部门提出的规划设计条件编制规划设计总图，报城市规划行政主管部门审核，核定用地面积和确定用地红线范围，从而取得建设用地规划许可证。

3. 获取土地使用权

土地是房地产开发项目得以实施的基础，因此，在正式实施一个房地产项目时，获取土地使用权是其最重要的任务之一。按照我国法律的规定，城镇土地归国家所有。目前，各地政府通过土地收购储备和土地一级开发来进行城市土地的管理。土地使用权的出让方式有协议出让、招标出让、拍卖出让和挂牌出让等。

根据我国《城市房地产开发经营管理条例》的规定，房地产开发项目用地的土地使用权在出让或划拨前，城市规划行政主管部门和房地产开发主管部门应组织对项目的性质、规模、开发期限、规划设计、基础设施和公共设施的建设、基础设施建成后的产权界定、拆迁补偿安置等提出要求，并出具书面意见。此内容作为土地使用权出让或划拨的依据之一。房地产开发企业取得建设用地规划许可证后，方可办理土地使用权权属证明。

4. 领取《房地产开发项目手册》

按照《城市房地产开发经营管理条例》的规定，当房地产开发企业提出的土地使用权出让申请获得批准，双方签订了土地使用权出让合同后，房地产开发企业就可以到房地产开发主管部门备案，领取《房地产开发项目手册》。

根据《城市房地产开发经营管理条例》规定的申领《房地产开发项目手册》制度，是为了加强对房地产开发项目的动态管理而制定的。在房地产开发项目的实施过程中，房地产开发企业就要根据项目的开发进展情况填写手册，定期报送房地产开发主管部门备案，如开发项目是否按城市规划要求建设及是否按要求完成拆迁安置，工程进度、质量是否满足预售条件等，以此使主管部门及时了解和掌握房地产开发项目的进展情况，实施对开发项目的跟踪管理。

5. 拆迁安置

开发企业取得了开发场地后，要对该场地上现有的建筑物和构筑物进行拆迁，对现有的住户进行安置，以便进行项目的规划、勘察、设计和施工。房屋拆迁安置的当事人分别为拆迁人和被拆迁人，所谓拆迁人是指取得房屋拆迁许可证的单位，被拆迁人是指被拆迁房屋的所有人。

拆迁安置是一项政策性很强的工作，其依据有国务院、住房和城乡建设部分别颁发的条例和规定，以及各地方城市政府结合本地实际情况制定的房屋拆迁管理办法。拆迁人应根据国家和地方政府的法令法规，贯彻执行既保证建设需要，又要对被拆迁人给予合理补偿和安置的规定。被拆迁人必须服从城市建设需要，在限期内完成搬迁。政府的拆迁管理部门按照规定要对房屋拆迁工作实施监督管理，各有关部门应积极协助拆迁管理部门做好房屋拆迁工作。

6. 开发资金筹措

房地产开发需要大量的资金，仅靠开发企业的自有资金是远远不够的，必须通过其他途径筹集资金，如向金融机构申请贷款、发行投资债券、寻找投资开发合作伙伴、制定合理的预售计划和措施以加快资金的回收等。房地产开发资金的筹措在可行性研究阶段就要考虑，要认真研究资金的筹措策略，制定资金来源安全性好、成本低的筹资计划。在开发项目的前期工作阶段，则要进一步落实资金的到位计划，与有关单位签订资金到位的合同。资金筹措可与其他前期工作平行进行。

7. 与市政设施的接驳

在项目前期，房地产开发企业需要与自来水公司、供电公司、供热公司、煤气公司、市政养护部门等进行接触商洽，起草协议，办理供水、供电、供热、供气、排污等手续，并按规定缴纳相关的费用

8. 项目规划设计与报建

房地产开发企业在可行性研究和土地使用权的获取过程中，已提出了规划设计方案，但它不能作为施工建设的依据。项目报建是在原规划设计方案的基础上，由开发企业委托规划建筑设计单位提出各单体建筑的设计方案，并对其布局进行定位，对开发项目用地范围内的道路和各类工程管线作更深入的设计，使其达到施工的要求。

用于报建的建筑设计方案经城市规划管理、消防、抗震、人防、环卫、供水、供电管理等部门审查通过后，方可进一步编制项目的施工图和技术文件，再报城市规划管理部门和有关专业部门审批。其具体程序是：

(1) 开发企业在取得土地使用权后，根据市规划管理部门的设计要求，委托建筑设计机构编制设计方案，并将设计方案报城市规划管理部门审批。高层建筑还要征求消防管理部门的意见。

(2) 方案审查通过后，对于高层建筑还需委托建筑设计单位进行初步设计，并报城市规划管理部门，由规划管理部门组织抗震办、人防部门、环卫部门、供水供电管理部门等对初步设计进行会审。

(3) 初步设计审查通过后，委托设计机构进行施工图设计，并报城市规划管理部门，由规划管理部门发建筑定位红线。

(4) 到城市规划管理部门领取建筑工程规划许可证。

开发企业取得建筑工程规划许可证后，便可办理开工手续，至此，房地产开发将进入建设实施阶段。

1.4.3 建设实施阶段

开发项目在建设实施阶段的投资支出最大，所占的时间最长。因此，加强开发项目建设实施阶段的管理，对于开发企业实现预期的开发效益是非常重要的。在此阶段，开发企业的主要工作有：建设工程招标、办理开工审批手续、工程管理与控制、竣工验收与项目交接。

1. 建设工程招标，选择施工企业和监理企业

建筑施工企业是房地产开发项目建设施工的实施方，是将设计变成实体的生产者。建筑施工企业的施工技术、管理水平以及报价，直接影响到项目的建设质量、工期和投资目标的实现。因此，在项目建设之前，房地产开发企业依据开发项目的建设规模和复杂程度通过

公开招标或邀请招标的方式选择建筑施工企业。同时,按照我国关于工程建设监理的相关规定,房地产开发项目应对进行监理的企业招标,选择具有资质和能力的监理企业。

2. 办理开工审批手续

在招标工作结束后,房地产开发企业就可以向建设行政主管部门申请开工许可,办理建筑工程施工许可证。申领施工许可证的条件应当包括:

(1) 已办理用地批准手续,获得了国有土地使用权证和建设用地规划许可证;

(2) 已经取得了建设工程规划许可证;

(3) 施工场地已经基本具备施工条件,需要拆迁的已经获得拆迁许可证,且拆迁进度符合施工要求;

(4) 已经通过招标确定了施工企业,签署了施工合同;

(5) 有满足施工需要的施工图纸及技术资料,施工图设计文件已按规定进行了审查;

(6) 有保证工程质量和安全的具体措施;

(7) 按照规定应委托监理的工程已委托监理,并签署了委托监理合同;

(8) 建设资金已经落实;

(9) 持有人防部门出具的人防施工图备案回执,并缴纳了相关费用。

3. 开发项目工程管理与控制

开发项目施工管理,是由建筑施工企业对开发项目进行施工的生产管理。这里所说的开发项目工程管理与控制,则是开发企业以投资者、组织者和监督者的身份进行项目工程管理与控制,是为了保证项目施工顺利进行所从事的有关管理工作,包括配合施工企业做好各项施工准备工作,如按时腾出施工场地,完成场地的"三通一平",及时提供设计图样和订购有关设备等;对项目的费用、进度和施工质量进行控制;合同管理;有效地协调各类关系,例如设计与施工的关系,土建施工与设备安装的关系,施工与材料、设备供应的关系。

根据我国现行建设管理体制的要求,建设工程项目要实行监理制,即委托专业化、社会化的监理公司对项目进行监理。当前,我国建设监理的重点在工程施工阶段,并积累了一些经验。因此,开发企业应委托监理公司根据工程承包合同对工程施工进行监理。

由于在建设阶段存在着追加成本或工期拖延的可能性,因此开发企业必须密切关注项目建设进展,定期视察现场,定期与委托的监理公司现场监理人员会晤,以了解整个建设过程的全貌。具体的项目质量、进度、投资控制以及安全管理由监理公司来进行,但房地产开发企业必须明确对监理公司的授权和职责,同时做好在项目控制方面应负责的工作。

4. 竣工验收与项目交接

房地产开发企业对于确已符合竣工验收条件的开发项目,应按照有关规定和国家质量验收标准,及时进行竣工验收工作。在对房地产项目的正式竣工验收之前,一定要去监理公司组织开发项目的预验收。在预验收中,对工程质量进行全面检查,提出需返工和修补的工程和期限。正式竣工验收可分为单项工程竣工验收和综合验收两个阶段。只有正式验收合格办理竣工验收书后,项目方可交付使用。

1.4.4 房地产租售与服务阶段

房地产租售与服务是房地产开发项目建成以后的两个阶段,但这两个阶段并非是指在租售完成后进行物业管理,而是先期的租售完成即进入物业管理阶段,而且高品质的物业服务已经成为租售工作的一大卖点。

1. 房地产租售

租售是检验房地产开发成败的关键阶段，租售如果达不到预期目标，不仅会影响该房地产开发项目预期利润目标的实现，还将给开发企业今后的开发工作带来极为不利的影响。目前许多开发企业在进入租售阶段或建设阶段后就委托世界知名的物业管理企业、销售企业参与营销工作。

实际上，房屋的租售工作并非在房屋竣工验收后进行，而是贯穿项目开发的全过程。为了缩短房地产开发的投资周期，在可行性研究阶段就要研究房地产营销计划；从选择场地开始，开发企业就应该着手寻找购房者或承租人；在开发项目的施工过程中，应通过各种媒介做好项目的销售广告和宣传工作；当项目施工进行到一定程度时，应及时进行房屋的预售工作；竣工验收后申请办理房地产产权登记。

如果房地产开发企业进行房地产开发是为了长期投资，即开发房地产是为了出租，那么在项目竣工验收后便要开始出租。为了逐渐收回投资并获得利润，房地产开发企业必须确定合适的租金，制定好出租经营计划。

2. 物业管理

房地产销售或出租后，应做好租售后的服务和管理工作。如果开发项目是住宅小区，应成立或委托物业管理企业完成。如果是单位建筑，可组织大楼管委会。无论何种形式，均需与当地派出所、居委会，以及绿化、环卫等部门联系，办理门牌号码、户口迁入、绿化、环卫和治安等事项。

复习思考题

1. 房地产的定义是什么？房地产具有什么特点？
2. 简述房地产的类型。
3. 房地产业的特点有哪些？
4. 房地产开发的模式有哪些？
5. 简述房地产开发项目的运作流程。

2 房地产企业与参与主体

学习目标

1. 了解房地产企业的概念及其性质、房地产企业的分类方法；
2. 掌握房地产开发企业的设立程序和资质管理；
3. 理解房地产开发企业人员构成和组织结构设计原理；
4. 掌握房地产开发的利益相关者。

2.1 房地产企业概述

2.1.1 房地产企业的概念

房地产企业是指集合土地、资本、人力、物力、企业家才能等生产要素，创造利润，承担风险，并专门从事房地产开发、房屋买卖、物业管理、租赁、房地产抵押以及房屋信托、交换、维修、装饰乃至房地产信息、咨询、管理服务，并包括土地使用权的出让、转让等经济活动在内的经济组织。

房地产企业以营利为目标，以开发与经营活动为内容，在充分利用企业资源的基础上，实现房地产企业经济效益最大化。

2.1.2 房地产企业的性质

房地产企业具有和其他各类国民经济企业相同的特性，即具有普遍意义的社会经济属性，同时也具有自身的特殊属性。

1. 房地产企业的一般属性

企业的一般属性是指在现有体制下，企业的经营目的及企业与政府、企业与员工、企业与企业之间的相互关系。而房地产企业的一般属性主要体现在以下四个方面。

(1) 经营目的。房地产企业的经营目的是在满足社会需要的同时实现自身的经济效益。正如其他各类企业一样，房地产企业也是以营利为基本前提的。为此，房地产企业必须按照国民经济整体协调发展的需要以及城市建设总体规划和经济、社会发展规划的要求，积极开展企业的经营活动，实现企业的长远发展。

(2) 与政府的关系。就房地产企业与政府的关系而言，一方面，政府通过制定经济和社会发展的战略、计划、方针和政策，并运用经济、税收、法律等手段对房地产企业的经济活动进行调整、制约和引导，以达到政府宏观调控的目标，并保证房地产市场健康持续地发展；另一方面，房地产企业应按照国家宏观政策的要求，调整企业经营活动，使企业自身经济效益与国家经济发展总体需要相协调。

(3) 与员工的关系。就房地产企业与员工的关系而言，一方面，企业在不断提高经济效益的同时，要切实为员工提供优良的工作和学习环境，重视经济激励的作用，充分调动员工的主动性、积极性和思考性；另一方面，员工应该忠于企业，保守商业秘密，尽心竭力、尽职尽责地为房地产企业发展谋求出路。

(4) 与其他房地产企业的关系。就房地产企业之间的关系而言，既需要企业之间的密切配合，充分发挥各自的专业领域优势，同时也存在着相互竞争，这样就迫使企业不断改善经营管理、扬长避短、发挥优势。当然，在企业相互竞争的过程中应该重视政策法规和行业自律的规范作用，以避免企业间可能出现的不正当竞争或盲目竞争。

2. 房地产企业的特殊属性

房地产开发与管理的全面系统性、广泛社会联系性决定了房地产企业活动涉及生产、经营、管理、服务等多个领域，但各个环节较强的专业性使得其并不参与一线工作，更多的是充当组织协调的角色，从而决定了房地产企业的非生产性企业性质，主要表现为以下五点。

(1) 知识密集型企业。房地产企业一般都没有自身的建筑施工队伍，而是把这类价值创造活动外包，由建筑施工企业负责房地产项目所需要的技术与劳务。房地产企业工作的侧重点是根据城市规划的总体要求和开发项目本身的特点执行开发经营者的决策、计划、组织、指挥、控制和协调企业管理活动等各项职能。为此企业一般都要求由熟悉国家有关房地产业方针政策、法令法规和能够熟练从事房地产开发与管理业务的专业人员组成专门的队伍，因此，与一般的劳动密集型企业相比，房地产企业具备相当程度的知识密集型企业的特点。

(2) 资金密集型企业。房地产开发是一项很大的系统工程，其过程需要消耗大量的人力、物力和财力，房地产投资所需的巨额资金是带动和制约房地产企业业务发展极其重要的因素。比如投资一个几千平方米的项目，在安装工程方面的造价就可达千万元以上。当前我国房地产企业发展如此迅速，在相当程度上依赖于银行信贷的支持，主要表现在土地使用权获取阶段、建设期流动资金阶段和居民购房按揭阶段。值得一提的是在房地产行业政策调整以后，首先要求房地产企业本身拥有雄厚的自有资金，其次是具备较强的融资能力和资本运营意识，只有这样才能满足开发建造房屋过程中所需的巨额资金。

(3) 业务运作具备商业企业的特征。房地产企业最重要的经营活动就是出售房地产商品，在向客户提供房地产商品的同时收回建设投资，以实现盈利，这与商业企业出售商品的过程是非常类似的。一般来讲，房地产企业作为甲方，先为建筑施工企业（乙方）垫付一定数量的工程建设资金，然后开始房屋的建造施工，进而建成验收，最后结清工程款。这一过程可以看作是房地产企业从建筑企业购买房地产商品，然后由房地产企业将房地产商品出售，这是一个完整的房地产商品一次从生产领域、流通领域、消费领域进行转移的过程。

(4) 业务内容体现服务行业的特色。房地产企业作为房地产商品的经营者，在从事出售和出租房地产商品经营活动的同时，还具有对房地产商品进行管理与服务的各种职能，这是房地产企业业务内容的有机组成部分。例如，对房地产商品进行定期检查、保养和修缮；提供房地产信托服务、物业管理服务等。这些都体现了房地产企业的业务内容具有服务行业的特征。

(5) 经营方式具有租赁企业的特点。房地产企业除了出售房地产商品以外，还可以用出租的方式经营房地产商品，即不出让所有权，而是转让使用权。其并非一次性地将预付的建设资金及利润收回，而是用收取租金的办法，在未来的时间内逐步收回投资，获取利润。

在此期间，承租方凭借分期支付租金的方式取得房地产商品的使用权，而房地产企业则依旧保有对房地产商品的所有权。

2.1.3 房地产开发企业的地位与作用

房地产开发企业是市场经济的产物，是专门从事房地产开发经营的企业，在房地产业及城市建设中的地位是其他部门或企业无法代替的，发挥的作用也是巨大的。

1. 房地产开发经营活动的组织者和承担者

房地产开发企业并不是房地产开发过程的一般参与者，而是一个重要的主体，担负着开发过程的组织、指挥、协调与控制的职能，而且在很大程度上由企业行为代替原先的政府行为，不仅使开发过程中的各个环节密切配合，顺利进行，而且大大提高了开发效益与效率。

2. 适应城乡建设的需要

以前的城乡往往是分散建设，各自为政，造成重复投资、布局混乱的现象。以企业的形式参与房地产开发活动，则可以根据城乡建设的总体规划统筹安排，进行综合性的开发，使城乡建设的各方面协调发展，提高城乡建设的综合效益，使之处于良性循环之中。

3. 有助于完善房地产市场

房地产开发企业实行自主经营、独立核算、自负盈亏的经营方式，是房地产市场的重要组成部分，开发企业转换经营机制，按照市场经济的客观规律进行开发经营，展开公平竞争，可以推动房地产市场的健康发展与完善。

2.1.4 房地产企业的分类

对房地产企业进行合理的分类，有助于依照各个企业的类型与特点进行分析研究，进而实行科学的管理。我国房地产企业数量多、成分复杂，因此必须本着动态的原则，根据宏观环境与微观环境的变化对分类的方式方法及结论做出及时的调整。总体来讲，对我国房地产企业进行分类主要有以下两种方法。

1. 根据企业经营活动与房地产生产、流通、消费各个环节的相关程度进行分类

这种分类方法的基础，是由于房地产企业涉及房地产生产、流通、消费各个环节，并且兼有开发、经营、管理、服务等多种职能，因此各个具体企业因工作业务的侧重不同而导致与房地产生产、流通、经营环节的关联程度各不相同。

(1) 与房地产生产环节密切相关的企业形式

① 房地产开发企业。房地产开发企业是房地产企业的主要形式。它是指通过参与土地储备中心举行的土地招标、拍卖和挂牌活动，有偿有期限地获得土地使用权，或是通过房地产开发企业从土地二级市场上获得土地使用权，然后进行房地产商品开发经营活动的企业。其主要经营业务有新区开发、旧城改造、商品销售等。

② 地产开发企业。地产开发企业通过“三通一平”或“七通一平”，将自然状态的土地或有部分基础设施的土地变为可用于房屋建设或其他建筑用途的土地，即将“生地”或“毛地”变成“熟地”，然后出让或转让，使房地产企业得以在其上建造房屋或其他设施。其主要业务是进行地产开发。

③ 住宅建设企业。住宅建设企业实际上属于建筑施工企业，但由于其具有专业技术生产的优势，经常能够介入到房地产开发活动当中去。从现实情况看，当前有很多房地产开发

企业的前身就是建筑施工企业。

④ 房屋拆迁企业。这类企业是伴随我国房地产业的发展及对城市存量土地的利用而出现的新兴企业形式，这类企业的产生有利于顺利进行旧城改造和提高对城市存量土地的利用率，其主要经营业务是拆除原有房屋。

(2) 与房地产流通环节密切相关的企业形式

① 房产经营企业。房产经营企业具有经营、管理等多项职能，其主要业务是出售或出租房屋，也可以接受委托进行房屋维修、改建发包、组织旧城改造，或者同其他房地产企业共建、联营。

② 地产经营企业。地产经营企业是指服从土地管理或城市房地产管理部门的直接领导，并接受其委托，以代表政府统一对城市区域内的土地进行整理，然后择期公开出让土地使用权，并获取经营利润。在我国当前的许多城市成立的土地储备中心就属于这类企业。值得一提的是，地产经营企业与地产开发企业在概念和本质上完全不同：地产经营企业是政府委托，在土地的一级市场上从事经济活动的经济实体；地产开发企业则是在土地二级市场上从事经济活动的经济实体。

③ 房产信托企业。房产信托企业是一种在房屋产权所有者的委托之下，代理经租、维修和管理房产，或者提供各种相关中介服务的房地产企业。

④ 房地产顾问企业。房地产顾问企业是指以从事某一具体房地产项目而代理营销策划、销售及综合服务的房地产企业。这类企业的主要业务是为房地产开发企业提供全程服务，并最终获取房屋销售代理权。

⑤ 房地产评估企业。房地产评估企业是指由房地产专业估价人员，根据估价目的，遵循估价原则，按照估价程序，选用适宜的估价方法，在综合分析影响房地产价格因素的基础上，对房地产价格或价值进行估算的企业。其主要业务有房地产评估和地产评估，其相应的专业估价人员为注册房地产估价师和注册土地估价师。

(3) 与房地产消费环节密切相关的企业形式

① 房地产经营管理企业。房地产经营管理企业是一种经营与管理合一的企业，其经营业务活动表现出较强的综合性，除了开展房屋的修缮、管理业务外，还兼营房产出售或出租。

② 房屋修建企业。房屋修建企业是一种专业化企业，它的经营业务主要是房屋修缮，同时还兼营房屋修建、增建以及改建业务。

③ 物业管理企业。物业管理企业是指以已经竣工验收并投入使用的各类服务及其附属配套设施设备和相关场地为管理对象，运用先进科学的管理手段和方法，提供有关服务以及方便用户工作与生活的一种专业化企业。这类企业的经营宗旨就是为用户提供并保持一个卫生、舒适、安全而文明的良好居住或工作环境。

④ 室内装饰企业。室内装饰企业是指通过为业主提供室内环境装饰服务，以提高房屋使用价值，满足业主对房屋使用舒适和美观需要的专业化企业。其业务主要有室内设计和制作，制作包括木工、泥水工、油漆工、金属制作、水电工、隔墙、地毯制作等。

⑤ 景观开发企业。景观开发企业是指为了使建成后的居住小区内部或房屋周边环境得到美化，以园林、绿化建设为主要经营业务的专业化企业。这类企业是一种新型的企业，它随着我国房地产业的蓬勃发展而出现，同其他房地产企业之间存在着一种配套和协作的关系。

2. 根据房地产企业经营特点进行分类

(1) 房地产专营企业

房地产专营企业是指依法注册成立、具有一定企业资质并长期从事专门的房地产开发经营业务的企业。

(2) 房地产兼营企业

房地产兼营企业是指某些以其他行业,如商业、建筑业、金融业、电子工业、化学工业为主营业务,而在注册时申请并经批准兼营房地产开发管理的一类企业。如北京城建集团、北京建工集团。

(3) 房地产项目型企业

房地产项目型企业是特别针对某一开发项目而设立的开发企业。这类企业通常在开发项目经过可行性论证并经立项之后组建,而待项目建成并销售完成后,企业就自然解散终止。如北京为举办 2008 年奥运会所成立的开发企业就属于这种项目型企业。

2.2 房地产开发企业的组建与管理

2.2.1 房地产开发企业的设立条件

任何企业的设立均应满足一定的条件,我国《民法通则》及其他法律、法规对此均作了详尽的规定。房地产开发企业也不例外,根据《城市房地产管理法》第三十条和《城市房地产开发经营管理条例》的规定,设立房地产开发企业应当具备以下条件:

(1) 有符合企业法人登记的名称和组织机构。设立房地产开发企业,首先应当确定企业名称,任何房地产开发企业都必须有自己的名称,没有名称就不能得到社会的承认。企业名称应当符合国家有关规定,企业只能使用一个名称,经企业登记机关核准登记的企业名称受法律保护。

(2) 有适应房地产开发经营需要的固定的办公用房。房地产开发企业和任何一个企业一样,须有固定的办公用房。首先,房地产开发企业要有自己的办公用房,包括自有的或租赁的办公用房;其次,企业必须拥有固定的企业法人地址,不能是游动性地从事生产经营活动。

(3) 有符合国务院规定的注册资本。房地产开发企业进行房地产开发经营活动必须拥有注册资本。注册资本的多少在一定程度上反映了企业的经济实力。为保证投资开发房地产的能力,房地产开发企业的注册资本必须适应房地产开发的规模,不得低于最低限额。房地产开发企业是资金密集型企业,投资量大、资金占用周期长,其经营特点不同于一般的流通服务企业,所以其注册资金的要求比一般流通服务企业要高。因此,《城市房地产开发经营管理条例》中规定:房地产开发企业必须有 100 万元以上的注册资本。

(4) 有足够的专业技术人员。房地产开发企业除具有资金密集的特点外,还具有技术密集的特点。因此,这就决定了房地产开发企业必须有足够的,具有相当水平的会计、统计、财务、营销等方面的经济管理人员和规划、设计、施工等方面的工程技术人员。根据《城市房地产开发经营管理条例》的规定:房地产开发企业必须有 4 名以上持有资格证书的房地产专业、建筑工程专业的专职技术人员,2 名以上持有资格证书的专职会计人员。

(5) 法律、法规规定的其他条件。《城市房地产管理法》在规定了设立房地产开发企业必须具备的以上4项条件的同时，还规定了一项条件，即法律、法规规定的其他条件。这样规定的目的是为了同其他法律、行政法规相衔接，如《公司法》、《全民所有制工业企业法》和《公司登记管理条例》等。

法律是指由全国人大和全国人大常委会制定和颁布的规范性文件的总称，包括全国人大及其常委会做出的具有规范性的决议、决定等。如设立房地产开发有限责任公司或股份有限公司，应执行《公司法》的有关规定。再如，设立有限责任公司必须具备下列条件：① 股东符合法定人数，即必须由2人以上50人以下的股东组成；② 股东出资达到法定最低限额；③ 股东共同制定公司章程；④ 有公司名称，建立符合有限责任公司要求的组织机构；⑤ 有固定的生产经营场所和必要的生产经营条件。

设立股份有限公司则应具备下列条件：① 发起人符合法定人数，即应当有5人以上的发起人，其中过半数的发起人必须在中国境内有住所。② 发起人认缴和社会公开募集的股本达到最低限额，其注册资本的最低限额为人民币1 000万元；以募集设立方式设立股份有限公司的，发起人认购的股份不得少于公司股份总数的35%。③ 股份发行、筹办事项符合法律规定。④ 发起人制定公司章程，并经创立大会通过。⑤ 有公司名称，建立符合股份有限公司要求的组织机构。⑥ 有固定的生产经营场所和必要的生产经营条件。

法规是指国务院依据宪法和法律制定的有关国家行政管理活动的规范性文件，包括决议、决定、指示、命令、条例、章程等，《城市房地产开发经营管理条例》第六条规定：外商投资设立房地产开发企业的，除应当符合本条例第五条的规定外，还应当依照外商投资企业法律、行政法规的规定，办理有关审批手续。

2.2.2　房地产开发企业的设立程序

房地产开发企业设立程序包括两个方面：其一是工商登记，其二是资质审查。

1. 工商登记程序

对于设立房地产开发企业所需要的工商登记，《城市房地产管理法》第三章三十条规定：设立房地产开发企业，应当向工商行政管理部门申请设立登记。工商行政管理部门对符合本法规定条件的，应当予以登记，发给营业执照；对不符合本法规定条件的，不予登记。工商行政管理部门在对设立房地产开发企业申请登记进行审查时，应当听取同级房地产开发主管部门的意见。房地产企业工商登记的程序为：拟定房地产开发企业章程；向当地政府或房地产主管部门提出成立房地产开发企业的申请报告；申报企业的资质等级；办理银行的开户手续，存入注册资金；办理资金信用证明；办理经营场所的使用证明；向工商行政管理部门申请注册登记；办理税务登记。

2. 资质审查程序

新设立的房地产开发企业应在自领取营业执照之日起30日内，到登记机关所在地的县级以上地方人民政府规定的部门备案，备案时应当提交的材料包括：① 营业执照复印件；② 企业章程；③ 验资证明；④ 企业法定代表人的身份证明；⑤ 专业技术人员的资格证书和劳动合同；⑥ 房地产开发主管部门认为需要出示的其他文件。

房地产开发主管部门应当在收到备案申请后30日内向符合条件的企业核发“暂定资质证书”。“暂定资质证书”有效期1年。房地产开发主管部门可以视企业经营情况延长“暂定资质证书”有效期，但延长期限不得超过 2 年。自领取“暂定资质证书”之日起 1 年内无开发项目的，“暂定资质证书”有效期不得延长。

房地产开发企业应当在“暂定资质证书”有效期满前 1 个月内向房地产开发主管部门申请核定资质等级。房地产开发主管部门应当根据其开发经营业绩核定相应的资质等级。

2.2.3　房地产开发企业的资质管理

1. 房地产开发企业的资质等级

我国实行房地产开发企业资质等级管理制度。为了加强对房地产开发企业的管理，规范房地产开发企业行为，2000 年 3 月建设部发布了《房地产开发企业资质管理规定》（建设部令第 77 号）。一般根据房地产开发企业的资产、专业技术人员和开发经营业绩，核定房地产开发企业资质等级。未取得房地产开发资质等级证书的企业，不得从事房地产开发经营业务。

房地产开发企业资质按照企业条件分为四个等级，资质等级的条件见表 2-1。

表 2-1　房地产开发企业资质等级划分条件

序号	划分条件		一级资质	二级资质	三级资质	四级资质
1	注册资本（万元）		≥5 000	≥2 000	≥800	≥100
2	从事房地产开发经营年限（年）		≥5	≥3	≥2	≥1
3	近 3 年房屋建筑累计竣工面积（万 m^2）		≥30	≥15	≥5	
4	建筑工程质量合格率		连续 5 年达 100%	连续 3 年达 100%	连续 2 年达 100%	达 100%
5	上一年房屋建筑施工面积（万 m^2）		≥15	≥10		
6	专业管理人员	总数（人）	≥40	≥20	≥10	≥5
		中级以上职称管理人员（人）	≥20	≥10	≥5	
		持有资格证书专职会计人员（人）	≥4	≥3	≥2	≥2

注：各资质等级的房地产开发企业还必须具备完善的质量保证体系，商品住宅销售实行了“住宅质量保证书”和“住宅使用说明书”制度，且从未发生过重大工程质量事故。

2. 房地产开发企业资质管理机构与分级审批

国务院建设行政主管部门负责全国房地产开发企业的资质管理工作；县级以上地方人民政府房地产开发主管部门负责本行政区内房地产开发企业的资质管理工作。

房地产开发企业资质等级实行分级审批。一级资质由省、自治区、直辖市人民政府建设行政主管部门初审，报国务院建设行政主管部门审批。二级资质及二级以下资质的审批办法由省、自治区、直辖市人民政府建设行政主管部门制定。经资质审查合格的企业，由资质审批部门发给相应等级的资质证书。除此之外，还对房地产开发企业的资质实行年检制度，对于不符合原定资质条件或者有不良经营行为的企业，由原资质审批部门予以降级或者注销资质证书。

2.2.4 房地产开发企业的业务范围

一级资质的房地产开发企业承担房地产项目的建设规模不受限制，可以在全国范围承揽房地产开发项目。二级资质及二级以下资质的房地产开发企业可以承担建筑面积25万 m^2 以下的开发建设项目，承担业务的具体范围由省、自治区、直辖市人民政府建设行政主管部门确定。各资质等级企业应当在规定的业务范围内从事房地产开发经营业务，不得跨级承接任务。

2.3 房地产开发企业人员与组织

2.3.1 房地产开发企业的人员构成

在房地产开发过程中，有很多环节，涉及面广，这其中既有复杂的工程技术问题，又有头绪纷繁的管理工作。完成这样一项综合性的工作，需要有一支结构合理、配合默契的专业人员队伍。一般来说，一个房地产综合开发企业的人员包括三类：第一类是管理人员，主要从事企业的经营管理工作，如行政管理、经济管理、财务管理、人事管理等；第二类是专业人员，是企业中负责策划、土地征收、拆迁、销售等经营业务的工作人员；第三类是工程技术人员，是从事技术工作或技术管理的人员。当然，在实际工作中，不少工程技术人员同时兼任管理人员。具体来说，房地产开发企业中至少应具有下述几个方面的专业人员。

1. 建筑师及项目管理人员

在房地产开发中，建筑师一般承担开发用地的规划方案设计、房屋建筑设计、建筑施工合同管理工作。建筑师不一定亲自完成设计工作，但应作为主持人员组织或协调这些工作。

在工程开发建设中，项目管理人员负责施工合同的管理、工程进度的控制以及工程质量的管控。一般情况下，建筑师和项目管理人员应定期组织技术工作会议、签发与合同有关的各项任务、提供施工所需图纸资料、协助解决施工中的技术问题。

2. 工程师

房地产开发中需要不同专业的工程师来进行结构、供暖、给排水、供电、空气或其他电气设施等设计，以及进行设备造价和土建造价等，并且还要负责合同签订、建筑材料购买、建筑设备订货、施工监督、协助解决工程施工中的技术问题等工作。

3. 财会人员

财会人员包括会计师、经济师和成本控制人员。会计师负责开发企业的经济核算工作，从全局的角度为项目开发提出财务安排或税收方面的建议，包括财务预算、工程预算、付税与清账、合同监督等，并及时向开发企业负责人通报企业财务状况。

经济师及成本控制人员负责开发成本的费用估算、编制工程成本计划、对计划与实际成本进行比较、进行成本控制等项工作。

4. 估价师及市场营销策划人员

估价师的任务就是在租售之前对开发的产品进行估价，确定房地产的租金或售价水平，这在充分掌握市场行情和成本资料的基础上方可进行。

市场营销策划人员主要负责开发项目策划总体思路、预测客户数量、销售策略制定与实施、办理租售手续；负责优化与推进房地产业务流程；负责企业策划部门的日常管理工作等。现阶段，许多开发企业将此项业务外包，由专业的房地产代理或咨询机构承担。

5. 项目拓展及发展人员

项目拓展及发展人员负责收集宏观政策、行业市场发展、市场竞争格局的信息，跟踪潜在项目并进行可行性研究，为企业储备土地或项目。

6. 律师与代理人

律师参与房地产开发的全过程，如在获得土地使用权时，签订土地出让或转让合同，工程施工前签订承发包合同，出租或出售物业时签订出租或出售合同等。

代理人一般情况下是受开发商的委托出面处理一些法律及实际问题、隐蔽事件和不符合实际的情况，但是代理人只有在开发商指导和同意的条件下才能做出最后决定。

2.3.2 房地产开发企业经营者的基本素质

企业经营者的素质如何已越来越影响到企业是否兴旺发达。房地产开发企业经营者面对的是一项环节多、风险高的生产经营活动，需要运用投资、建筑、财务、法律、管理等多方面的知识，需要与各方面的人员打交道。因此，企业的经营者至少应在两个方面具备相关的基本素质。

1. 全面的业务素质

(1) 熟知有关房地产开发的政策与法规。房地产开发管理活动是一项政策性很强的工作。国家和各地政府对房地产开发企业的设立、土地使用权有偿出让和转让、建设用地的规划管理、建设工程招标管理、房地产经营管理、商品房预售销售管理、商品房售后管理、房屋征收(拆迁)管理等都有具体规定，同时每个城市又有不同的城市规划、开发原则等，熟知这些政策、规定对项目的开发、经营、管理和服务是必要的，而且是极为有用的。

(2) 掌握一定的融资技巧。房地产开发管理离不开金融的支持，对于资金占用量大、占用时间长的开发活动来说，管理者既要有适度负债经营的风险意识，更要掌握一定的融资技巧，真正达到“借鸡生蛋”的目的。

(3) 具备较强的市场营销意识。房地产商品在市场上预售、销售情况如何，是对于一个开发项目成功与否的重要检验，采取什么样的营销策略以尽快回笼资金并获利是开发商最关心的。因此，开发企业经营者必须树立较强的市场营销意识，要努力做到准确地把握房地产市场的供求变化，制定相应的营销策略。

(4) 具备基本的建筑知识。房地产商品的建筑质量对房地产的预售和销售有着重要影响。一般来说，随着经济的发展和人们生活水平的提高，优质的房屋才会为人们所接受。这样，房屋的建筑设计是否科学、合理，建筑材料是否优质，建筑质量是否合格，就成了至关重要的因素。开发商应做到既了解建筑，又懂得如何用料，并善于同建筑师打交道。

(5) 具备较强的公关能力。一个成功的房地产开发商必须是一个善于协调各种社会关系的强人。只有同各方面的人士保持良好的关系，才有可能获得最可靠的信息，才能使经办的各种手续顺利过关，有时还会使经营成本降低。

(6) 掌握其他的相关知识。房地产开发管理除了要掌握上述知识和能力外，还应掌握相关的其他方面知识，如社会学、心理学、生态学等，并在项目的投资决策中加以综合运用，以开拓思路，使项目开发具有全面性、前瞻性。

2. 良好的心理素质

(1) 敏锐的洞察力。作为一个房地产企业的经营者，尤其是主要经营者，不仅要有经济上的分析判断能力，还要有敏锐的洞察力，如对政策调整的敏感、对宏观经济发展的判断、对城乡规划实施的关注等，这样往往会发现一些潜在的不为人们所重视的投资开发机遇，主动地抓住这些机遇，又会给项目的成功打下很好的基础。

(2) 较强的风险承受力。企业家的胆略是战胜风险的关键因素。房地产开发企业的领导者，尤其是经理应该具备较强的心理承受能力。在房地产开发活动中，高风险是与高回报同时存在的，决策者往往要依据自己的知识、能力、经验以及对公司内外情况的分析来做出决定，所以，房地产开发企业的经营者必须克服优柔寡断的心理，在科学论证的基础上，大胆地进行决策。

(3) 勇于创新的精神。项目能够成功往往在于它有足够引起市场关注之处。面对竞争激烈的房地产市场，开发商必须要有敢于创新的精神和超前的市场竞争意识，要善于抓住市场需求和发展趋势，在房地产商品的规划设计上进行突破，这往往会在市场上引起“柳暗花明又一村”的效应，从而带来丰厚的回报。

2.3.3 房地产开发企业的组织结构设计

组织结构就是在组织中正式确定的使工作任务得以分解、组合和协调的框架体系。一般任务，组织结构设计涉及的要素有六个，即工作专门化、部门化、指挥链、管理跨度、集权与分权、正规化。树立良好的组织结构有助于员工有效地完成企业任务。房地产开发企业承担的是复杂的开发任务，如何建立一个既能发挥工作人员作用，又能保证工作效率的组织结构，是房地产开发企业需认真研究的问题。不同规模的房地产开发企业的组织结构设计一般是不同的。房地产开发企业的组织结构设计应充分考虑到分工的合理性及责任的明确性，既要考虑各部门业务上的独立性，又要考虑到部门与部门之间的相互协作。

房地产开发企业一般采用以下五种常见的组织结构设计形式：直线制、职能制、直线职能制、事业部制和矩阵型组织结构。有些房地产开发企业也会采用新型的组织结构设计：团队结构、虚拟结构和无边界组织。

1. 传统组织结构设计

(1) 直线制组织结构。这种结构的特点是低度部门化、宽管理跨度，职权集中于领导者一人手中，是一种简单结构，适合 30 人以下的房地产企业。例如，小型的房地产评估公司、房地产经纪公司、物业管理公司。其优点是命令统一，责权分明，维持成本低，快速灵活；缺点是不利于企业成长，过分依赖于领导者的才能和技能。

(2) 职能制组织结构。这种结构是在主管人员的领导下，按专业分工将员工组合在同一职能部门的组织结构，是典型的官僚组织结构。其优点是利用专门化、规模化带来了成本节约，减少了资源浪费；缺点是由于部门分割，各部门之间缺乏了解，只追求各自的职能利益，且由于负责管理部门内多个项目，管理者不能了解组织整体的最佳利益。

(3) 直线职能制结构。直线职能制综合了直线制和职能制，建立了具有集中决策的职能部门，同时还设立了具有分散经营的项目部门，是典型的官僚组织结构。职能机构是直线主管的参谋，提出组织的政策和管理规定，不能对直线部门直接进行指挥命令。直线部门独立负责本部门的运营，可以按照产品、地区、顾客等建立直线部门。直线职能制的优点是统一指挥与专业分工相结合；缺点是横向协调难度大，人员多，效率低，管理成本高。这种组织结构模式属于集权式的组织结构。

（4）事业部制组织结构。这是一种相对独立的部门或事业部组成的组织结构，公司总部负责业务管理者的角色，提供财务、法律、培训、技术等方面的支持服务，而事业部则是独立经营、自负盈亏的利润中心，对本部门的绩效负责。在这种组织结构下，对事业部经理的人员素质要求很高。通常超大型、产品种类多、产品差别大、分公司多的房地产企业采用这种组织结构设计模式。其优点是强化了决策机制，总公司领导着重研究政策和战略发展，提供各种服务，调动事业部的积极性，强调了事业部经理对本部门产品和服务的经营责任，有利于培养人才，增强内部竞争；缺点是活动和资源的重复配置导致成本上升，效率降低。这种模式属于分权制组织结构。

（5）矩阵型组织结构。矩阵型组织结构是一种基于职能部门化和产品部门化的组织结构，如表 2-2 所示。在这种结构中，既有按照前期部、财务部、工程部、物业部、营销部、设计部等部门的职能单位，也有按照别墅、公寓、写字楼、停车场、餐饮、娱乐、商场等公司产品划分的项目部门。矩阵结构中的员工受双重领导，即横向的产品线领导和纵向的职能部门领导，同时员工也有双重任务。一般来说，专业人员在完成产品项目后，要回到职能部门中。矩阵型组织结构的优势在于公司可以很好地协调复杂又相互依存的组织活动，不同的专业人员可以很好地沟通和交流，并借助于矩阵结构组织平台很好地发挥资源作用。这种结构的不足在于消除了统一指挥后，可能造成一些混乱，员工缺乏安全感，产品线经理为了得到优秀的专业人员展开争斗，容易引起组织的矛盾。

表 2-2　某大型综合房地产企业集团的矩阵型组织结构

部门项目	别墅	公寓	写字楼	停车场	餐饮娱乐	商场
前期部						
财务部						
工程部						
物业部						
营销部						
设计部						

2. 新型组织结构设计

前面介绍的几种组织结构设计属于传统组织结构设计，这些结构使企业常常不能适应越来越复杂和动态的环境，企业有时需要更为简单、灵活和创新的组织结构，安排和构建组织的任务，使组织能够对顾客、员工以及其他利益相关者的要求做出快速反应。新型组织结构设计方案有团队结构、虚拟结构和无边界组织三种。

（1）团队结构。以团队为基础设计的组织结构，优点在于整个组织是由执行组织的各项任务的工作小组或团队组成。这种结构的团队不存在从高层至基层的管理职权链，每一个团队是一个自治的管理中心，以利润或任务为中心，团队有一名领导人，分成若干个小组，小组可以解决顾客提出的问题，避免踢皮球现象。大型房地产经纪企业可以采用团队结构进行组织结构设计。例如，某房地产经纪公司有100个经营店铺，分布在10个区域。每一个店铺是一个工作团队，任命一个团队领导。每一个区域的店铺经理再构成一个团队，任命一个区域经理，10个区域分区经理再组成一个团队。

(2) 虚拟结构。虚拟结构的主要职能，如生产、设计、销售等，是通过外包、租用完成的。虚拟结构是高度集权化的，部门化程度很低，甚至没有。虚拟结构建立在企业关系网络基础上，追求最大程度的灵活性。高级管理层通过合同契约关系来维持与其他职能组织之间的关系。因此，管理者大量的时间用于协调和控制外部关系，主要通过电子网络进行联系。这种组织机构的优势在于获得新业务、应对竞争对手、开发新产品方面的高度灵活性，缺点在于降低了管理层对企业关键部分的控制力度。

(3) 无边界组织。无边界组织是通用电气公司创造的。这种组织结构模式取消了横向、纵向的与外界的边界，取消了命令链和职能部门，取消了组织的垂直跨度，取而代之的是跨层级的工作团队，工作团队由高层管理者至普通员工组成，企业结构更加扁平化。另一方面，由于电子网络技术的发展，一些专业技术人员可以在家办公，可以为多个企业老板服务，而他们却在公司的管辖地域范围之外。无边界组织在房地产经纪行业应用比较多，如北美地区的房地产经纪 MLS 系统，房地产经纪人通过网络为顾客提供房屋交易服务，顾客通过网络寻找房地产经纪人为其提供服务。MLS 系统管理者可以拥有无限多个取得经纪人注册资格的房地产经纪人。

2.4 房地产开发的参与主体

整个房地产开发活动过程，都是由一系列不同的参与者分别完成相关的工作。房地产开发活动综合性、复杂性强，涉及的参与方很多，包括政府相关部门、房地产开发企业、土地使用权人、投资主体、金融机构、建筑承包商、专业顾问、规划设计单位、工程监理单位以及消费者、前期物业公司等。

2.4.1 政府机构

政府在参与房地产开发的过程中，既有制定规则的权力，又有监督、管理的职能，其主要以法规、政策、经济等手段对房地产开发活动进行宏观调控与管理。例如，国土资源部门主要负责房地产开发用地的审批和供应，城乡规划部门主要负责审查房地产开发是否符合城乡规划的要求，建设部门主要负责建筑活动的监督管理，城市房地产管理部门主要负责房地产市场管理等。此外，还有环保部门、市政部门、文物部门也在一定程度上参与房地产开发管理。有时，政府也会以开发商的身份进行安居房、基础设施及其他一些公益项目的建设，对于某些重大的公共设施项目，政府也可以作为开发及投资主体。

2.4.2 开发企业

众多的参与方中，房地产开发企业无疑是主角，因为它是房地产开发项目的首要参与者和运作主体，参与并控制从策划到建造产品、销售、售后服务的全部过程，是项目的出资者、组织者、管理者和协调者，是房地产开发全部工作的直接决策人、受益人和责任人。

2.4.3 土地使用权人

房地产开发活动首先必须取得土地使用权。房地产开发中的房屋征收与补偿必然会涉及原土地使用权人,房地产开发企业通过二级市场购置土地使用权或与原土地使用权人合作都会牵涉到原土地使用权人。因此,原土地使用权人的态度和行为直接影响着房地产开发经营活动的程序和成果。

2.4.4 投资主体

房地产开发经营活动的高资本回报率吸引着大量的投资主体进入房地产行业,而且房地产行业本身是一个资金密集型行业,客观上也要求房地产投资实现多元化。投资主体投资开发经营房地产有两种形式:一是通过直接或间接(股票、信托和债券等)投资方式投资房地产开发企业;二是通过直接或间接方式购置房地产商品进行长期出租、经营和转售。

2.4.5 金融机构

金融机构是房地产开发经营活动所需资金的重要提供者,为房地产开发企业从事开发经营活动提供资金支持,同时也为房地产消费者提供消费贷款的资金支持。房地产行业与金融行业联系紧密,房地产开发和消费都离不开金融行业的支持,同时,房地产信贷也是金融行业的一项重要业务。金融业能促进房地产市场健康有序地发展。

2.4.6 建筑承包商

建筑承包商负责按合同的要求,组织人员、设备进行施工,他们是产品质量的直接缔造者。承包商的队伍素质、管理水平直接关系着房地产产品的质量。目前房地产开发中存在承包商垫资施工的现象,这使得承包商在房地产开发中承担了一定的融资功能。

2.4.7 专业顾问

房地产开发经营活动中,房地产开发企业有必要在不同阶段聘请相应的专业顾问人员提供咨询服务,如规划师、建筑师、景观建筑师、监理工程师、会计师、造价师、经济师、房地产经纪人、房地产估价师、律师、营销和策划人员等。这些专业顾问分工协作,为房地产开发商提供决策参考或专门服务。正是对于这些专业顾问人员的需求,推动了房地产及相关领域中介咨询机构的迅速发展。

2.4.8 消费者

消费者是房地产商品的最终使用者,也是房地产开发经营活动收益的最终实现者。消费者的经济能力、消费心理等因素决定房地产开发经营活动的结果,因此,消费者的消费行为通过一级级的传导最终能影响其他所有的房地产开发参与者。

复习思考题

1. 简述房地产企业在国民经济发展中的作用。

2. 根据企业经营活动与房地产生产、流通、消费各个环节的相关程度，可以将房地产企业分为哪几类？

3. 简述房地产开发企业的设立程序。

4. 房地产开发企业经营者需要具备哪些基本素质？

5. 房地产开发涉及的参与者有哪些？

3 房地产开发项目策划

学习目标

1. 了解房地产开发项目策划的含义、作用、原则；
2. 熟悉房地产开发项目策划模式的分类、房地产项目策划流程；
3. 掌握房地产市场调查和市场预测的方法；
4. 掌握市场细分、目标市场选择、市场定位的原理和方法；
5. 了解房地产项目初步开发方案和项目开发流程设计的基本内容。

3.1 房地产开发项目策划概述

3.1.1 房地产开发项目策划的含义

房地产策划是策划主体以战略眼光和创造性思维，全面系统地进行分析与研究，对房地产投资开发的具体目标制定出具体的实施计划方案。房地产开发项目进行全过程的策划，即从市场调研、土地取得、投资分析、项目定位、规划设计、建筑方案、建筑施工、项目形象、项目营销、品牌培植以及物业管理服务等各个环节都进行全方位策划，使项目的开发价值提升到最理想的状态。

房地产开发项目策划是在房地产项目投资建设过程中，根据房地产开发项目的具体目标，以客观的市场调研和市场定位为基础，综合运用各种策划手段，按照一定的策划程序对房地产开发项目进行系统的、全面的构思和谋划，并制定和选择合理可行的执行方案，以及根据目标的要求和现实条件的变化，对方案进行修改、调整的一种创造性的活动。

房地产开发项目前期策划的含义包括以下五层意思：

(1) 策划具有明确的目标。项目前期策划一定要围绕房地产开发的具体目标，努力把各种工作从无序转化为有序，使人们正确地把握房地产开发项目的发展变化以及可能带来的结果，从而确定能够实现的工作目标和依次需要解决的问题。

(2) 策划是以市场调研和市场定位为基础的。通过对房地产市场进行宏观和微观的市场调查，收集、整理和分析有关的房地产市场信息资料，运用科学的方法把握和预测房地产市场的现状和趋势，从而为房地产开发项目进行准确的市场定位。

(3) 策划是通过综合运用各种策划手段进行的，如市场策划、投资策划、设计策划等。

(4) 策划是按照一定的程序运作的。策划的程序性是指把搜集的各种信息资料、规划的各种策划活动按照房地产开发项目的实施步骤有机地结合起来，形成一个井然有序、高效、合理的整体策划方案。

(5) 策划最终是要提供具有可操作性的文本。房地产策划方案也不是一成不变的，应根据房地产市场环境的变化，不断地对策划方案的实施成效进行评估、反馈，及时地对策划进行调整，以保证策划方案对市场的最佳适应状态。

3.1.2 房地产开发项目策划的作用

作为一种知识经济时代的智力产业，房地产开发项目策划为房地产开发企业创造了巨大的经济价值和社会价值，在房地产开发项目运行过程中自始至终地为房地产企业提供智力支持，为项目的成功提供保障，在社会经济工作中发挥着越来越重要的作用。

1. 防止并纠正项目运作出现的偏差

房地产策划作为一种具有前瞻性的思维活动，实际上是模拟房地产项目开发经营活动的过程，它的作用在于形成一个“影子项目”，即观念上的项目。房地产策划活动一般在项目开始实施之前进行，其策划成果要求建立在充分的市场调研和科学的市场定位基础上，在此基础上形成的策划成果对项目开发具有指导性和预见性，能够防止项目决策出现失误。当项目开始实施以后，房地产策划作为房地产项目的参谋和顾问，通过跟踪项目的实施过程，能够及时纠正项目运营过程中出现的偏差，使项目实施回到预先确定的轨道上来。

2. 为企业提供各种专业的咨询服务

房地产开发涉及土木建筑、财务、金融、项目管理、法律政策、广告营销、景观环境等许多相关专业，希望房地产项目的操作人员成为所有专业的专家是不现实的，因此开发过程中需要各方面的专业服务。房地产策划咨询机构作为一个专家群体，能够为企业提供房地产开发过程中的相关专业服务。随着房地产业专业化程度的不断提高，策划机构也从原先偏重于概念策划向专业化方向发展。对于房地产开发经营过程中的几乎每个环节，市场上具有专业化机构能够提供相应的咨询服务，如市场调查、广告推广、销售代理等服务。

3. 与开发商形成思维互补

开发商习惯于从企业和项目的现实出发，按部就班地进行项目的规划设计和管理控制，擅长于逻辑思维。但是房地产策划师由于不受房地产企业惯性思维的约束，能够进行发散性、创造性的思维活动，打破开发商的思维定式，为项目开发、企业决策提供全新的思维方式。因此，成功的房地产策划是开发商和策划师之间的双向互动和共同思维的结果。比如，一般的开发商均会按照先建房子再建配套的程序进行房地产开发，但有的策划人员就能够提出先建配套再建房子的逆向思路，实现“跳出房产做房产”的目的。

4. 有效整合房地产项目的各种资源

由于房地产开发管理需要调动各种社会资源，因此房地产策划贯穿于房地产开发的全过程，成为开发商、规划设计单位、建筑施工单位、广告营销单位以及物业管理单位之间的桥梁和纽带，这种纽带作用赋予房地产策划整合项目各种资源的职能。

3.1.3 房地产开发项目策划的原则

房地产开发项目前期策划的基本原则就是房地产策划活动中应遵守的主要的基本法则和标准。它是策划人通过大量的调查研究和实战操作而积累起来的智慧结晶。房地产开发项目前期策划的基本原则主要有以下几个方面。

1. 战略介入原则——出思路

房地产开发项目的策划要从战略的高度来把握大势。大势把握包括对国内外经济大势、区域经济大势、区域市场需求大势、区域行业竞争大势、区域板块文化底蕴的把握。在把握大势的前提下，根据企业的自身特点，找到合适的发展思路。

2. 理念创新原则——出定位

为摆脱同质化竞争的迷局，就要找出房地产开发项目差异化发展的突破点，然后根据企业的自身特点、市场需求、客户定位、消费需求等扬长避短，量身定做。它应贯穿房地产策划的各个环节，使房地产开发的项目在众多的竞争项目中脱颖而出。理念创新包括观念创新、主题创新、手段创新。

3. 策划设计原则——出方案

针对房地产开发项目的特点，量身定做，设计出一套科学的、独创的、有前瞻性的并且具有实践性的实施方案。策划设计包括项目理念设计、项目功能设计、项目运作模式、项目经营思路等。

4. 资源整合原则——出平台

所谓整合就是把不同的客观资源集中在一起，通过策划人的整理、分析、组合、加工和升华，形成以项目主题为中心的优势资源，从而创立一个统一的操作平台，让各种资源发挥应有的作用。客观资源包括主题资源、社会资源、人文资源、物力资源、人力资源等，这些资源既可以是企业内部的，也可以是企业外部的；既可以是行业内部的，也可以是行业外部的；既可以是显性的，也可以是隐性的。

5. 动态变化原则——出监理

房地产策划要在动态变化的复杂环境中，及时准确地把握项目的发展变化，预测变化的方向、轨迹，并依此调整策划目标和修改策划方案。

6. 文化把握原则——出品牌

品牌的背后是文化。房地产开发项目策划要充分考虑项目所在地的民族心理、思想观念、生活习惯、地方风俗等文化因素，它们对房地产项目的总体设想有重要的影响作用，因此项目策划中要把文化因素渗透到策划项目的各个方面中去。在项目中，民族文化的显现往往会起到画龙点睛的作用，使产品在顾客中迅速传颂，从而促进品牌的形成。

7. 总揽全局原则——谋发展

房地产策划要从整体出发，注意全局的目标、效益和效果；要从长期性出发，处理好项目的眼前利益和长远利益之间的关系；要从策划的系统性出发，总揽全局；要从项目的动态性出发，注意项目的整体动态性发展。

3.2 房地产开发项目策划的模式和程序

3.2.1 房地产开发策划的模式

房地产策划是按一定的模式进行的。所谓的“模式”就是使人们可以照着去做的具体样式。房地产策划到现在为止经历了 20 余年的发展历程，经过策划人的不断总结和实践，已经形成了许多具有鲜明特点和方式方法的策划模式，并最终成为一种标准形式或标准样式而固定下来。目前在房地产策划界存在不少策划模式，如战略策划模式、全程策划模式、品牌策划模式、产品策划模式、开发商策划模式等。这些模式从不同侧面、不同程度上反映了房地产的基本规律。

1. 房地产战略策划模式

战略策划模式是在宏观市场上把握房地产策划的一种模式。它从宏观、整体上把握项目的策略设计，从理念上切入，进行思维方式引导、文化概念引导、生活现象描述、市场现象挖掘，它创造的是思想，呈现的是概念，注重的是大势的把握和整体思路，适用于：① 大盘项目；② 项目的市场定位及项目的发展思路；③ 协调各专业公司围绕项目的总体目标进行操作。

2. 房地产全程策划模式

全程策划模式是对房地产项目进行全过程策划，即从市场调研、土地取得、投资分析、项目定位、规划设计、建设方案、建设施工、市场营销、品牌培植以及物业服务等各个方面进行全方位的策划，使项目的开发价值提升到最理想的位置，适用于以下三种情况。

(1) 项目接手后，策划从市场调研到销售代理以至售后服务都参与进去，并在各个专业上具体操作，直到项目成功推向市场，要求策划人员素质好、水平高、技术全面，企业各个层面的人员要相互协调、相互合作。这种全程策划方式的难度是相当大的，目前只有较少房地产策划咨询公司能承受这样的全程策划。

(2) 项目接手后，项目的一系列环节也都参与进去，但不涉及具体的专业操作工作，各个环节专业上的工作由专业公司去完成，如市场调查由专业的调查公司去做，建筑设计由专业的设计公司去设计等，全程策划公司只是作总策划的统筹，把各种不同的专业公司整合在一起，按照总策划的方向行事。目前这种策划方式被大部分房地产策划咨询公司所采用。

(3) 项目接手后，在全程策划服务的前提下，根据各策划咨询公司的专业特长，如有擅长市场研究、投资分析业务的，有擅长规划设计业务的，有擅长广告策划和市场营销工作的，他们运用自身的专业特长并有所侧重，但不丢掉全程策划服务的宗旨。目前这种策划方式在房地产策划咨询中也有不少。

3. 房地产品牌策划模式

房地产品牌是房地产项目区别于其他项目的个性，它不但有独特的目标市场和共同认知的目标客户群，而且具有较高的知名度、美誉度和忠诚度。房地产品牌策划是对房地产品牌的内涵进行挖掘、发现和推广，使房地产开发的项目赢得人们的信赖，满足人们创造新的生活方式和新的需求。品牌策划模式对一些内外品质稍差的项目来说，效果是很好的。

品牌策划模式通过工地包装、现场销售包装、媒体广告造势、软性新闻宣传、样板房推动、公关活动介入等，在短时间内把不知名的楼盘变得家喻户晓，吸引客户购买，从而实现品牌策划的目标。

4. 房地产产品策划模式

所谓房地产产品策划，就是对房地产开发的产品需求进行调研、定位、设计、营销以及物业管理等内容的谋划和运筹，以适应人们对房地产产品不断变化和提高的要求。

房地产产品策划模式的适用性相当广泛，只要产品目标市场准确，设计到位，营销手段新颖，加上策划人的创新精神和专业素质，项目策划一般都会获得成功。

5. 房地产开发商策划模式

开发商策划模式可以说是“非策划主义”模式。开发的项目不需要策划人的帮忙，自己亲自操作，从项目的市场机会分析、策划主题确定、设计思想挖掘，到目标客户寻找等，无不一手包揽。

开发商策划作为一种策划模式，运用得成功与否，最重要的决定因素是开发商本人的开发运作水平。这一方面要求开发商不但要有很高的知识水平、操作水平，还要有超前的思想观念、创新能力；另一方面要求开发商本人要有超强的统率全局的能力。

开发商策划模式从本质上讲也是全程策划方式的一种，只不过策划的主体是开发商自己而非房地产策划咨询公司，在项目的策划过程中，吸取了战略策划模式、全程策划模式、品牌策划模式和产品策划模式的长处，并加以综合作用。

3.2.2 房地产开发策划模式的相互关系

无论是房地产战略策划模式、产品策划模式、品牌策划模式，还是全程策划模式或开发商策划模式，其共同点都是策划贯穿项目的始终，而不同点是策划的角度不同、侧重点不同以及应用阶段不同。

房地产战略策划模式是从项目的战略角度出发，把握项目大势，进行市场定位，并监督它的贯彻执行。其重点是针对大盘的房地产项目的前期策划。

房地产产品策划模式是从房地产开发的产品角度出发，对开发的产品进行产品定位和设计的一种策划行为。其重点是针对房地产开发项目的前期和中期策划。

房地产品牌策划模式是从房地产开发项目的品牌角度出发，打造和维护房地产开发项目的品牌。其重点是在房地产开发项目的中后期进行营销推广和物业服务。

房地产全程策划模式和开发商策划模式虽然实质上都是房地产项目的全程策划，但策划的主体不同，导致看问题的角度不同，采取的手段也不同，这也就造成了策划的最终效果也略有不同。

3.2.3 房地产开发前期策划的程序

房地产开发策划是按一定的程序进行的。所谓策划程序，就是指一个项目在进行策划的过程中按其内在联系排列出的先后工作顺序。房地产开发策划是一项复杂的、专业性强的活动，策划的程序性是保证将各个环节和各个方面的活动进行有机结合，形成一个合理的整体策划，做到井然有序，提高工作效率。

房地产前期策划的程序实际上可以简单地用做什么（What）、谁来做（Who）、在哪做（Where）、何时做（When）、效果如何（How）来形容。具体的操作程序分为五个步骤。

1. 确定房地产开发前期策划目标（What）

由于房地产开发项目的规模不同（若仅仅是一个投资几百万元的定向、定量开发的房地产单体项目也许不需要策划），房地产项目前期开发所处阶段不同（如有正在寻找项目的，有刚刚取得土地的，有正处于投资阶段的，有正处于规划设计阶段的），这也就决定了开发商的策划需求不同，所以在房地产开发前期策划开始之前，开发商首先要明确需求是什么，以及策划的目标是什么。

2. 确定房地产开发前期策划的主体（Who）

在房地产开发商明确自己的需求和策划目标后，就要选择策划方式，一种方式是开发商策划模式，另一种是选择房地产策划咨询公司作策划。对于每一个房地产策划咨询公司来讲，其都有自己的擅长之处，而每种策划模式也都有自己的侧重，因此，房地产开发商前期策划主体的选择就是选择策划模式和策划公司。

3. 房地产开发的目标策划(Where)

在房地产开发商明确策划模式和选定策划公司后,就进入了房地产开发的目标策划阶段,这个阶段包括两部分内容,即房地产开发项目调研和提炼创意成果。

(1) 项目调研。这一阶段是整个策划工作的重头戏,也是策划成果的主要内容。项目调研阶段最能反映一个策划师或策划机构的能力和水平。另外,这一工作阶段也是最辛苦的。策划人员为了取得大量的项目调研资料,需要走访许多政府部门、业务机构、项目现场,为的是取得大量的一手真实资料;同时策划人员还要翻阅大量的资料和文件,以取得项目调研的书面资料。

(2) 提炼创意成果。在策划人员经过调研取得了大量的资料以后,紧接下来就是针对项目进行研究、讨论、论证、创意的时候了。这一阶段工作的好坏,直接影响到策划方案的质量和可操作性。在这一阶段通常采用碰头会的形式进行头脑风暴,以擦出创意"火花"。通过大家认真研究、反复论证,往往能产生策划创意成果。

4. 提交房地产开发策划报告(When)

通过项目的市场调查,对大量的信息资料进行分析、研究、提炼,达成共识,形成结论,然后编写报告,向委托方提交策划成果即策划方案。这一阶段的重点是在预定的时间内完成计划,并保证策划成果的质量,如果在编写时感到策划结果没有达到预期效果,还要再一次回到前面的目标策划阶段,直至得到满意结果为止。

5. 实施策划方案并进行跟踪、反馈(How)

策划方案或报告得到了委托方的肯定后,将进入实施方案阶段。如果策划公司与委托方所签合同的工作范围不包括执行,策划工作也并不是到此结束,因此还需对实施的效果进行监测。监测的结果如果达不到方案的目标,还要分析原因,找出解决问题的办法,交与委托方加以及时修正。

3.3 房地产开发项目的市场策划

房地产开发项目的市场策划是先对拟开发项目的市场进行市场调查,搜集相关的信息资料,然后进行科学的分析和整理,总结归纳,从而对房地产市场的趋势走向做出预测和判断。在房地产开发项目市场分析和预测的基础上,对房地产开发项目的目标、区位选择以及项目的主题、投资、规划、营销、物业服务等做出科学的定位。

3.3.1 市场调查

房地产开发项目的市场调查是房地产企业为实现特定的经营目标,通过搜集、分析、整理相关的房地产市场的信息资料,准确地把握和科学地预测房地产市场的现状和未来趋势,为房地产开发企业的正确决策提供科学依据。

1. 市场调查的步骤

(1) 确定目标。确定市场调查的对象类别与范围,明确需要解决的问题。

(2) 制定调查计划。内容包括:① 确定所需的信息及其类型。② 确定信息来源,包括第一手资料与第二手资料。③ 确定搜集资料的途径与方法,是观察、专题讨论、座谈、问卷调查还是实验;明确联系方式,是电话、邮寄还是面访。④ 抽样设计,确定抽样对象和结构、样本大小以及抽样程序。⑤ 确定调查的时间安排与费用预算。

(3) 组织市场调查,搜集资料。按调查计划规定的时间、方法、内容与步骤进行信息资料的搜集工作。

(4) 分析与处理信息。对所搜集的信息进行编辑加工、分类归档,从中提炼出与调查目的相关的信息。可以采用统计技术和决策模型来辅助进行。

(5) 提出调查研究报告。内容一般包括:① 引言,如调查研究目的、对象、范围、方法和时间等;② 摘要;③ 正文,如宏观因素分析、与特定项目相关的因素调查和分析;④ 结论与建议;⑤ 附件。

2. 市场调查的内容

(1) 环境调查。包括:① 政治法律环境,如政府有关方针政策,像土地供应、财政、金融、各种税费、项目审批、房屋销售等政策;政府的有关法规,像《建筑法》、《环境保护法》、《国有土地上房屋征收与补偿条例》等;政局的变化,像政府人事变动以及战争、暴动等的发生。此部分调查尤其应当关注政府有关房地产的法规政策和相应措施。② 经济环境,即国民经济的发展形势,如国内生产总值或地区生产及发展速度、国民收入、物价水平、社会购买力、通货膨胀率、通信及交通运输、能源与资源供应、技术协作条件等。③ 社会文化环境,如城市人口数(常住人口、流动人口)、人口的增长率、职业构成、文化水平、受教育程度、宗教信仰、风俗习惯、社会阶层分布等。④ 技术发展环境,如新技术、新工艺、新材料、新能源的运用现状和发展趋势,新产品的技术现状和发展趋势,新产品的国内外现金水平等。

(2) 房地产市场发展态势调查。包括:① 国家及地区的房地产的发展态势,如现有的和潜在的各类房地产需求量、价格、地段分布与发展趋势;② 现货房、期房的价格、数量、地段分布以及发展趋势等。

(3) 城市与周边同类楼盘供需情况调查。包括:① 同类产品在市场上的供应量或销售量;② 竞争者的情况,如数量、名称、开发能力、市场份额、价格政策、销售策略等。

(4) 消费者和消费者行为调查。包括消费者类别、购买能力、购买欲望和购买动机、购买习惯等。如消费者是个人还是企业,民族,爱好,所在地区,购买者的购买决策影响因素,周边工作与居住的居民情况等。

(5) 开发场地调查。包括:① 备择场地的区位,如距城市中心的距离、交通运输条件、基础设施配套情况等;② 备择场地的现状,如场地上各类建筑物和构筑物的现状、需拆除的面积、安置原住户数等;③ 备择场地的规划控制,如容积率、建筑密度、建筑高度、必须配置的公共设施和工程设施、建筑界线、开发期限等要求;④ 技术因素,如场地的土壤、地形、地貌、水文地质状况和场地方向等。

(6) 竞争对手调查。项目的竞争对手包括两类:一类是与项目所在地处于同一区域、性质相同的项目;另一类是与项目所在地处于不同区域但市场定位相似的项目。竞争对手调查的内容包括:① 公司的实力和产品的优势、特色;② 产品的价格和定价情况;③ 营销策略和营销手段;④ 广告策划及广告费用;⑤ 市场销售情况及市场占有率;⑥ 物业管理的模式、质量和费用。

3. 市场调查的方法

(1) 按照调查目的不同,可以分为探测性调查、描述性调查、因果性调查和预测性调查四种调查方法。

探测性调查是指在企业对市场状况不甚明了或对问题不知从何处寻求突破时所采用的一种方式，其目的是要发现问题的所在，并明确地提示出来，以便确定调查的重点。探测性调查的方法主要有三个方面：一是现成资料，这是主要来源；二是向专家、产品设计者、技术人员和用户、顾客做调查；三是参考以往类似案例，从中找出一些有关因素，得到启发。

描述性调查是指对所面临的不同因素、不同方面现状的调查研究，其资料数据的采集和记录着重于客观事实的静态描述。大多数的市场营销调研都属于描述性调查。例如，市场潜力和市场占有率、产品的消费群结构、竞争企业的状况的描述。在描述性调查中，可以发现其中的关联因素，但是，此时我们并不能说明两个变量哪个是因、哪个是果。与探索性调查相比，描述性调查的目的更加明确，研究的问题更加具体。

因果性调查是指为了查明项目不同要素之间的关系，以及查明导致现象产生的原因所进行的调查。通过这种形式调查，可以清楚外界因素的变化对项目进展的影响程度，以及项目决策变动与反应的灵敏性，具有一定程度的动态性。

预测性调查是指在调查研究的基础上，对市场的发展趋势及其未来变迁形态、变迁原因、变迁时间进行估算、预测。

(2) 按照调查资料来源的不同，可以分为案头研究调查和初步研究调查。

案头研究调查是指利用第二手资料进行部分或全部的研究工作。第二手资料搜集的途径通常有企业内部数据资料、出版物、计算机数据库以及向专业的市场研究机构或信息咨询机构购买。

初步研究又称为第一手资料研究，是在制定详细的调查方案基础上，由调查人员通过观察、实验或访问方法来获取资料。

观察法是指调查人员不与被调查者正面接触，而是在旁边观察。这样做，被调查者无压力，表现得自然，因此调查效果也较为理想。观察法又分为直接观察法、亲自经历法、痕迹观察法和行为记录法。

实验法是将调查范围缩小到一个比较小的规模上，进行实验后取得一定结果，然后再推断出总体可能的结果。

询问法是把调研人员事先拟定的调查项目或问题以某种方式向被调查者提出，要求其给予回答，由此获得信息资料。在实践中又可以分为小组座谈法、深度访谈法、投影技法、面访调查法、电话调查法、邮寄调查法、网络调查法和留置问卷法。

(3) 按调查对象和范围的不同，可以分为全面调查、重点调查、典型调查、抽样调查等。

(4) 按调查结果性质的不同，可以分为定性研究调查和定量研究调查两种调查方法。

3.3.2 市场分析和预测

房地产开发项目的市场分析和预测是研究影响某一特定类型物业供给和需求的各种因素，其目的是降低风险，获取最大的盈利机会。市场分析和预测是在市场调查的基础上进行的，市场分析和预测方法主要有定性和定量两种。

1. 定性分析和预测

它是指根据市场调查搜集的各种信息资料，利用人们的经验、专业知识、分析能力，通过主观判断，分析房地产开发项目的未来状况，如总体趋势、各种可能性和后果。常用的方法包括专家会议调查预测法（如面对面方式的专家会议法、头脑风暴法）、德尔斐法（背靠背方式）和主观概率法。

2. 定量分析和预测

它是指根据市场调查搜集的现在和过去有关的客观历史数据，建立数据模型，用以定量地描述房地产开发项目未来的状态和发展趋势。常采用的方法有时间序列平滑预测法、相关分析法和回归分析法等。

3.3.3 市场细分

1. 市场细分的概念

房地产市场细分就是通过房地产市场调查，根据消费者的需要和愿望、购买行为及购买习惯等方面明显的差异，对房地产产品或某一类产品的市场整体进行划分。对房地产市场进行科学的市场细分，有利于开发企业找到有利的市场方向，从而把自己的优势力量集中在选定的细分市场，有针对性地制定营销组合方案，并且在实施中便于察觉客户的反应，以便及时进行调整控制。

2. 市场细分的依据

市场细分的依据是将一个整体市场划分为若干个子市场的分类依据。从不同角度出发，细分依据种类繁多，而且在实际操作中，为了寻找有利的细分市场或空白市场，往往需要根据社会发展变化，创造性地变换角度，发掘、创新出新的细分依据。因此，市场细分依据的寻找、选择和使用，本身是一个灵活的工作。作为房地产开发整体市场，细分依据一般包括地理因素、人口因素、心理因素和购买行为因素、行业因素、规模因素等。

（1）地理因素。市场细分的地理因素通常包括国界、区域、城市、片区、地质、水文、地形地貌、气候等。例如，以城市为细分依据，可以将市场分为北京房地产市场、天津房地产市场、烟台房地产市场等。

（2）人口因素。市场细分的人口因素主要包括国籍、种族、民族、宗教信仰、年龄、性别、职业、收入水平、受教育程度、家庭规模等。例如，以年龄为细分依据，可以将市场细分为青年公寓市场、老年公寓市场、中青年住宅市场等。

（3）心理因素。市场可以按消费者的生活方式、性格等心理因素进行细分。市场细分的心理因素主要包括兴趣、态度、情感、思维、意志、动机、气质、性格及社会交往活动方式等。例如，以兴趣和性格为细分依据，可以开发音乐主题社区、运动主题社区以及个性鲜明的“气派”或“优雅”项目。

（4）购买行为因素。市场细分的购买行为因素主要包括购买的产品类型及特征，对价格、广告、服务等的敏感程度，对开发商及销售渠道的信赖程度、购买时机、购买频率、使用频率等。例如，以对广告敏感程度为细分依据，可以将市场分为电视广告敏感客户市场、报纸广告敏感客户市场、期刊广告敏感客户市场、宣传单敏感客户市场、宣传报道敏感客户市场等。

（5）行业因素。市场可以按照购买者行业的具体类别进行细分，这种细分应该属于人口因素细分的一种衍生，主要针对生产经营者市场。可以细分的行业很多，例如食品行业、纺织行业、煤炭行业、服装行业、机械行业、冶金行业、化工行业、建筑行业等。通常，经过这种划分，可以形成不同类型的工业厂房房地产市场及其他房地产市场。

（6）规模因素。市场可以按照购买者实力规模的大小进行细分，这种细分也可以视为人口因素细分的一种衍生，同样主要是针对生产经营者市场。按照规模大小可以将生产经营者分为超大型机构、大型机构、中小型机构、超小型机构等。相应地，可以形成对应的房地产需求不同细分市场。

3. 市场细分的方法

(1) 单变量市场细分法。单变量市场细分法是指通过一个细分变量的变化对市场进行细分。单变量市场细分主要是对市场的基本认识和基本划分，例如，以年均家庭收入为一个细分变量来划分市场，可以将住宅市场划分为超高收入家庭的住宅市场、高收入家庭的住宅市场、中等收入家庭的住宅市场、低收入家庭的住宅市场等。

(2) 双变量市场细分法。双变量市场细分法是指通过两个细分变量的变化对市场进行细分。双变量市场细分是以相对于开发项目的两个重要细分变量先分别划分市场，再进行排列组合，得到若干个较有吸引力的细分市场。例如，对于某写字楼开发项目，以档次为细分变量，将市场划分为普通写字楼、公寓写字楼、酒店式写字楼、高档智能化写字楼；以企业事业单位类别为细分变量，将市场划分为国有单位、民营单位、涉外单位。这样，通过组合，可以形成 12 个细分市场，然后对每个细分市场进行研究。

(3) 多变量市场细分法。多变量市场细分法是指通过多个细分变量的变化对市场进行细分。多变量市场细分的技术方法很多。常用的简便方法是路线寻找法，具体步骤为：① 列出主要细分变量；② 根据每一个细分变量，分别列出尽可能多的各自细分市场；③ 选择第一个细分变量的一个最有吸引力细分市场，从此出发，寻找并达到第二个细分变量的一个最有吸引力细分市场；④ 依次类推，寻找到达最后一个细分变量的一个最有吸引力细分市场，这样，形成多变量细分市场的一个最有吸引力的组合细分市场；⑤ 如此这般，从第三步骤循环，可以获得具有吸引力的若干个组合细分市场，然后对每个细分市场进行研究。

例如，开发某住宅项目的个人需求市场，主要细分变量及各自细分市场为：① 家庭收入(超高、高、中、低)；② 年龄(老、中、青)；③ 职业(工人、技术干部、医生、律师、记者、管理人员、经营人员)；④ 单位性质(国有、民营、集体、涉外)；⑤ 婚姻(待婚、已婚、离婚)；⑥ 教育(初级、中级、高级)；⑦ 居住期(固定、流动)；⑧ 片区(城中、城南、城北、城东、城西)。根据具体项目和具体地区的特征，可以确定组合细分市场的路线，如从中等收入家庭出发，依次达到青年、记者、国有、待婚、高级教育、固定人口、城中，由此，清晰地界定了一个具有吸引力的组合细分市场。依次类推，可获得若干个这样的组合细分市场，经过分析评估，可以选取其中一个或几个作为目标市场进行开发。

3.3.4 目标市场的选择

1. 细分市场评估

细分市场评估主要考虑以下几个方面：

(1) 细分市场的规模。房地产开发企业在选择细分市场时，应分析细分市场是否具有相对于本企业来说的适度规模。一般来说，大型企业宜选取销售量大的细分市场，而小型企业则宜选取特定的细分市场，避免进入大的细分市场与大型企业进行竞争。

(2) 细分市场的发展潜力。良好的发展潜力能够为企业扩大销售量和提高利润带来机会。如果一个细分市场经过发展阶段已有衰落迹象，则缺乏吸引力。

(3) 细分市场结构的吸引力。进行细分市场结构吸引力分析,需要考虑细分市场已有竞争者、潜在竞争者、消费者、资源供应者、替代产品等方面的因素。通常,细分市场出现下列情况,则削弱市场吸引力:细分市场内已有强大或竞争意识浓厚的众多开发商;细分市场可能吸引实力强大的开发商进入;消费者对房地产产品的质量、环境等要求更高,并且议价能力较强;缺乏金融机构等资源供应者的有力支持;已出现替代产品或潜在替代品;等等。

(4) 开发企业的目标与能力。选择细分市场还要考虑是否符合开发企业的长远发展目标。如果不符合,不但不能推动企业完成设定的目标,而且会分散企业人力、物力和财力,对完成主要目标造成影响,因此,这时开发企业应放弃这些细分市场。

(5) 开发企业的能力条件。若在任何一个细分市场中取得成功,都必须具备一定的能力条件,如资源、技术、经验等。如果开发企业缺乏必要的能力,并且通过各种途径无法获得,则应放弃该细分市场。否则,贸然进入,将使企业陷入困境。

2. 目标市场的选择

经过评估,开发企业可以选择目标市场进入,从而进行开发。通常,目标市场选择的具体方式有以下几种。

(1) 选择单一细分市场。开发企业选择一个细分市场集中进行开发经营,可以深入了解细分市场的需求。同时,通过密集营销可以树立企业在目标客户中的形象地位。若企业选择目标市场合适,经过有效的经营运作,通常可以获得很高的回报。但是,单一细分市场也意味着较高的风险。如果该细分市场发生变化,需求低迷,实力竞争者决定进入等,则企业会面临较大的困难。

(2) 选择多个细分市场。采用这种方式的开发企业可以选择多个细分市场进入,并且各个细分市场很少或根本没有联系。这样,即使某个细分市场发生变化,失去市场吸引力,开发企业还可在其他细分市场继续盈利。选择多个细分市场的方式具有分散风险的作用。但是,应该看到,同样实力的开发企业多细分市场经营较之单一市场经营,精力是分散的。

(3) 选择专门化细分市场。这是选择单一细分市场方式的衍生,主要包括选择产品专门化细分市场和选择客户专门化细分市场。产品专门化是指开发企业集中开发一种房地产产品,通过开发经营的专门化以及经验的积累,降低成本,增强销售能力,提高利润,如经济适用房产品专门化细分市场;客户专门化是指开发企业专门为满足某个消费者群体的各种需要进行开发服务,并且努力在其中建立良好的声誉,如某类型的高档用房客户专门化细分市场。

(4) 选择完全覆盖市场。大型房企可以采用完全覆盖市场策略,开发各种房地产产品来满足各种顾客群体的需求。但应注意,正如市场细分原理所说的,任何一个大型开发区域并没有试图提供所有需求者的各种住房。完全覆盖市场方法通常有无差异市场营销和差异市场营销。

无差异市场营销是指开发企业对各细分市场之间的差异忽略不计,只提供一种房地产产品在整体市场上销售。这时,开发企业的思路是开发市场购买者普遍需要的产品,而不是各自需要的不同产品。

差异市场营销是指开发企业在大多数细分市场上进行开发经营,并且为每个有明显差异的细分市场设计不同的营销方案。差异市场营销往往会获得更大的总销售额,但同时也会增加经营成本,如产品改进成本、建筑成本、促销成本等。

在房地产市场策划中，需要进行市场调查、市场细分和确定目标市场。应注意的是，这三项工作在实际操作中必须交叉、融合，只有这样才能达到理想效果，这在市场调查的程序中是有所体现的。

3.4 房地产开发项目定位

3.4.1 房地产开发项目定位概述

1. 房地产开发项目定位概念

房地产开发项目定位是指房地产开发策划及经营者通过研究市场前提、技术前提和资金状况等一系列有关条件，采用科学的方法，确定目标市场，构思房地产产品方案，明确项目在目标客户中的形象、地位，制定项目推广策略和方法及其他有关内容的过程。

项目定位对于整个房地产项目的开发起着至关重要的指导作用，一旦出现较大偏差，将导致项目大方向错误，使项目陷入困境。

2. 房地产开发项目定位的主要内容

从项目定位的概念可以看出，房地产开发项目定位的主要内容包括以下几个方面：

(1) 目标市场定位。

(2) 开发产品定位。

(3) 项目形象定位。

(4) 项目推广定位。

3.4.2 目标市场定位

房地产目标市场定位的准确与否直接关系到项目的营销推广，更决定开发项目的成功与否，因此有必要从理论上，从更系统的研究和分析上，从更广阔的视角，从更多的层面，阐明和论述房地产项目市场定位的意义和重要性。

房地产开发项目市场定位是指确定房地产项目的目标消费群体，并且明确他们的特征。通过市场调查和预测、市场细分、细分市场评估及选择，最终可以选定一个、几个或完全覆盖市场作为目标市场。这一过程在上一节已做介绍。

3.4.3 开发产品定位

1. 房地产产品定位的基本概念

房地产产品定位是指通过市场调查和研究分析以及创新构思，最终确定整体房地产产品的主要特征。产品的主要特征决定产品的主要性能和使用功能，是区别于其他产品的内部要素，如规划布局特色、建筑风格、建筑功能、主力户型及建筑规划指标等。

从营销的角度看，整体房地产产品的概念可以表达为：提供能够满足消费者某种需求和愿望的任何有形建筑物、土地及依托权益和各种无形服务。或用公式简单表示为：整体房地产产品＝有形实体及依托权益＋无形服务。这里的无形服务主要是指可以给消费者带来的附加利益和心理上的满足感及信任感的服务、保证、物业形象、房地产开发企业的声誉等。

2. 房地产产品定位的基本内容

房地产产品定位的基本内容是房地产产品主要特征的表现，包括两个方面：规划限制与决定方面及市场与技术决定方面。

(1) 规划限制与决定方面的产品定位基本内容有：① 项目土地用途确定。开发土地的主要用途有居住、商业、工业、综合等，一般在获得土地时用途已经确定。从选择土地用途的意义上来讲，开发商应在看地、选地时进行权衡分析。② 项目总规划建设用地面积确定。③ 项目总建筑面积确定。④ 项目建筑容积率确定。⑤ 项目建筑物覆盖率确定。⑥ 项目绿化率确定。⑦ 其他确定。如建筑后退红线距离、建筑间距、建筑高度、交通出入口方位、建筑体量、体型、色彩以及环境保护、消防安全等有关规定等。

(2) 市场与技术决定方面的产品定位基本内容有：① 土地与项目位置的确定。位置是房地产产品定位的特有重要内容，需要审慎分析决策。② 项目规划布局确定。规划布局是通过不同的规划手法和处理方式，将住宅、公建、道路、绿地等规划因子及规划构思，系统地组织、安排、落实到规划范围内的恰当位置。③ 建筑档次、风格的确定。建筑档次需要在研究消费者基础上确定；建筑风格需要从需求者特征和艺术角度来确定，具体的建筑风格如大唐风格、欧陆风格等。④ 建筑功能布局确定。建筑功能布局是指建筑物具体每一部分面积的使用功能分布情况，如住宅、商场、写字间等。⑤ 建筑选型。建筑选型是建筑具体类型的选择，如点式住宅、条式住宅、错层式住宅、复式住宅、别墅等。另外，建筑选型还可按层数和结构进行划分。⑥ 户室比和房型的确定。⑦ 其他确定。如水、电、暖、天然气、电梯等的配套设置、公共服务设施的配套设置、装修程度的确定，以及容积率、建筑密度、停车率等的变更与具体确定等。

3. 房地产产品定位的基本方法

(1) 市场分析法。市场分析法就是通过大量市场调查、分析与研究，来确定房地产产品的主要特征。这种方法是最基本的定位方法，被策划者和开发者广泛应用。

应用市场分析法时，开发商最简洁的做法是调查竞争者楼盘。理智的开发商在项目前期会亲自查看投资地点周边的竞争楼盘、整个城市的类似楼盘，乃至发达城市许多优秀楼盘。在查看中分析、类比，取长补短，辩证扬弃，结合项目自身情况逐渐形成房地产产品定位。

新开发企业或开发企业进入新的类型项目或地区，产品定位时通常重点进行消费者调查。虽然这项工作费时、费财、费力，但了解消费者需求，做到实事求是、胸中有数，可以降低风险。

在国家经济转型变动时期进行房地产产品定位，还应该重点调查国家宏观变动状况和相关政策法规，以便把握宏观经济和政策走向，较准确地定位房地产产品的大方向。

在进行实际操作时，规范的产品定位应建立在全面市场调查的基础上。根据不同项目具体要求和开发企业实际经验及信息积累，产品定位的市场调查可有不同侧重和方式。

(2) SWOT 分析法。SWOT 分析法，又称态势分析法，是通过综合分析房地产项目的内部条件和外部条件等各方面的内容，明确项目的优势与劣势、机会与威胁，进而确定房地产产品主要特征的方法。

运用系统分析的思想，把各种因素相互匹配起来加以分析，从中得出一系列相应的对策。SWOT 分析能够比较客观而准确地分析和研究一个项目的现实情况，是市场竞争者常用的分析方法。进行SWOT分析时，应在市场调查的基础上，清晰地列出项目的优势、劣势、机会、威胁，并将直接的、重要的、迫切的、深远的影响因素排在前面，然后再进行对策分析。

SWOT分析的主要对策有：① WT对策，即考虑劣势和威胁因素，并将其减少到最小；② SO对策，即考虑优势和机会因素，并将其增加到最大；③ WO对策，使劣势趋于最小，使机会趋于最大；④ ST对策，使优势趋于最大，使威胁趋于最小。应该说，这种方法的原理非常简洁，但操作的关键在于两点，一是大局的把握，二是各种对策下具体技术和管理措施的研究与创新。例如，某住宅小区旁有大型景观水域公园，且小区自身有大面积绿地，如何扩大这种优势和机会，必须有具体的支持细节（如常规的生态小区措施、趋于小气候定量分析与具体化等）。

（3）建筑策划法。建筑策划是根据项目建议书、设计基础资料及其他项目资料，提出项目构成和总体构想。通常，建筑策划的主要内容包括：① 总体布置。包括场地功能分区、交通组织、确定主要入口、绿化用地面积、朝向与节能、消防要求、地下管网、人文景观等。② 建筑设计考虑。包括建筑环境和建筑功能、建筑技术及其对平面的影响、空间组合、制约立面、剖面设计等。③ 结构选型。④ 设备选择。包括供电、供水、排水、供热、空调等设备。⑤ 建筑面积计算。⑥ 造价计算。包括环境投资、建筑投资、设备投资等。⑦ 建筑周期。⑧ 其他。

作为房地产产品定位的建筑策划法是主要指从规划建筑的专业角度来分析房地产产品，结合消费者消费特点及其他市场因素，确定房地产产品的主要特征。建筑策划法是产品定位的专业方法，需要定位研究人员具备坚实的专业知识，同时要有市场的观念。在市场越来越成熟的时代，建筑策划法基于产品专业的研发，表现出突出的优势和重要的作用，正逐渐形成未来的趋势。

实际操作中，一些建筑设计单位及其建筑师在设计开发项目的实践上，不断积累专业与市场结合的经验，正在运用这种方法协助开发商进行产品定位。另外，一些开发企业和策划销售代理公司也开始建立自身的建筑策划产品定位队伍，从建筑师中挑选出优秀的人员参与或主持房地产项目策划及研发。

4. 概念设计

（1）相关概念。概念设计就是设计理念、设计思想的具体化，或者说是框架性设计。在房地产领域存在着各种细分的概念设计，下面介绍建筑概念设计及建筑结构概念设计。

建筑概念设计是用建筑语言符号对房地产产品的功能、布局、结构等主要特征作出轮廓性表述。通常，开发商获得一个地块或看上一块地，都会有基于经验的开发设想，但这些设想哪些是准确的，哪些是需要修正的，哪些是可行的，哪些是不可行的，需要在市场调查基础上，通过房地产专业人员分析，再由建筑师从建筑专业角度审查并设计初步概略方案。这些就是建筑概念设计要做的工作。应该说，建筑概念设计是联系开发商开发设想和正式设计的桥梁，而且会对初步设想进行去粗取精、去伪存真的完善。

相对于建筑概念设计，建筑结构概念设计对于开发商来讲接触不多。建筑结构概念设计是在特定的建筑空间用整体的概念来对结构总体方案进行设计，它是在规范及理论基础上的创造性工作。但目前很多结构工程师都是根据规范、手册及软件程序进行习惯性传统设计，缺乏创新。有的结构工程师不愿意创新，有的由于责任原因不敢创新，甚至拒绝采用新技术、新工艺。一般情况下，普通建筑有标准的结构方案，新类型建筑需要有新的结构方案。但随着科学技术的发展，新技术、新工艺不断出现，使普通建筑应用新的结构方案成为可能。在包括创新结构方案的多方案比较基础上，选择功能效果好、成本低的方案，会使开发商受益最大。因此，开发商在结构设计环节应进行专家咨询或采用设计监理来获得理想的效果。

(2) 概念设计的过程。在房地产开发中，建筑概念设计对最终房地产产品是轮廓性的表述，而对房地产产品定位则是开发思路、设计理念的具体化。建筑概念设计可分为两个步骤：

① 掌握基础资料。建筑概念设计的基础资料主要来自三个方面：规划限制条件、市场调查资料和设计常规资料。

由规划限制条件提供和决定的基础资料有：土地用途、总规划用地面积、总建筑面积、建筑容积率、建筑密度、绿化率以及其他等。

由市场调查提供和决定的基础资料有：土地及项目位置、建筑档次和风格、建筑功能布局、建筑选型、户室比、房型以及其他等。

一般情况下，开发商可将上述信息资料以及有关开发设想书面表达为项目设计任务书传达给设计投标单位。

设计常规资料则是进行设计时所必需的项目的有关报批文件、政府有关政策以及专业设计的国家规范、标准、数据和手册等。

② 进行概念设计。根据提供的基础资料，设计单位进行概念设计。主要内容包括：项目总体平面图，主要单体的平、立面图及相关剖面图，整体效果鸟瞰图及其他局部效果鸟瞰图，主要户型图，交通组织分析图，环境布置图等，还包括其他有助于表达设计意图的图纸。

在概念设计中，应遵守和把握国家有关规范和标准，对水、电等建筑设备和管线以及消防、环保、节能等进行合理考虑，积极采用成本较低的新材料、新技术、新工艺和科技含量高的节能方案。

实践中，根据不同项目和开发商的不同要求，概念设计的内容和深度有所不同。

5. 经济分析

在概念设计的基础上，应进行方案的经济分析。此阶段的经济分析不同于投资估算、设计概算及施工图预算，其表现较为粗略，目的是使开发商在众多策划方案中，通过各方案的经济分析结合具体策划，筛选出几个较为可行的方案，以备进一步研究。常规的经济分析主要包括较粗略的投资估算、收益测算及利润率分析。这种分析一般在掌握房地产经济评价方法的基础上，还要了解房地产成本相关指标和市场基本行情，计算较为简单。

在房地产策划的理论与实践发展中，许多可行的方法不断产生，使粗放式经营逐渐转向集约型经营。例如，开发策划者开始研究在一个规划条件已决定的地块上，如何策划开发才能取得最大效益，而不再是拿到地直接开发，或只要策划盈利达到一定收益率就开发，而之后会发现另一种开发方案可能获利更多。

以经济分析为工具进行产品定位，是集约型开发的重要方面。传统的经济分析在策划之后，而集约型开发是策划与经济分析相互渗透。经济分析方法使得房地产开发也会像其他自然科学工作一样具有精确性和准确性，使经济效益得以控制和把握。几种常用的经济分析方法如下：

(1) 容积率分析。客观地讲，很多情况下，在一个房地产项目的各个方案中，不是容积率越大，项目收益就越高。不同的容积率，对应着不同的规划设计方案，不同的规划设计方案对应不同的成本和售价，结果是不同的收益和利润。例如，对于一个住宅小区的开发，单纯追求最高总建筑面积，通过各种方式获得规划局批准的高容积率，并依此进行规划设计和建设，高楼林立，则项目会表现为建筑密度及建筑高度过大。在一定条件下，建筑高度的增加会使建造成本随之增加，这种增加值是否会提高利润率；而建筑密度及建筑高度的过大都会使居住环境恶化。在消费群体逐渐成熟的住宅市场，这样的项目是否可以取得良好的业绩，或者说，对比其成本与售价，是否获得了较高的利润率。如果说，项目为了追求建筑面积，进入这样的路径：高容积率→高建筑面积→高密度高层(较高成本)→居住环境欠佳→销售困难(或因销售困难采取低于同类售价)，则显然在项目定位上出现了问题。

根据很多成功的项目定位来看，容积率的确定是一个慎重和科学的过程。通常，从规划局可以争取的最高容积率是项目技术经济指标的一个背景条件。通过市场调研和对项目的具体分析，才能确定最佳容积率。根据不同项目，最佳容积率可能是争取的最高容积率，也可能是稍低的容积率。一般地，项目容积率分析的主要思路如下：

① 设定容积率。设定某一可能的最佳容积率为项目容积率。

② 规划布置。从规划建筑角度、消费者需求和销售角度配置项目各类高层、小高层、多层、低层及其他等，并且考虑建筑与环境的协调，考虑各类物业的市场吸纳程度。其中心思想是如何能充分实现销售。

③ 价值工程分析。对这样一个房地产产品项目进行价值工程分析，确定哪些是必要的产品功能组件，哪些是不必要和不经济的，对此特定容积率的产品方案进行优化。

④ 利润率测算。对该优化后的产品方案进行成本、收入测算，进而计算项目的利润和利润率。

⑤ 不同容积率产品方案测算。变化项目的容积率，测算不同容积率下的产品方案的利润率，得到该房地产项目不同容积率对应的利润率。

⑥ 拟合容积率—利润率曲线。以容积率为横轴，描绘项目容积率—利润率，得到该房地产项目不同容积率对应的利润率。

⑦ 确定容积率。即选取最大利润率点对应的容积率为项目容积率，对应的方案为该角度下的最优方案。

这种方法的优点是简单易行，易于掌握；缺点是工作量大，精度低于数学模型所确定的方案。在条件具备时，可以建立数学模型确定合理容积率。利用数学模型确定最佳容积率速度快、效率高、精度准，但数学模型的建立条件及建立过程较为复杂。

(2) 建筑密度分析。建筑密度是直接反映一定用地范围内的空地率和建筑物密集程度的指标，其取决于绿地率、气候、防水、防震、地形条件等对建筑布置的要求，以及容积率、建筑层数、层高、建筑间距和排列方式等各项因素。开发商一般希望争取较高的建筑密度，减少平均层数，调整建筑到经济层数上，从而降低建筑成本。较高的建筑密度减少了空地和绿化，降低了项目环境质量。这与容积率的分析有着类似的辩证关系，关键在于把握一个合适的度。至于量上的度，可采用上述容积率分析的类似方法，也可在容积率分析中复合建筑密度综合进行。

(3) 价值工程分析。价值工程分析是研究如何以最低的成本使产品具有必要或适当的功能，从而提高产品价值的一种技术经济分析方法。运用价值工程分析方法可进行住宅小区项目的结构分析、装修分析、供暖分析、景观分析及附加价值分析等。例如，某小区项目在进行装修分析时，运用价值工程分析方法，通过调查及功能分析，发现统一细装修的价值系数很大，经过研究讨论，制定了改统一细装修为统一粗装修及菜单式装修的方案。这样，成本降低，功能稍降低，房地产产品的价值得到了有效提高。

(4) 其他。其他的技术经济分析还有建筑层数、层高、房屋进深、建筑形状、结构类型等对建造成本、销售价格及市场接受的影响，以及施工方法、工期、建筑材料等对成本的影响等。

3.4.4 项目形象定位

1. 形象定位概念

形象定位是指开发策划人员在目标市场及社会相关市场中，给房地产项目设计安排的独特的、理想的、有广泛影响的位置与形象。简单说，就是项目在目标市场及相关市场的人群中的心中形象。例如，一个甲级写字楼项目的成功形象定位，会使该地区甚至更广泛地区的客户及相关人群印象深刻，一提到最好的写字楼，便想起该项目；一提起该项目，便反映出最好的写字楼。

2. 形象定位的原则

(1) 反映项目客户利益和心理敏感点。进行形象定位，首先要了解目标客户的利益取向和心理敏感点。通过调查，明确目标客户最需要什么，最关心什么，最担心什么，最喜欢什么，最流行什么，等等。根据相应的回答，如工程质量、价格、环境、地段、物业管理、品牌荣誉、物业升值等，按照程度一一排序。然后，以其最敏感的利益取向进行形象定位。如某项目客户最敏感的是工程质量，则形象定位中应通过具体语言表达工程质量的效果。

(2) 反映文化内涵与理想化。良好的形象定位应具有文化品位。通常，文化品位在项目中体现的是社会文化背景、社会流行观念和目标客户理想的融合。

(3) 反映项目优势与机会。进行项目形象定位，应表现出项目周边的优越条件和产品的自身优势，并结合目标顾客的期望与想象。值得注意的是，与项目特征毫无联系或牵强附会的形象定位对项目销售一般没有好处，有时适得其反。

(4) 反映市场竞争优势。项目形象定位时，应该充分考虑市场竞争因素，保持与竞争项目的明显差异与区别。

3. 形象定位的内容与实施

形象定位的具体内容必需建立清晰的框架。根据上述形象定位原则，列出形象定位的各方面内容，如项目的工程质量好、价格较低、地段优势、竞争优势、文化底蕴等。但是，如果要同时强烈表达各方面形象，往往是每一个方面都效果平淡。建立形象定位的清晰架构，就是通过调查分析，以一个方面形象为主线，其他作为辅助，以便形成主体明确、目标群体易于接受、容易记忆的形象定位。例如，某普通住宅小区在进行形象定位时，确定“低价格”为形象主线，在主线形象的实施中，将文化、质量作为辅助。另外，形象定位的架构还可以是以一个总和形象为主线(通常宣传实施中仅仅一句话)，以各主要方面形象为辅助。例如，某近城别墅项目的形象定位为“都市生活特区”，辅助形象为环境、质量、地段、文化、配置等。

形象定位的实施过程通常包括“实”和“虚”两个方面。前者主要指通过房地产产品表现项目形象，例如小区项目的主入口、小区内部景观、建筑外立面、窗、阳台、遮阳板等建筑细部处理以及其他产品实体方面，均可表达清新悦目、简洁明快、时代感、时尚感，以及古典、现代、幽雅、奔放等形象。后者主要指宣传推广表达项目形象，例如通过报纸、电视、期刊、广播等表达项目竞争优势、文化内涵等。

3.4.5 项目推广定位

狭义的推广是指房地产项目促销，广义的推广则包括了项目促销以及销售等环节。从广义的角度，房地产项目推广定位主要包括项目价格的确定、营销渠道的选择、促销策略及方法确定和销售方案确定。

1. 项目价格的确定

项目价格是影响房地产交易成败的关键因素，同时也极大地影响着开发商的实际收益。一个房地产项目在推广过程中，是否能在开盘时被目标顾客接受，赢得人气，在销售中持续保持旺销，在尾盘期快速清盘，并获得预期收益，价格的制定及策略的运用起着重要作用。因此，确定价格是项目策划的重要内容。

2. 营销渠道的选择

营销渠道是促使产品从生产者转移到消费者的途径和通道。房地产产品的营销渠道主要有两种：一种是房地产开发商自己直接将产品销售或租赁给消费者；另一种是房地产开发商将产品委托代理给房地产经纪机构进行销售或租赁。营销渠道的选择直接影响着项目的销售进度、销售收益以及项目形象等，因此，应慎重选择营销渠道。

3. 促销策略及方法确定

促销包括广告、直销、销售促进、公关宣传及人员推销等，在项目营销中扮演着重要的角色。在现代商品市场，销售产品，形成有利于产品销售的态势，需要精心研究促销策略和方法。值得注意的是，促销策略及方法的确定应符合项目形象定位、项目特征及针对目标客户特点。

4. 销售方案确定

销售方案是用来指导房地产项目实际销售的整个过程，通常包括销售目标、销售调查与分析、销售策略、销售价格与进度、销售组织与管理、销售控制、费用测算等内容。在方案的执行过程中，一般应严格按照既定计划执行，尤其是销售均价与总体进度。在宏观环节和目标市场发生大的变化时，才可以对方案进行较大调整。在项目正式开盘之前，根据建设期间的变化，最终确定执行性销售方案。

3.5 初步开发方案和开发项目流程设计

3.5.1 初步开发方案

1. 初步开发方案的概念

初步开发方案是指开发策划人员经过调查、研究和分析，初步确定开发活动的总体策略与布局，以便进行下一步的研究论证工作。初步开发方案是策划工作成果从开发建设角度的表述，主要说明项目开发的目标、投资规模及其他主要开发思路和参数。

初步开发方案是策划人员在调查研究的基础上对项目开发活动的布局和理解，不是开发企业决策层的决定方案。一般来说，不同策划人员或策划机构在项目策划过程中，都会形成项目如何建设实施的框架，这个框架是进行各方案可行性论证及方案筛选的重要依据，因此需要进行专门文字化表述。

2. 初步开发方案的主要内容

初步开发方案的主要内容包括以下几个方面：

(1) 开发目标。开发目标主要说明两个问题：一是在什么地方投资开发，二是开发什么类型的项目。

(2) 开发投资规模。开发投资规模一般用总投资、总占地面积、总建筑面积等表示，也可用其他实物量表示，如住宅套数等。其中，总投资额是投资规模最直接的表现形式。另外，还要说明资金筹措及使用的简单情况。

(3) 开发时间与开发进度。开发时间主要是从时机角度说明几个问题：何时准备进入市场，何时开工建设，何时推向市场，经营和销售时间如何等；开发进度主要是从实施角度说明项目开发分期情况、每个开发期的前期、建设期、销售期进度等。

(4) 项目收益。项目收益主要说明项目在经营和销售期各期的收益现金流及项目总利润、利润率、收益率等。

(5) 项目产品方案要点。项目产品方案要点主要说明项目规划设计思路及产品定位结论，或通过项目概念设计进行说明。

(6) 建设经营模式。建设经营模式主要说明项目在建设阶段采取的建设管理方式和经营阶段采取销售、出租、自营及其他运作方式。

3.5.2 开发项目流程设计

1. 开发项目流程设计的概念

房地产开发项目流程设计是针对具体房地产开发项目所做的用来指导项目开发经营全过程的纲领性文件，它是根据开发项目的特点和开发企业的内外条件，经过系统分析、统筹安排来完成的，它需要在房地产项目开发运作之前制定，是一个粗线条的概略规定。

房地产开发项目流程设计的作用有：① 便于从全局出发对开发企业做出安排；② 作为纲领性文件，利于指导开发的其他具体性计划的编制；③ 有利于筹措资金和其他协作配合工作的谈判；④ 有利于对房地产开发经营过程中出现问题的协调。

2. 开发项目流程设计的依据

房地产开发项目流程设计的主要依据有：① 可行性研究报告；② 房地产开发企业优势条件；③ 房地产开发项目的自身条件、外部可利用条件及限制性条件；④ 国家和项目所在地政府部门的有关政策规定；⑤ 房地产开发企业的习惯做法；⑥ 国家有关规定、规范、规程等。

3. 开发项目流程设计的基本原则

房地产开发项目流程设计的基本原则有：① 坚持基本建设程序和开发经营程序；② 充分挖掘潜力，发挥企业优势；③ 从实际情况出发，积极稳妥地安排；④ 积极采用各种开拓性措施；⑤ 主要部分明确规定，一般部分大致要求。

房地产开发项目流程设计的内容可多可少、可深可浅，以满足基本需要为准。

复习思考题

1. 简述房地产开发项目策划的流程。

2. 房地产开发项目策划主要包括哪些方面的内容?

3. 房地产开发项目的市场定位是怎样确定的?

4. 房地产市场细分的依据有哪些? 房地产市场细分的方法主要包括哪些?

5. 试述房地产开发项目定位的含义和主要内容。

6. 简述初步开发方案的概念和主要内容。

7. 房地产开发项目的流程是什么?

8. 针对一个具体房地产开发项目,进行项目策划分析和研究。

9. 为什么说建筑密度和容积率决定了土地开发强度? 住宅项目能否追求“两率”的“双高”? 为什么?

4 房地产开发项目用地的获取

学习目标

1. 理解房地产开发项目用地的含义、类型；
2. 掌握房地产开发用地的来源、选址管理、影响因素；
3. 熟悉土地使用权出让、转让的程序，集体土地征收的程序和补偿，城市房屋征收的程序和补偿；
4. 掌握土地使用权出租、转让和抵押的程序；
5. 了解土地估价的方法体系。

房地产最重要的一个特性是位置的固定性或不可移动性。特定的场地决定了特定的需求、开发建设条件、开发成本以及特定的税费政策。在房地产开发中，位置的选择至关重要，良好的地段选择是保证房地产开发成功的首要条件。

4.1 房地产开发用地含义与类型

土地资源的存在形式多种多样，特征不一。正确理解开发用地的含义，从不同角度区分房地产开发用地类型，便于土地管理部门规划管理土地，提高土地资源利用率，有利于土地开发方选取合适的土地进行开发建设。

4.1.1 开发用地的含义

所谓开发用地，通常是指一宗(片)位于城市规划区内的，适合开发企业有偿、有限期进行基础设施和房屋建设的国有土地。

根据《土地管理法》第四十三条规定：任何单位和个人进行建设，需要使用土地的，必须依法申请使用国有土地。这里的国有土地包括城市规划区内国有土地及城市规划区内集体所有而被国家依法征收的土地。

《城市房地产管理法》第九条规定：城市规划区内的集体所有的土地，经依法征收转为国有土地后，该国有土地的使用权方可有偿出让。因此，房地产开发用地必须是位于规划区内的国有土地。其中，城市规划区是指城市市区、近郊区以及城市行政区域内因城市建设和发展的需要而实行规划控制的区域，城市规划区内的具体范围由城市人民政府在编制的城市总体规划中划定。

同时，根据我国《城市房地产管理法》的规定：对开发用地，国家实行有偿、有限期使用制度。因此，开发用地的使用权是一个有偿、有限期的使用权。

4.1.2 房地产开发用地的类型

1. 按照土地区位划分

区位是指某宗(片)土地所处的地理位置。人们从不同的角度来研究土地的地理位置，形成土地的自然地理区位、经济区位、行政区位、社会区位等类别。城市土地区位是指城市中不同地段(地点)的土地，长期受自然状况、经济、社会、文化等因素的影响而形成的特殊地域、地段环境。影响土地区位的因素主要有城市规划要求、商业服务繁华程度、交通运输、市政设施、公用设施、土地开发费用、生态环境、人口密度及有关政策法规等。以同心圆模式发展的城市按照土地区位可将城市土地划分为以下类型。

(1) 闹市区(商业集中区)土地。闹市区(商业集中区)土地位于市中心地带，交通极为方便，已有的商业和服务业门点集中，市政设施完善。对收益性物业来说，该类土地区位最优，其经济效益也最好。其主要用于发展商业、金融、信息服务业等第三产业，不适合作为工业用地和居住用地。

(2) 城市副中心区土地。大城市和特大城市中每个行政区都有副中心区。此区域交通方便，商业和服务业门点比较集中，市政设施比较完善，对城市居民购物和从事第三产业吸引力较大。该类土地区位仅次于闹市区，经济效益较高。它适合于发展商业、各种服务业及占地面积小、经济效益高、无污染的小型工业等。

(3) 闹市区边缘地带(亚中心区)土地。闹市区边缘地带(亚中心区)土地由于靠近闹市区，距离中心市场较近，一般交通条件较好，水、电、路等基础设施也较为完善，人口密度低于闹市区，土地区位较优。该类土地主要用于发展商业和无污染工业，部分可作为住宅、学校、医院及机关用地等。

(4) 城市边缘区土地。城市边缘区土地位于亚中心区和城区边缘之间，土地面积较大。这里一般距中心市场较远，交通尚通畅，但交通线路较少，人口密度也较小。该类土地主要用于工厂、大专院校、住宅建设以及集贸市场建设等。

(5) 城市郊区土地。城市郊区土地位于城市建成区的周边地带，土地面积大。区位特点是：距中心市场远，交通条件一般，人口密度小，市政设施不一定完善，是城市中土地区位较差的一部分。该类土地一般用于蔬菜生产和农副产品生产。在交通干线附近，适合作为经济开发区用地和居住区用地。

2. 按照土地利用的性质和功能划分

城市规划部门在制定城市规划时，根据土地利用的性质和功能对城市建设用地进行划分，并提出用地标准与指标。《城市用地分类与规划建设用地标准(GB 50137—2011)》中将城市建设用地分为8大类35中类42小类。了解和考察此种分类，对开发企业选择开发地段、选择易获得规划许可的建设项目及确定开发经营方向非常必要。

(1) 居住用地。居住用地是城市居民居住小区、居住街坊、居住组团和单位生活区等各种类型的成片或零星的用地。它主要用于普通住宅、公寓、别墅以及为居住服务的公共服务设施、道路(含停车场)、绿地建设等。居住用地在城市开发建设用地中占有很大的比重，人人都希望有自己的住房，人们的生活水平及支付能力正不断提高，这使得居住物业的开发最具潜力，投资风险也相对较小。

(2) 公共管理与公共服务用地。公共管理与公共服务用地是指城市区域内的行政、文化、教育、体育、卫生等机构和设施的用地，不包括居住用地中的服务设施用地。主要包括行政办公用地、文化设施用地、教育科研用地、体育用地、医疗卫生用地、社会福利设施用地、文物古迹用地、外事用地、宗教设施用地。

（3）商业服务业设施用地。商业服务业设施用地是指城市区域内的商业、商务、娱乐康体等设施用地，不包括居住用地中的服务设施用地。它主要包括商业设施用地、商务设施用地、娱乐康体设施用地、公用设施营业网点用地和其他服务设施用地。通常其区位条件较好，交通便利。它主要用于商业物业、特殊物业，可开发建设酒店、写字楼、商场、综合市场、娱乐中心、娱乐场、各种体育场所、医疗保健中心等。这类用地的地价一般都很高，它们的开发者大多以物业出租经营或自主经营来收回投资并赚取投资收益。

（4）工业用地。工业用地是指城市内工矿企业的生产车间、库房及其附属设施用地，包括专用铁路、码头和附属道路、停车场等用地，不包括露天矿用地。有开发价值和潜力的工业用地一般都位于城市的各种开发区内。在这些开发区内，城市政府大多先期投入资金进行"七通一平"，开发商则从事房屋建设。从适应性角度出发，开发商主要进行轻工业厂房和高科技产业用房建设。近几年，开发区的性质从单一工业型向多样化的工业园区、综合区发展，这给工业物业的投资者展示了良好的回报前景。

（5）物流仓储用地。物流仓储用地是指用于物资储备、中转、配送等用地，包括附属道路、停车场以及货运公司车队的站场等的用地。在一些传统的、辐射能力强的货场集散地，以及大型的港口、码头、铁路枢纽外，投资仓储物业也将会有利可图。

（6）道路与交通设施用地。道路与交通设施用地是指城市道路、交通设施等用地，包括城市道路用地、城市轨道交通用地、交通枢纽用地、交通场站用地和其他交通设施用地，不包括居住用地、工业用地等内部的道路、停车场等用地。开发投资这类土地，通常要得到政府的特殊许可，一般来说，这类投资风险很低，但一次投资量大，回收期长，且对日常经营管理水平要求高，非一般开发商所能胜任。随着社会、经济的不断发展，投资停车场物业尤其是配套提供清洁、保养等服务的机动车停车场物业，不仅风险低，且收益较高。

（7）公用设施用地。公用设施用地是指城市的供应、环境、安全等设施用地，包括供应设施（供水、供电、供燃气和供热等设施）用地、环境设施（雨水、污水、固体废物处理和环境保护等的公用设施及其附属设施）用地、安全设施（消防、防洪等保卫城市安全的公用设施及其附属设施）用地和其他公用设施用地。这些设施就是通常所说的大配套设施的主要部分。市政公用设施物业亦属特殊物业，对它们的投资一般由城市政府进行。但在一些新城（如天津市滨海新区）和大型综合开发区（如上海市浦东新区），在前期建设时，开发企业也有机会以参股或独资的形式来发展这些物业，以后，以政府特许的经营权来收回投资并赚取收益，或将这些物业无偿交给政府，再与政府的相关政策、措施配合，以转让地价较高的熟地，或转让其他物业来收回投资并赚取收益。这类物业投资量大且集中，而这些开发区受国际、国内的政治、经济形势影响大，起伏变化大，致使这类投资有一定的风险。

（8）绿地与广场用地。绿地主要是指城市的公园绿地、防护绿地、广场等公共开放空间用地。公共绿地不直接产生经济效益，但却有显著的社会效益和环境效益，绿地建设属公益性建设。绿地与广场物业属公益性物业，投资这些物业，开发企业得不到直接回报，但却有显著的社会效益和环境效益。一般做法是，在政府相关政策支持下，开发商将绿地、广场建设连同道路、广场两侧或周边地段（全部或局部）一并发展。

城市的土地通过不同的土地利用方式产生不同的效益，为城市居民提供不同的产品和服务。居住用地为城市社会提供住宅功能；公共管理与公共服务用地、公用设施用地为城市社会提供公共服务功能；交通设施用地为城市社会提供交通功能；工业用地和物流仓储用地为城市提供工业生产功能；商业服务设施用地为城市提供商业生产功能；而绿地为城市提供生态和环境功能。

3. 按照开发用地的开发程度划分

按照对开发用地的开发程度划分，开发用地可分为三大类：生地、毛地和熟地。

(1) 生地。生地是指完成土地征收，未经开发，不可直接作为建筑用地的农用地或荒地等土地。这些自然地大多属于集体所有，但往往已规划作为城市建设用地，经国家征收，开发商取得土地使用权后，可用于房地产开发。

(2) 毛地。毛地是指在城市旧区范围内，具有一定的城市基础设施，但地上有待拆迁安置的旧房屋的土地。

(3) 熟地。熟地是指经过土地开发，具备基本建设条件的土地。熟地一般具备如下基本条件：① 地平条件。满足建筑物建设的场地平整要求，包括地上、地下障碍物已清除，场地的标高、场地填方的密度已达到要求。② 场地正常、安全使用的条件。已改善不良地貌、地质和水文条件，地基稳定，地基承载力达到规定要求，满足建筑物对场地的正常和安全使用要求。③ 基础设施条件。基础设施满足房屋的建设和使用要求。④ 地块拆迁和安置补偿工作已经完成。

4.2 房地产开发项目选址

4.2.1 房地产开发用地的来源

1. 城区中需再开发的土地

这类土地主要是指城区中一些环境恶劣、基础设施缺乏地区的土地，或是一些使用性质不符合规划要求、使用效益低下的土地。这类土地上的大量现有房屋是居住用房，另一部分是一些商业服务用房、厂房以及商业办公用房。取得此类土地开发权的操作方式有以下几种。

(1) 直接向政府申请出让。开发企业通过考察当地开发环境，研究当地规划发展，结合自身的状况，在适当的时候，向政府申请协议出让土地。以此种形式获得土地，开发企业行动余地较大，但要注意抓住时机，以免丧失机会或引起不必要的竞争。

(2) 通过收购旧房取得土地。开发企业若选中某宗土地，为把握机会，争取主动，可先行收购旧房，进而取得土地。由于这些房地产的权属情况比较复杂，开发企业应区别情况加以处理。如对国有土地上企业所有房及用地的现有使用权，可通过收购、兼并企业方式获得，然后再向政府申请协议出让土地。对国有土地上的私有房，由于其土地使用权取得方式上的特殊性，在收购私有房地产后，应按照《房地产法》，遵照当时、当地规定，取得土地开发权。

(3) 以转让方式取得土地。若现有使用者的土地使用权是以出让方式获得的，则开发企业可按有关规定以转让方式获得土地开发权，以投资商的身份从事土地开发。

(4) 与土地的现有使用者合作取得用地。若现有使用者的土地使用权是以划拨方式获得的,则开发企业可与其合作成立项目公司,向政府申请协议出让土地,与合作者共同开发。

(5) 参加土地使用权竞投。对一些大型或关键性的开发项目用地,以及一些环境好、盈利大、竞争性很强的商业、旅游、娱乐和豪华住宅用地,只要有条件,政府都会依年度出让计划方案,不定期以招标或拍卖方式出让土地使用权。开发企业可结合自己的用地要求、市场情况、发展规划等,适时参加竞投,取得土地使用权。开发企业可单独亦可联合其他投资者来参与竞投。一般来说,以招标或拍卖方式取得的土地使用权,其价格比协议方式要高。

2. 城市规划区内的建设备用地

城市规划区内的建设备用地是指规划区内的一些国有的建设备用地以及市区以外尚未征用的集体所有的建设用地。一般来说,建设备用地的拆迁、安置量小,对开发企业有吸引力。尤其是一些邻近城市大型工业项目或规划干道的备用地,特别为开发企业所关注。对国有的建设备用地,开发企业宜尽量采取协议出让方式获得使用权;对尚未征用的集体所有的建设备用地,开发企业采取与土地所有者合作的方式将更有利于项目的成功。

3. 各种开发区内的土地

大多数开发区依附于现有城市。就目前情况看,除少量科学园区外,大多数开发区以"综合开发区"面貌出现。它们面积大,以港口或工业产业(高科技产业、大型工业)为主,多种产业并举,开发后具有较大的人口规模,成为现有城市的新市区,或者成为现有城市外围的新城镇,或者成为一个新城市,从而为开发企业提供宽广的可开发用地。开发企业可根据自身的状况及开发环境和要求,单独或者联合其他投资者,向政府受让开发区的生地或熟地。当然开发企业也可接受先期投资者的转让,取得开发用地。一般来说,投资开发区土地较投资市区土地风险高,投资大城市外围的开发区较投资其他开发区风险低。

4.2.2 房地产开发项目选址管理

国家对于建设项目,特别是大、中型建设项目的宏观管理,在可行性研究阶段,主要是通过计划管理和规划管理来实现的。将计划管理和规划管理有机结合起来,就能保证各项建设工程有计划并按照城市规划进行建设。《城乡规划法》第三十六条规定:"按照国家规定需要有关部门批准或者核准的建设项目,以划拨方式提供国有土地使用权的,建设单位在报送有关部门批准或者核准前,应当向城乡规划主管部门申请核发选址意见书。前款规定以外的建设项目不需要申请选址意见书。"

建设项目选址意见书的主要内容应包括建设项目的基本情况和建设项目规划选址的主要依据。建设项目选址意见书,按建设项目计划审批权限实行分级规划管理:① 县人民政府计划行政管理部门审批的建设项目,由县人民政府城市规划行政主管部门核发选址意见书;② 地级、县级市人民政府计划行政管理部门审批的建设项目,由该市人民政府城市规划行政主管部门核发选址意见书;③ 直辖市、计划单列市人民政府计划行政管理部门审批的建设项目,由直辖市、计划单列市人民政府城市规划行政主管部门核发选址意见书;④ 省、自治区人民政府计划行政管理部门审批的建设项目,由项目所在地县、市人民政府城市规划行政主管部门提出审查意见,报省、自治区人民政府城市规划行政主管部门核发选址意见书;⑤ 中央各部门、公司审批的小型和限额以下的建设项目,由项目所在地县、市人民政府城市规划行政主管部门核发选址意见书;⑥ 国家审批的大中型和限额以上的建设项目,由项目所在地县、市人民政府城市规划行政主管部门提出审查意见，报省、自治区、直辖市、计划单列市人民政府城市规划行政主管部门核发选址意见书，并报国务院城市规划行政主管部门备案。

4.2.3 房地产开发项目选址的影响因素

开发用地的选择，是在城市规划区域中选择一宗适当的场地作为开发用地的行为，其包括三个层面的工作：一是投资城市选择的因素分析；二是开发区域选择的因素分析；三是确定开发地块的因素分析。

1. 投资城市选择的因素分析

(1) 政治环境。房地产业具有很强的外部性，需要政府部门的管制，国家有关部门对房地产业的指导和管理方式方法对房地产开发有重要影响。稳定的社会与政治环境是房地产开发投资活动顺利进行和发展的最基本条件。只有拥有和平、安定的环境，人们才会安居乐业，进而才有房地产开发机会。影响房地产开发的政治因素主要有房地产制度政策、税收政策、金融政策、相关规划、计划以及特殊政策。

(2) 经济环境。企业的经济环境是指企业面临的社会经济条件及其运行状况、发展趋势、产业机构、交通运输、资源等情况，是制约企业生存和发展的重要因素。不同城市的居民支付能力和模式是不同的。经济高速增长地区为各种产业的发展提供机遇，企业规模扩大会增加就业岗位，从而吸引大量人力，进而商业活动会剧增，这将导致对物业(包括基础设施)强烈的扩张性需求。因此，经济相对发达或经济高速增长的地区，其更具房地产开发投资机会。

(3) 文化环境。特色文化是城市居民共有的特点，当地文化产业也体现了对大多数人的文化需求。把握城市文化特色，打造适合城市居民生活的房地产开发项目是开发商成功的关键。因为文化环境不仅对房地产开发的类型和风格有导向作用，同时也会影响房地产业的内部结构。巴蜀文化汪洋恣肆、闲适安逸，为以餐饮、娱乐为核心的商业项目提供了契机。儒家文化是以“家”为核心的文化，维系“家”文化的纽带是血缘关系，而维系“家”文化的物质载体则是住宅，购置私有产权的住宅是儒家文化圈国家国民的特殊消费习惯，这就导致住宅市场占据了房地产业的大部分份额。

(4) 自然环境。自然环境对房地产开发的影响包括自然景观、地势、地貌、气象、生态以及地质状况、防灾等若干方面。在现代技术条件下，可以在任何一般环境、地质条件下建设房屋和设施。但是，在不同环境、地质条件下建设房屋和设施投入的成本、建设工期以及未来的适用性等有很大不同。地块的环境、地质条件，直接或间接影响着开发物业未来的市场反应。在环境方面，主要是自然景观，自然景观好，可增强物业的吸引力，但除别墅、高尔夫球场等特殊物业对景观的特别要求外，一般居住物业不必苛求；在地势方面，应尽量选择平缓、排水良好的陆地，要避免地下水位过高、有污染水源的地段；在气象、生态方面，要注意考察气象、生态条件对某些开发项目的特别影响，如航空港开发；在工程地质方面，要考察土质情况、地耐力、地址稳定性等，注意地下构筑物、文物遗址等存在的可能性。要做好这方面的工作，开发企业需要详细查阅现有档案，必要时，还要进行选址勘察。

(5) 其他因素。从市场角度分析选取开发用地还需考察一些特殊因素，这些特殊因素可能是由以上因素综合形成的，如投资环境，投资环境要求政策信息渠道畅通、政策稳定，相关法律、制度完善、稳定，当地金融机构支持，当地中介服务机构成熟，当地社会素质良好。另外也存在一些特殊因素的影响，如地区有特大型建设项目或大规模系列建设项目，那么由于聚集效应和配套要求，通常会迅猛带动当地经济和社会的全面发展，从而导致大量的房地产需求，只要这种需求能形成房地产价格稳定上升的趋势，该地区的房地产开发就会有利可图。

2. 开发区域选择的因素分析

开发企业在确定开发城市后，应进一步作详尽的市场调查，识别市场需求，然后结合自身情况，制定投资系列计划，再有针对性地选择恰当的开发地区。开发企业在确定开发地区时，应统筹考虑下述因素。

(1) 城市总体规划布局。城市规划区内的土地利用和各项建设必须符合城市规划，服从规划管理。开发企业要找到适合自己的地段以及确保以后项目规划顺利获得许可，必须详细研究当地城市规划和相关法规。开发企业在做这项工作时，应与当地规划主管部门保持联系，获取指导和咨询意见，明确以下几点：① 城市用地布局和主干交通体系；② 允许开发的地块以及使用类型和兼容性程度；③ 政府的开发计划及政策；④ 尚未出让的开发地块及出让条件；⑤ 已出让地块目前的状况。另外，投资者也要了解土地主管部门的年度土地使用权出让计划和出让方案(包括地段、总面积、用途、使用条件、出让方式等)。它们不仅对当地房地产需求产生影响，也影响投资者当前选址的方向和有效性。

开发企业从城市规划方面确定备选地块时，必须有一些超前的眼光，要注意发现潜在的机会。对一些有较大增值可能或受到较少约束的地块，以及使用性质兼容性较强的地块，应予以特别关注。如城市规划中的新中心区地块、地理环境有可能改善的地块、使用性质有一定余地的地块等。一些已完成城市设计的地块，一般都有较大的发展潜力，但受约束较多，开发企业应视具体情况予以把握。

(2) 产业构成与城市功能分区。产业结构是指各产业部门之间及各产业部门内部的构成。从部门来看，主要是研究农业、轻工业、重工业、建筑业、商业、服务业等部门之间的关系，以及各产业部门的内部关系。城市产业结构可以反映需求结构(社会消费水平与结构、消费和投资的比例、投资水平与结构等)。结合城市功能分区，掌握产业分布，是选择开发地块所属区域的重要依据，同时也是取得地块后，对项目未来发展进行分析的重要因素。

3. 确定开发地块的因素分析

(1) 地块面积、地形与地貌因素。地块面积应该与投资者的能力(包括管理、融资等能力)相适应，开发方会在项目的可行性分析中找到自身定位。一般来说，一定规模的集中开发在规划、建设管理、成本等方面对投资者是有利的。有实力的开发企业也可能在多个地段从事不同项目的开发，将存在的风险分摊到不同项目中。

在地块选择时，不宜选择狭长、不规则的地块，其不利于布置建筑。能够高效率利用的土地一般是面积适中、地块横纵轴线比值适宜、地势平坦且周边建筑沉降量小的地块。

(2) 现有的建设条件因素。对建设条件的考察主要包括以下三个方面：① 地块利用状况。其中包括土地的所有者、使用人及合作意愿、利用现状等，它影响地段取得的可行程度，取得的途径、方式，未来建设成本，建设时间以及风险程度等。② 基础设施状况。其主要指地段给水、排水、供电、路灯设施以及教育、商业服务设施等的完善程度及容量。它们对非基础设施开发企业而言至关重要。③ 现有建筑环境。其主要指地段周围现有(或将有)的建筑物所形成的氛围，即现有建筑物的类型、规模、体量、造型、邻近程度等。它们会对拟开发物业的建筑规划处理的难易及限制，以及未来市场反应和使用效率等产生重大影响。一方面，拟开发物业可与建筑环境产生良性聚集效应或互补效应；另一方面，建筑环境也可对开发物业产生排斥效应（现实的或是心理上的），如居住物业、休闲保健物业与消防中心等为邻就极为不当。

(3) 土地价值因素。地价是土地经济价值的市场表现。地价不是固定不变的，地块用途可能的良性变动一般表现为地块的增值。

4.3 房地产开发用地使用权的取得方式

4.3.1 土地使用权出让

所谓土地使用权出让，是指国家由其代表（省、市、县土地主管部门）以土地所有者身份作为出让人，将国有土地使用权在一定年限内出让给土地使用者，由土地使用者向国家支付土地使用权出让金的行为。出让金是指为获取土地使用权而支付的费用。《城市房地产管理法》规定，土地使用权出让，可以采取拍卖、招标或者双方协议的方式。此外，根据国土资源部颁布的《招标拍卖挂牌出让国有土地使用权规定》，土地使用权出让也可以采用挂牌出让的方式。

1. 协议方式

协议出让是指出让方和受让方通过协商的方式有偿出让土地使用权。具体地说，它一般是由用地者向土地管理部门提出申请，然后由土地管理部门与用地者进行具体磋商，达成一致后，签订土地使用权出让合同，实行土地使用权出让。协议出让的特点是自由度大，不利于公平竞争。它主要适用于市政公益事业项目、非营利项目及政府为调整经济结构、实施产业政策而需要给予扶持、优惠的项目。

协议出让土地使用权的基本程序为：① 申请受让者向市、县土地管理部门书面申请受让土地使用权，并提交资质资信等有关文件；② 市、县土地管理部门向申请受让人提供用地要点资料及有关规定；③ 申请受让人在规定时间内向土地管理部门提交土地开发建设方案和愿付土地出让金的数额、付款方式等文件；④ 市、县土地管理部门在接到前项规定的文件之日起，应在30日内作出答复，并与申请受让人进行具体协商，对不符合条件的申请人，说明并退回申请；⑤ 经协商达成协议后，市、县土地管理部门与申请受让人签订土地使用权出让合同，开发企业缴付出让价款和各项费用后，即可就有关事宜进行协商。

2. 招标方式

招标出让是指市、县人民政府国土资源行政主管部门（出让人）发布招标公告，邀请特定或者不特定的自然人、法人和其他组织参加国有建设用地使用权投标，根据投标结果确定国有建设用地使用权人的行为。

土地招标出让方式有公开招标和邀请招标，具体程序为：① 市、县国土资源管理部门编制招标文件，发出招标公告或向投标者发出招标通知书；② 投标者到指定地点领取（购买）招标文件及有关资料；③ 投标者按招标文件的规定，向市、县国土资源管理部门缴付保证金（不计息，可抵充出让金），并将标书密封，在规定的时间内投入制定的标箱或送达指定地点；

④ 市、县国土资源管理部门会同有关部门组成评标小组，通过开标、评标、决标，确定中标者，发出中标通知书，对未中标者应书面通知，其投标保证金在开票 7 日内退还；⑤ 中标者持中标通知书在规定期限内与市、县国土资源管理部门签订土地使用权出让合同。

招标出让土地方式主要适用于一些大型或关键性的发展计划与投标项目。由于有众多开发企业的竞投，招标出让方式体现了市场公平、公开竞争的原则。这种方式尽管有利于出让金价值上的竞争，但不完全是价高者中标，政府要综合考虑各方面因素，如开发企业资信情况、发展计划等来选择最恰当的开发企业，以便土地可以得到最充分、有效的利用。

3. 拍卖方式

拍卖出让方式是指政府或其代表作为拍卖人在特定时间、特定的公开场合，组织符合条件、有意受让土地的开发企业来竞投一定年限的土地使用权，由政府的拍卖主持人公布地块开发计划的细节及条件，竞投者用举手或举牌、口头报价的形式竞相报价，最后以价高者得的原则确定土地使用权受让人的一种土地出让方式。

土地拍卖出让的具体程序为：① 市、县国土资源管理部门事先公告拍卖土地使用权的宗地面积、坐落、用途、使用年限、竞投报名地点、竞投日期等有关内容；② 竞投者持资信资质证明文件，按公告的时间、地点报名，交付竞投保证金，领取牌号参加竞投；③ 国土资源管理部门在公告的时间、地点，由主持人现场公布拍卖底价，当场应价竞争，确定购买者；④ 购买者应在规定的日期内与市、县国土资源管理部门签订合同。

拍卖方式出让土地使用权主要适用于竞争性强的房地产业、金融业、商业、旅游业和娱乐用地。拍卖方式较招标方式竞争程度更高，它对拍卖者和竞投者都提出了很高的要求。拍卖方式以价高者得为原则，除可使政府获得最高收入外，还可避免土地出让过程中的一些不良行为，保证地块落入最需要且善于经营的投资者手中。

4. 挂牌方式

挂牌出让方式是指出让人发布挂牌公告，按公告规定的期限将拟出让宗地的交易条件在指定的场所挂牌公布，接受竞买人的报价申请并更新挂牌价格，根据挂牌期限截止时的出价结果确定土地使用者的行为。

这种出让方式是政府主管部门在土地出让中尝试的运作模式，比较市场化和透明化。其基本程序为：① 出让人发布挂牌公告，公布挂牌土地的基本资料，挂牌的时间、地点等。② 出让人在挂牌公告规定的土地交易场所挂牌公布挂牌土地的位置、面积、用途、使用年限、规划要求、起始价、增价规则及增价幅度等，符合条件的竞买开发企业填写报价单价表，由出让人确定该报价后，更新显示挂牌价格。③ 挂牌期间内，如果有某竞买人报价，且报价高于底价，并符合其他条件的，挂牌成交；如果在挂牌截止时间仍有两个或两个以上竞买人要求报价的，出让人应当对挂牌地价进行现场竞价，出价最高者为竞得人。④ 确定竞得人后，出让人与竞得人签订成交确认书，竞得人与出让人签订土地使用权出让合同。

挂牌方式与招标、拍卖方式一样，应符合公开、公平、公正的要求。这种出让方式也具有以下特点：一是挂牌时间长，允许多次报价，有利于投资者理性决策和竞争；二是操作简单，便于开展；三是有利于土地有形市场的形成和运作。

4.3.2 土地使用权转让

土地使用权转让是指拥有国有土地使用权的用地者，通过合法方式将其使用权转让给他人的行为。合法转让方式主要是买卖，合资、合作建房，交换，作价入股等。按照《城市房地产管理法》规定，以出让方式和划拨方式取得的土地使用权，都可以向开发投资者转让。开发企业可以此途径取得土地使用权。

1. 以出让方式取得的土地使用权的转让

以出让方式取得土地使用权的地块，在其使用人缴付全部出让金取得土地使用权证并对其进行了一定程度的开发之后，可向有意投资的开发企业转让。所谓“一定程度的开发”，按照《城市房地产管理法》的规定，是指“属于房屋建设工程的，完成开发投资总额的25%以上；属于成片开发土地的，形成工业用地或者其他建设用地条件”。

开发投资者可通过广告传媒、交易会、招商会等渠道，获悉拟转让地块及转让方式的资料，开发投资者可结合自己的经营计划，对这些资料进行分析、评估。在找到目标地块后，即可与地块的使用权人进行接洽和协商谈判，双方意见达成一致后，一般由原使用人向土地所有者(国土资源管理部门)提出申请；申请批准后，双方签订土地使用权转让合同；而后，开发企业持合同到国土资源管理部门办理过户变更登记；开发企业也可通过竞投方式取得合同签署权。

在具体工作中，要注意以下几点：① 土地使用权转让时，原土地使用权出让合同载明的权利、义务随之转移。权利人不得扩张其权利内容。② 土地使用权转让只是对原权利剩余期限的转让，即转让后的土地使用权的使用年限为原出让合同约定的使用年限减去原使用者已经使用的年限后的剩余年限。③ 改变原出让合同的土地用途的转让，必须取得原出让方和相应的规划行政主管部门的同意，签订土地使用权出让合同变更协议，并调整出让金。用途变更大的，应重新签订出让合同，重新确定出让金数额。④ 转让时，房屋已经建成的，原使用人应持有房屋所有权证书，并先行办理房屋所有权变更登记，然后再凭变更后的房屋所有权证书，申请土地使用权变更登记。

2. 以划拨方式取得的土地使用权的转让

一般情况下，我国法律不允许原来依行政划拨方式取得的土地使用权以任何形式转让。但考虑到《城市房地产管理法》施行前大部分均为划拨取得，为鼓励使用者节约用地、合理用地，防止土地的闲置和浪费，《城市房地产管理法》规定：以划拨方式取得土地使用权的，转让房地产时，应当按照国务院规定，报有批准权的人民政府审批。有批准权的人民政府准予转让的，应当由受让方办理土地使用权出让手续，并依照国家有关规定缴纳土地使用权出让金。这实质上是由划拨方式转化为有偿出让方式而使该幅土地使用权进入市场，有意对该幅地块投资的开发企业，可以此途径取得土地使用权。

开发企业在找到目标地块后，可与土地使用者接洽，应核实其是否领有国有土地使用权证，是否具有地上建筑物、其他附着物合法的产权证明。经核实确认后，开发企业即可进一步与之协商、谈判，双方意见基本达成一致后，一般先草签转让合同(待政府同意后，再签正式合同)，此后由土地使用者向政府国土资源管理部门提出转让申请，经批准后，由开发企业与国土资源管理部门签订土地使用权出让合同，开发企业在缴付全部出让金后，到国土资源管理部门办理出让登记手续(由于地块已经进行初始登记，此时办理变更登记)。这样，开发企业就获得了目标地块的土地使用权。在这里要注意，转让的审批权限应当与划拨土地使用权批准权限一致。

按照《城市房地产管理法》的规定，以划拨方式取得土地使用权的，转让房地产报批时，有批准权限的人民政府按照国务院规定决定可以不办理土地使用权出让手续的，转让方应当按照规定将转让房地产所获收益中的土地收益上缴国家或者作其他处理。转让双方应签订转让合同，并办理相应的产权变更登记手续。在这里，所谓可以不办理出让手续的地块，是政府认为不具备出让条件，而近期又不禁止转让的地块，一般是指政府暂时无法或不需要转为出让方式供应的地块，或者是根据城市规划不宜出让的地块。这些地块的使用人在得到政府准许转让但又不办理出让手续的情况下，使用人应将转让中所含的土地收益上缴国家或者采取将收益作为政府投资入股等方式以保障政府收回土地收益。该规定给开发企业提供了另一种投资方法。

3. 土地使用权转让的条件

国家允许土地使用权转让，但是作为土地的所有者或土地资源的管理者，要求土地使用权有条件转让。土地使用权转让的条件概括起来主要有以下几点。

（1）必须是出让的土地使用权才能进行转让。通过出让方式取得的土地使用权是一种具有独立意义的“物权性使用权”，它包括了所有权中一定程度的占有、使用、收益和处分权能。这些权能又表现为在出让期届满之前，对土地拥有使用、转让、出租和抵押的权利。相反，划拨土地使用权是无偿、无限期取得，是一种“债权性使用权”，原则上不容许转让、出租、抵押，但通过划拨取得土地使用权的公司、企业、其他经济组织和个人，在与土地管理部门签订土地出让合同并补交出让金后，可以进行转让、出租、抵押。具备这样的条件，实际上原来划拨的土地使用权已经变为出让的土地使用权，具有物权性质。

（2）必须依照土地使用权出让合同规定的期限和条件对土地进行投资、开发、利用。这里的期限不是指土地使用权出让期限，而是指使土地达到出让合同规定的开发、利用状态所需的时间。规定一定的期限，其目的在于保证土地的投资速度，以便与整个城市建设发展规划和经济发展要求相协调，并且加快对土地的开发利用。所谓的条件，是多种要求的综合：其一，一般的出让合同都规定出让地块的用途，土地使用者不得擅自改变用途，否则，土地使用权不得转让，还必须限期纠正；其二，建筑物的占地面积，出让合同中一般也有规定，土地使用者既不得越界建筑，也不应当缩小建筑物的占地面积；其三，建筑物的高度和层次，出让合同中一般规定建筑物不得超过一定高度，不得超过多少层，目的是与城市规划相协调；其四，建筑物的配套设施也可因出让合同的规定而成为土地使用权转让的条件；其五，转让土地使用权所需达到的投资额度。此外，还有的出让合同明确规定出让地块可供建造的建筑物的遮阳比、容积率等。土地使用者如果违反出让合同中的任何一个转让条件，均不得转让土地使用权。

（3）土地使用权转让应当签订合同。土地使用权转让合同是指土地使用权转让方与受让方确立土地使用权转让中权利与义务关系的协议。依法订立的土地使用权转让合同，对当事人具有法律效力，双方必须全面履行合同条款中规定的各自应承担的义务，任何一方不得擅自变更和解除。

（4）土地使用权转让必须办理过户登记。过户登记是依法取得土地使用权或地上建筑物、附着物所有权的受让人凭有效土地使用权转让合同及其他合法文件到法定机关办理土地使用权或地上建筑物、其他附着物所有权变更登记手续，依法确定土地使用权或地上建筑物、其他附着物所有权的行为。过户登记有两类：一类是土地使用权过户登记；另一类是房产过户登记。一般讲，前一类过户登记应由市、县土地管理部门负责办理，后一类过户登记由市、县房产管理部门负责办理。

4. 土地使用权转让的原则

(1) 随之转移原则。土地使用权转让时，土地使用权出让合同和登记文件中所载明的权利、义务也随之转移。

(2) 房、地产一致原则。土地使用权与地上建筑物产权相一致，即要求在土地使用权转让时，其地上建筑物、其他附着物所有权也随之转让；土地使用者转让地上建筑物、其他附着物所有权时，其使用范围内的土地使用权随之转让，但地上建筑物、其他附着物作为动产转让的除外。

(3) 效益不可损原则。无论是土地使用权的转让，还是地上建筑物、其他附着物的转让，都不得损害土地及其他建筑物的经济效益。这是土地使用权或地上建筑物、其他附着物转让时，尤其是在分割转让时所必须遵守的一个原则。一般来说，凡是无损于土地及地上建筑物、其他附着物经济效益的转让，依法予以批准；凡是有损于土地及地上建筑物、其他附着物经济效益的转让，则不予批准。

5. 土地使用权转让的方式

(1) 出售转让土地使用权。这是指土地使用者按照一定的方式(如合同)将土地使用权转移给买方，而买方为此支付价款的法律行为。转让中的受让方与出让中的受让方一样，可以是我国境内的公司、企业、其他组织和个人，也可以是境外投资者。

(2) 交换转让土地使用权。交换转让土地使用权也叫“互易”，是指当事人双方约定互相转移土地使用权或一方转移土地使用权，另一方转移货币以外标的物的法律行为。它由双方当事人达成协议而以物易物。土地使用权的交换转让可以是土地使用权与其他标的物的互易，也可以是土地使用权之间的互易，但有时也表现为混合互易。

(3) 赠予转让土地使用权。赠予转让土地使用权是指赠予人自愿把自己的土地使用权无偿转移给受赠人，受赠人表示接受的法律行为。它一方面需要赠予人表示要把自己拥有的土地使用权无偿转移给受赠人，另一方面需要受赠人表示愿意接受赠予，其基本特征是无偿。赠予合同主要适用于公民之间或公民与法人之间。

4.3.3 土地使用权划拨

1. 土地使用权划拨的定义

土地使用权划拨是指县级以上人民政府依法批准，在土地使用者缴纳补偿、安置等费用后将该幅土地交付其使用，或者将土地使用权无偿交付给土地使用者使用的行为。以划拨方式取得土地使用权的，除法律、行政法规另有规定外，没有使用期限的限制。

2. 土地使用权划拨的适用范围

下列建设用地的土地使用权，确属必需的，可以由县级以上人民政府依法批准划拨：

① 国家机关用地。国家机关用地是指行使国家职能的各级国家权力机关、行政机关、审判和检察机关用地的总称。

② 军事用地。军事用地是指军事机关和军用设施用地的总称。

③ 城市基础设施用地。城市基础设施用地是指城市给水、排水、污水处理、供电、通信、煤气、热力、道路、桥涵、市内公共交通、园林绿化、环境卫生、消防保安、路灯路标等设施用地。

④ 城市公益事业用地。城市公益事业用地是指城市内的各种学校、医院、体育场馆、图书馆、文化馆、少年宫、幼儿园、防疫站、影剧院等设施用地。

⑤ 国家重点扶持的能源、交通、水利等项目用地。此类用地是指国家采取各种优惠政策重点扶持的煤炭、石油、天然气、电力等能源项目用地，铁路、港口码头、机场、交通枢纽等交通项目用地及水库、水坝、农灌工程、江河治理工程、防洪工程等水利项目用地。

3. 保障性住房的土地获取

保障性住房是指政府为中低收入住房困难家庭所提供的限定标准、限定价格或租金的住房，一般由廉租住房、经济适用住房、政策性租赁住房和定向安置房构成。保障性住房是具有保障性质的政策性住房，其发展建设直接受到政府的调控、干预。对于保障性住房的土地供应问题，中央做出加快保障性住房建设重大部署后，按照“依法依规、应保尽保”原则，国土资源管理部门积极落实保障性住房建设用地指标，加快土地供应，跟踪开发建设，查处违法改变土地性质的事件，优先确保保障性住房建设用地落实并及时转化为有效供应，满足中低收入住房困难家庭的需求。

保障性住房用地以划拨的方式为主，具体的操作过程则灵活多样。第一种选择是由政府出地、投资、管理，由政府无偿划拨土地，利用自己的融资平台，通过财政预算和提取的土地出让净收益取得资金，保证土地优先用于保障性住房；第二种选择是由政府划拨土地，吸引开发企业等机构参与保障性住房建设，特别是在一些工业比较集中的开发区、产业园区，这种模式能够帮助企业解决员工的居住问题，为企业的可持续发展留住人才；第三种选择是政府拿出一部分定了性的土地，专门用来建设公租房，让各类企业通过市场方式取得这些土地，然后自己去建设公租房，并拥有这部分公租房的所有权。但无论采取什么样的方式，公租房的供应对象都是由政府来核定并给予许可的。

4.3.4 土地使用权出租

土地使用权出租是指土地使用者作为出租人将土地使用权随同地上建筑物、其他附着物租赁给承租人使用，由承租人向出租人支付租金的行为。土地使用权出租的标的物具有复合性，即不仅包括土地使用权，还包括地上的建筑物及其他附着物。土地使用权出租是将土地使用权有期限地租给别人使用，租期届满后可以收回该使用权。出租行为并没有使出租人丧失土地使用权。出租人作为受让人同国家订立的出让合同中的权利义务并没有转移给承租人，出租人同国家的权利义务关系不变，仍享有出让合同规定的权利，仍需履行出让合同规定的义务。

土地使用权出租需要满足如下条件：① 出租的土地使用权是国家有偿出让的具有物权性质的土地使用权；② 按照土地使用权出让合同对土地进行了投资开发和利用；③ 出租人与承租人应当签订租赁合同；④ 出租人和承租人应当依照规定办理登记。

出租人收取租金的权利和将土地使用权及地上建筑物等交付承租人使用须履行的义务，承租人取得土地使用权及地上建筑物的权利缴纳租金须履行的义务，构成了土地使用权出租的内容。

4.3.5 土地使用权抵押

土地使用权抵押是指土地使用者将其依法取得的土地使用权作为清偿债务的担保的法

律行为。具体说就是债权人对享有土地使用权的债务人或第三人的土地不转移占有，继续由债务人或第三人使用、受益，而在债务不履行时，处分债务人或第三人提供的土地使用权（担保物），并从处分抵押物所得价款中优先受偿。

土地使用权抵押的标的物不仅包括土地使用权，还包括地上建筑物和其他附着物。因而，在土地使用权抵押中实际存在着两种抵押关系：一个是土地使用权的抵押，在这种抵押关系中，抵押人是作为土地使用者将土地使用权抵押给抵押权人。债务不能履行时，抵押权人可以处分土地使用权，并从所获价款中优先受偿。另一个是地上建筑物及其他附着物的所有者，将建筑物及其他附着物本身抵押给抵押权人。债务不能履行时，抵押权人可以处分地上建筑物和其他附着物本身，并从所获价款中优先受偿。

4.4 集体土地征收

在城市规划区内，只有国有土地才能进行房地产开发。如果房地产开发建设需要使用城市规划区内的集体所有的土地时，必须通过征收将其转为国有土地，然后才能用于开发经营。征收集体土地是国家为了公共利益的需要，依法将集体所有土地转变为国有土地并给予补偿的行为，其实质是土地所有权由集体所有变为国家所有。

4.4.1 征收集体土地的特点

（1）具有一定的强制性。农地征收权是国家权力作用的一种，国家权力作用形成的行为具有一定的强制性。拟征收的土地一旦被划定，农地所有者就应服从国家利益需要。

（2）必须妥善安置被征收单位及人员的生产和生活。征地者（表现为开发投资者）应向被征地单位支付补偿费，并保证被征地农民的生活水平不因征收土地而降低。从商品经济的观点看，农地征收是一种特殊的商品交换，被征收土地的补偿费就是一种特殊的价格，这种价格有一定的市场性。

（3）土地所有权性质发生转移。国家对集体土地实行征收后，原属集体所有的土地转为国家所有，国家再将土地的使用权出让给开发建设机构。

4.4.2 农村集体土地征收出让程序

农地征收出让程序是指国家作为征收主体以及国有土地的出让人，开发企业作为土地使用者，从申请使用农地开始，到获得用地使用权的过程。农地征收出让程序一般有以下步骤：

（1）开发企业申请用地。开发企业持经政府主管部门批准或核发的立项文件、用地规划许可证以及其他有关资料、图纸等，向土地管理部门提出申请。

（2）土地管理部门审核申请文件。土地管理部门审核申请文件的可靠性及可行性，审查用地的规划设计指标条件，核定土地的用途及红线范围。

（3）拟定征地方案。土地管理部门在符合各方要求的初步协议的基础上，主持签订征地协议，确定开发企业对被征地者的土地补偿、补助、拆迁安置的方案。

（4）征地出让申请报批。土地管理部门根据年度出让方案计划，将出让地块的征地协议、土地的使用条件、规划设计、地价评估报告、出让合同文本等文件资料，报有批准权的人民政府审核。

(5) 签订合同,核发土地使用证。土地管理部门上报的征地出让意见一旦获得有批准权的政府批准,即意味着国家取得了被征收土地的所有权;同时,还意味着开发企业的用地申请获得了批准。之后,土地管理部门与开发企业签订出让合同,依法办理土地使用权登记手续。被征收土地者要按照协议,按时移交被征收的土地,开发企业则要按照合同和协议的规定,及时缴纳出让金和各种费用。

4.4.3 农地征收补偿

农地是集体经济组织的重要资产,是集体经济组织的基本生产资料,是从事生产活动的必要条件。当农地被征收时,集体经济组织必然要求其经济利益和生产条件补偿。因此,在征收农地时,必须向占有土地的集体组织支付一定的土地征收补偿费。

农地征收中的补偿范围和补偿、补助标准的确定,是一项难度较大的重要工作,直接涉及各方利益。目前,农地征收中的补偿原则和标准的确定依据是《中华人民共和国土地管理法实施条例》。从开发实践看,由于被征地者越来越强烈地认识到土地征收后将产生更高的效益,因此,他们要求通过征地费分享预期收益。结果是征地费的确定大多离开了法定标准,而变成价格和利益的协调。这反映出农地征收过程已具有市场机制作用。本着市场经济条件下的实际情况,在原有法律制度的基础上,对开发建设中农地征收的法律地位、征收补偿原则和标准等进一步完善和补充,已成为客观的现实要求。

土地征收补偿费由用地单位即开发企业直接支付,在具体实践中,补偿费和补助费补偿的方式可以是现金即时交割,也可以是入股分红、分房的形式。征收耕地的补偿费用包括土地补偿费、安置补助费、地上附着物和青苗的补偿费以及农用地征收需要缴纳的其他费用。《物权法》中规定,除要依法足额支付上述费用外,还应当安排被征地农民的社会保障费用,保障被征地农民的生活,维护被征地农民的合法权益。

1. 土地补偿费

土地补偿费是指国家征收集体所有的土地时直接对土地支付的补偿费用,其实质是对土地收益的补偿。土地收益是集体经济组织通过占有、经营土地而获得的经济利益。征收集体所有的土地时,首先必须对集体经济组织失去土地后所损失的土地收益给予补偿。补偿标准为:① 征收耕地的补偿费为该耕地被征收前 3 年平均年产值的 6～10 倍(按原用途补偿);② 其他土地补偿费标准由省级人民政府规定。

2. 安置补助费

农地征收企业除支付土地补偿费外,还应当支付安置补助费。安置补助费是指国家征收农地时,为了妥善安排被征地单位的生产和群众生活所支付的费用,包括劳动力安置费和生活补助费。在具体工作中,开发企业除应支付安置补助费外,还要参与妥善安置剩余劳动力的工作。补偿标准包括耕地补偿标准和非耕地补偿标准。耕地补偿标准为:安置补助费＝需要安置的农业人口数×每一个需要安置的农业人口的安置补助费标准。

需要安置的农业人口数,按照被征收的耕地数量除以征地前被征地单位平均每人占有的耕地数量计算。每一个需要安置的农业人口的安置补助费标准,为该耕地被征收前 3 年平均年产值的 4～6 倍。每公顷被征收耕地的安置补助费,最高不得超过被征收前 3 年平均年产值的 15 倍。

非耕地补偿标准由省级人民政府规定。

3. 地上附着物和青苗的补偿费

地上附着物是指经集体组织或农民个人投入形成的地上建筑物、构筑物或其他设施，如房屋、树木、水井等。征收集体所有的土地时，会造成地上附着物投资的损失，应该对集体经济组织或农民个人的这部分投资损失予以补偿。

青苗是指从播种以后到收获之前这个阶段生长在农地里的作物。它与地上附着物一样属于农民对土地的投资。对于被征收土地上的青苗，在不影响建设工程正常进行的情况下，应等待农民收获。如由于继续用地必须铲除时，开发企业应按不同作物的实际产量和不同生产期，给予相应补偿。

被征收土地上的附着物和青苗的补偿标准由省、自治区、直辖市人民政府规定。

4. 农用地征收需要缴纳的其他费用

(1) 临时建筑用地补偿费。例如，开发项目因施工需要临时使用被征收土地范围外的集体所有的土地时，开发企业也应向集体经济组织支付补偿费，即支付临时建设用地补偿费。在临时使用的土地上，开发企业不得修建永久性建筑物。使用期满，开发企业应当恢复土地的原状，及时归还。

(2) 耕地占用税。根据规定，开发企业使用耕地时，应向国家缴纳耕地占用税。种植农作物的土地以及鱼塘、园地、菜地及其他农业用地都属于耕地占用税的征税对象。

(3) 新菜地开发建设基金。征收城市郊区的菜地，开发企业应当按照国家有关规定缴纳新菜地开发建设基金。城市郊区菜地在这里是指城市郊区(不含县城、建制镇和工矿区的郊区，但为直辖市居民供菜的郊县除外)为供应城市居民吃菜，常年种菜的商品菜地或养殖鱼、虾等的精养鱼塘。

(4) 征地管理费。该费用是开发企业支付给承担征地包干事务的有关土地管理业务部门的费用。“征地包干”是政府为保障各方利益，顺利实施征地工作而采取的一项措施。开发企业在提出用地申请后，应着手办理有关征地包干手续，与土地管理部门签订征地费用包干协议，明确双方的权利和义务。土地管理部门从征地总费用中提取征地管理费的比率，按地区的具体情况确定。

4.5 城市房屋征收

4.5.1 房屋征收的概念和限制条件

1. 房屋征收的概念

房屋征收是指国家为了公共利益的需要，依照法定权限和程序强制取得单位、个人及其他不动产并给予公平补偿的行为。房屋征收是物权变动的一种特殊情况，是国家取得所有权的一种方式。房屋征收的主体是国家，通常是由市、县级人民政府以行政命令的方式执行。《物权法》第四十二条规定：“为了公共利益的需要，依照法律规定的权限和程序可以征收集体所有的土地和单位、个人的房屋及其他不动产。”

国有土地上房屋征收过去称为“城市房屋拆迁”，简称房屋拆迁或拆迁。2011 年 1 月 21 日国务院公布了《国有土地上房屋征收与补偿条例》(国务院令第 590 号，以下简称《房屋征收条例》),房屋拆迁一词从此改称为国有土地上房屋征收,简称房屋征收。

2. 房屋征收的限制条件

征收作为一种取得他人合法的财产使用权为目的的强制性行为,一定要有严格法定的限制条件:① 征收只能以发展公共利益、提升公共福利为目的;② 征收必须依照法定的权限和程序进行;③ 政府以征收的执行人身份出现,以被征收房地产的客观市场价值对被征收人的损失予以公平补偿。

3. 公共利益的界定

"公共利益"是国家征收集体土地和单位、个人的房屋的前提条件,是预防公共权力滥用的约束性规定。"公共利益"的界定,旨在保护集体土地和单位、个人的房屋不被公共权力肆意侵犯,也是评判征收事件中一项具体征收行为是否合法的根本标准。为此,《宪法》、《物权法》、《土地管理法》、《城市房地产管理法》均明确规定房地产征收必须基于"公共利益的需要"。但公共利益是一个抽象的概念,具体操作中很难界定,属于世界性难题(譬如美国《宪法》也未能对何谓公共利益做出清晰定义),我国上述四部法律均未界定公共利益的范围。

《房屋征收条例》界定了公共利益的范围,即:① 国防和外交的需要;② 由政府组织实施的能源、交通、水利等基础设施建设的需要;③ 由政府组织实施的科技、教育、文化、卫生、体育、环境和资源保护、防灾减灾、文物保护、社会福利、市政公用等公共事业的需要;④ 由政府组织实施的保障性安居工程建设的需要;⑤ 由政府依照城乡规划法有关规定组织实施的对危房集中、基础设施落后等地段进行旧城区改建的需要;⑥ 法律、行政法规规定的其他公共利益的需要。

4.5.2 房屋征收程序

1. 征收决定流程

(1) 提出方案。房屋征收部门拟定征收补偿方案,报市、县级人民政府。市、县级人民政府应当组织有关部门对征收补偿方案进行论证并予以公示,征求公众意见。征求意见期限不得少于30日。市、县级人民政府应当将征求意见情况和根据公众意见修改的情况及时公布。因旧城区改建需要征收房屋,多数被征收人认为征收补偿方案不符合相关法规规定的,市、县级人民政府应当组织由被征收人和公众代表参加的听证会,并根据听证会情况修改方案。

(2) 风险评估。市、县级人民政府做出房屋征收决定前,应当按照有关规定进行社会稳定风险评估;房屋征收决定涉及被征收人数量较多的,应当经政府常务会议讨论决定。

(3) 确认征收范围内的房屋土地性质。房屋征收部门应当对房屋征收范围内房屋的权属、区位、用途、建筑面积等情况组织调查登记,被征收人应当给予配合。调查结果应当在房屋征收范围内向被征收人公布。房屋征收范围确定后,不得在房屋征收范围内实施新建、扩建、改建房屋和改变房屋用途等不当增加补偿费的行为。违反规定实施的,不予补偿。房屋征收部门应当将征收范围内房屋等级所列事项书面通知有关部门,相关政府部门暂停办理相关手续。暂停办理相关手续的书面通知应当载明暂停期限,暂停期限最长不得超过1年。

(4) 补偿到位。做出房屋征收决定前,征收补偿费用应当足额到位、专户存储、专款专用。

(5) 做出决定并公告。市、县级人民政府做出房屋征收决定后应当及时公告。公告应当载明征收补偿方案和行政复议、行政诉讼权利等事项。市、县级人民政府及房屋征收部门应当做好房屋征收与补偿的宣传、解释工作。房屋被依法征收的，国有土地使用权同时收回。被征收人对市、县级人民政府做出的房屋征收决定不服的，可以依法申请行政复议，也可以依法提起行政诉讼。

2. 补偿流程

(1) 现场勘查。房屋征收部门对拟征收房屋的权属、用途、面积等调查登记，公布调查结果，通知有关部门暂停办理相关手续，载明暂停期限(不得超过1年)。

(2) 价值评估。选定评估机构进行房屋评估(不低于公告日类似市场价)，对评估有异议的，申请复核评估，仍有异议的，申请委员会鉴定。

(3) 达成协议。双方达成补偿协议，履行协议义务。达不成补偿协议的，房屋征收部门报请县、市人民政府做出补偿决定并对决定进行公告。对决定仍不服的，可申请复议或诉讼，不复议或诉讼又不执行决定的，政府申请法院强拆。

4.5.3 房屋征收补偿

1. 做出房屋征收决定的市、县级人民政府对被征收人给予的补偿

(1) 被征收房屋价值的补偿。包括因征收房屋造成的搬迁、临时安置的补偿。

(2) 因征收房屋造成的停产停业损失的补偿。市、县级人民政府应当制定补助和奖励办法，对被征收人给予补助和奖励。

2. 房屋征收补偿的其他规定

(1) 补偿方式。被征收人可以选择货币补偿，也可以选择房屋产权调换。对被征收房屋的补偿，不得低于房屋征收决定公告之日被征收房屋类似房地产的市场价格。被征收房屋的价值，由具有相应资质的房地产价格评估机构按照房屋征收评估办法评估确定。被征收人选择房屋产权调换的，市、县级人民政府应当提供用于产权调换的房屋，并与被征收人计算、结清被征收房屋价值与用于产权调换房屋价值的差价。因旧城区改建征收个人住宅，被征收人选择在改建地段进行房屋产权调换的，做出房屋征收决定的市、县级人民政府应当提供改建地段或者就近地段的房屋。

(2) 不予补偿的情况。市、县级人民政府做出房屋征收决定前，应当组织有关部门依法对征收范围内未经登记的建筑进行调查、认定和处理。对认定为合法建筑和未超过批准期限的临时建筑的，应当给予补偿；对认定为违法建筑和超过批准期限的临时建筑的，不予补偿。

(3) 实施房屋征收应当先补偿、后搬迁。做出房屋征收决定的市、县级人民政府对征收人给予补偿后，被征收人应当在补偿协议约定或者补偿决定确定的搬迁期限内完成搬迁。任何单位和个人不得采取暴力、威胁或者违反规定中断供水、供热、供气、供电和道路通行等非法方式迫使被征收人搬迁。禁止建设单位参与搬迁活动。

4.6 土地价格的确定

地价评估方法按照其估价对象的不同可分为基本估价法和应用估价法。在确定评估方法时应考虑估价目的。

4.6.1 评估单个宗地的估价方法

基本估价法是为单个宗地价格所采用的方法，属于此类方法的有市场比较法、收益还原法、成本法和假设开发法。

(1) 市场比较法是地产估价方法中最重要、最常用的方法，其基本思路是根据替代原则，将待估地产与近期已发生交易的类似地产加以比较对照，对已经发生交易的类似地产的既知价格，经影响地产的交易情况、交易日、区域因素及个别因素等差别进行修正后，得出待估地产最可能实现的价格。这里所指的类似地产是指在用途、结构、区位等方面与待估地产相同或相似的地产。

(2) 收益还原法也是地价评估中最常用的方法之一，它是在估算地产未来每年预期纯收益的基础上，以一定的还原率，将评估对象的未来收益还原为评估日期收益的一种方法，用公式表示为：

$$土地价格=\frac{土地纯收益}{土地还原利率}$$

(3) 成本法是以开发土地所消耗的各项费用之和为主要依据，再加上一定的利润、利息、应缴纳的税金和土地所有权收益来确定土地价格的估价方法。用公式表示为：

$$地产价格=地产取得费+地产开发费+利润+利息+税费+土地所有权收益$$

(4) 假设开发法又称剩余法、倒算法等，是一种对具有发展潜能的地产进行估价的方法。其基本思路是采用倒算的方式，在估算出未来房地产正常交易价格的基础上，扣除建筑总成本费用、利润、税收、利息之后所剩的余额即为地产价格。用公式表示为：

$$地产价格=房屋的预期总售价-建筑总成本费用-利润-税收-利息$$

4.6.2 对一定区域土地的评估方法

应用估价法又称为大量估价法，是在应用基本估价法评估样点宗地地价的基础上，对一定区域内的土地价格、地价影响因素和地价变化规律进行分析，建立起一套大范围内宗地价格与宗地条件及影响因素间的相关关系，作为该范围内宗地价格的评估标准，从而在需要时可以迅速地评估出该区域内的宗地价格。此类方法多适用于因政府管理需要而进行的政策性大量估价。属于此类方法的有路线价估价法、标准宗地估价法、基准地价系数修订法等。

(1) 路线价估价法是对面临特定街道、使用价值相等的市街地，设定标准深度，求取在该深度上数宗土地的平均单价并附设于特定街道上，即得到该街道的路线价，然后据此路线价，再配合深度指数表和其他修正率表，用数学方法计算出临街同一街道的其他宗地地价的一种估价方法。用公式表示为：

$$宗地地价=路线价\times深度指数\times宗地面积+其他条件修正额$$

(2) 标准宗地估价法的基本思路是在一定范围内的均质区段、区片内，选定一具有代表性的宗地，即其形状、面积、临街条件、土地利用状况、地势、效用均具有代表性，属标准状态的宗地，通过收益还原法、市场比较法、成本法或假设开发法评估标准地价，将待估地产与类似的标准宗地加以比较对照，对标准宗地的既知价格，经影响地产的交易日期、区域因素及个别因素等差别进行修正后，得出待估地产最可能实现的价格。

(3) 基准地价系数修订法是我国地价评估的基本方法之一，是利用基准地价和基准地价修正系数，按照替代原则，将待估宗地的区域条件和个别条件等与其所处的区域的平均条件相比较，并对照修订系数表选取相应的修订系数对基准地价进行修正，进而求出待估宗地在估价日期的价格的方法。

复习思考题

1. 哪些土地使用权出让必需实行招标拍卖挂牌方式？
2. 土地使用权获得的方式有哪些？
3. 在城市房屋征收补偿安置工作中，发生的主要费用有哪些？
4. 如何进行房地产开发项目的选址？
5. 土地的概念是什么？
6. 什么是土地使用权的出让、转让和划拨？
7. 简述征收集体土地的工作程序。

5 房地产开发项目可行性研究

学习目标

1. 了解房地产开发项目可行性研究的含义、目的和作用；
2. 掌握房地产开发项目可行性研究工作的组织工作和基本内容；
3. 掌握房地产开发项目经济评价基础数据估算内容和方法；
4. 熟悉房地产开发项目财务评价报表编制和指标计算；
5. 掌握房地产开发项目不确定性分析和发现分析方法；
6. 了解房地产开发项目环境影响评价和社会评价方法。

5.1 房地产开发项目可行性研究概述

5.1.1 房地产开发项目可行性的含义与目的

1. 房地产开发项目可行性研究的含义

房地产开发项目的可行性研究是对拟开发的项目进行全面、系统的调查研究和分析，运用科学的技术评价方法，得出一系列评价指标值，最终确定该项目是否可行的综合研究。

一般来讲，可行性研究是以市场供需为出发点，以资源投入为约束条件，以科学方法为手段，以系列评价指标为结果。它通常要处理两方面的问题：第一是要确定在技术上能否实施；第二是如何才能取得最佳的效益(主要是经济效益)。从房地产开发项目的实际情况来看，单从建筑施工技术上讲，一般不存在无法突破的重大难点，无论是大跨度桥梁，还是超高层建筑，如青岛胶州湾大桥、烟台丁字湾跨海大桥、厦门海沧大桥、港珠澳大桥，以及广州新电视塔和珠江新城西塔、上海的东方明珠和环球金融中心、南京的紫峰大厦等都是很好的佐证。可见，关键在于投资的回报，即能否取得最佳的经济效益，并兼顾社会效益和环境效益。

2. 房地产开发项目可行性研究的目的

可行性研究的根本目的是实现决策的科学化、民主化，提高决策的可靠性，减少或避免投资决策的失误，为项目的实施提供参考，提高项目开发建设的经济效益、社会效益和环境效益。

房地产开发是一项综合性经济活动，投资额大，开发周期长，涉及内容广泛，要想达到预期效果，必须做好可行性研究工作。很长一段时期，很多房地产开发项目未经过可行性研究论证就草率上马，结果往往因选址不合理、规模过大、外部条件不具备而影响使用；因资源不足而拖延工期；因产品结构不合理而滞销；因市场预测不充分而违约调价。虽然开发项目大多为住宅小区的开发建设，而住房紧缺又是普遍现象，供需矛盾掩盖了未经可行性研究所造成的开发项目的不合理性。但是，即使在这种市场条件下，未经可行性研究草率上马的开发项目所产生的不良后果也是非常惊人的，浪费十分严重。

5.1.2 房地产开发项目可行性研究的作用

1. 作为项目投资决策的依据

国家规定，凡是没有经过可行性研究的房地产开发项目，不能列入计划，不能批准设计任务书，不能进行设计。一个开发建设项目，尤其是大中型项目，花费的人力、物力、财力很多，不能只凭经验或感觉就做出投资决策，必须要求进行科学合理的投资决策，而可行性研究通过进行详细的市场研究、技术研究和经济分析，使投资决策更具科学性。对于房地产开发项目，通过对投资决策是否可行、房地产开发项目的产品有无销路、有无竞争能力、投资效果如何等进行分析，从而得出这项工程该不该建，或建设时按哪种方案会取得最佳效果，以此作为房地产开发项目投资决策依据。

2. 作为房地产开发企业筹集资金的依据

房地产开发企业进行开发建设往往需要各种融资手段筹集资金。银行等金融机构提供贷款是根据流动性、收益性和安全性的原则，其更关心房地产企业或房地产开发项目的偿债能力，而不希望自己承担过大的风险。可行性研究报告对房地产项目的财务、经济指标进行了分析，金融机构可以从中了解到项目的经营收益状况和偿债能力。因此，可行性研究是企业筹集资金和金融机构提供信贷的重要依据。

3. 作为开发商与有关部门签订协议、合同的依据

项目所需的建筑材料、协作条件以及供电、供水、供热、通讯、交通等很多方面，都需要与有关部门协作。这些供应的协议、合同都需要根据可行性研究报告进行协商。开发商需要根据可行性研究所确定的项目的实施方案，与设计单位、施工单位、材料供应、配套设施供应等相关协作单位协商、签订有关协议和合同。

4. 作为编制下阶段工作的依据

可行性研究中对项目选址、建设规模、建设方案、建设内容、单项工程结构形式、配套设施和公用辅助设施的种类以及主要设备等都进行了分析论证，确定了原则，推荐了建设方案。可行性研究报告经批准后，规划设计工作就可据此进行，不必另作方案比较选择和重新论证，因此可以作为下阶段工作的依据。

5. 作为项目后评价的依据

在进行项目后评价时，以可行性研究报告作为依据，将项目的预期效果和实际效果进行对比，对项目运行的效果进行全面的评价，吸取经验教训、不断提高项目决策水平和投资效果。

5.1.3 可行性研究工作的专业机构和人员构成

正式的可行性研究一般应由专业评价咨询机构来完成。在我国，房地产开发项目的可行性研究报告过去通常由各开发公司自行编制，然后报政府计划部门审查立项。自 1995 年开始，部分城市已逐步将房地产开发项目的可行性研究作为开发项目评价报告归专业的房地产评价(评估)机构完成，逐步与国际接轨，其优点在于这些专业咨询机构能进行较为全面、综合、专业的调查分析。一个项目的可行性研究小组，一般包括以下人员：注册房地产估价师和土地估价师 1～2 名；造价工程师 1 名；市场调查和分析人员 1～2 名；经济分析专家 1 名；社会学家、环境科学专家若干名；制作人员 1～2 名。

注册房地产估价师和土地估价师在我国已经形成了一支专业执业队伍，他们既要熟悉

房地产主要知识，又必须熟悉财务管理和工程技术方面的知识，是研究小组的核心，其任务在于参与经济分析专家对未来市场的分析，并负责归纳其他人员所完成的工作，综合应用工程技术和财务管理的有关知识，对项目做出计算和总体评价，撰写可行性研究报告。

造价工程师的主要任务是对房地产开发项目中的土建、设备及安装等价格进行准确的估算。

市场调查和分析人员主要调查过去和当前本地区及该类物业的供需情况，重点是本开发物业，并兼顾其他物业的售价、租金、空置率、供求量及成交情况，要拿出足够的数据来分析当前市场的状况，并与经济分析专家一起预测未来趋势。

经济分析专家主要是从宏观上对拟开发项目在建设期和建成后的宏观经济趋势进行分析，避免发生重大的偏差。如今后2～3年内是否会发生大的通货膨胀，房地产市场的供求关系走势如何，政府是否出台有利于或限制本行业或本类物业发展的政策或法规等。

社会学家、环境科学专家主要从社会学和环境科学的角度对项目进行指导，例如，该项目的开发是否造成不良的社会问题，是否造成环境污染，要规避某些局部得益而整体受损或近期得益而长期会造成不良后果的项目。

制作人员主要负责报告的核对、打印及装帧。

5.1.4 房地产开发项目可行性研究报告的基本内容

在正式撰写可行性研究报告之前，先要明确可行性研究报告中的每个部分应包括的内容，以免发生遗漏。一般来说，一份正式的可行性研究报告应包括封面、摘要、目录、正文、附表和附图等六个部分。

可行性研究是针对某一个具体项目而进行的。由于房地产开发项目有居住房地产、工业房地产、商业房地产、旅游房地产等多种多样的形式，有以销售为主的居住房地产开发，还有以出租经营为主的商业房地产开发；同时，根据房地产开发的可行性研究所处的不同阶段，又可以分为机会研究、初步可行性研究、详细可行性研究、项目评估。因此，项目的性质、规模和复杂程度的不同，以及开发商对项目和市场的了解程度和对某项内容的关注程度的不同等，都使得房地产开发项目可行性研究的内容不尽相同。但通常一个房地产开发项目的可行性研究包括以下十个方面的内容。

(1) 总论。总论是对项目的背景以及概况进行介绍，通常包括房地产开发项目的名称、性质、地理位置、总占地面积、总建筑面积、建筑密度、容积率、各类建筑的构成、投资总额、总工期等基本情况，说明项目提出的背景，开发建设的必要性，对实现城市总体规划、发展经济的意义以及对生态环境的贡献等，同时还包括可行性研究的目的、范围和主要依据等内容。

(2) 市场调查和需求预测与分析。该项内容是全部研究工作的基础，主要包括市场环境调查、消费者调查、房地产市场情况调查、价格调查、市场竞争情况调查等内容，在此基础上进行需求预测，对开发项目的销售或出租前景进行分析，确定市场范围和租售对象。

(3) 开发项目场地现状与建设条件分析。该项内容包括开发项目用地范围内的各类土地面积，基础设施状况及其外部条件，各类建筑物、构筑物的现状，需要拆除的房屋面积，需要安置的原住房数和人口，需要安置的劳动力人数等调查资料，并对供水、供电、污水处理条件以及商业、服务业、文教卫生环境条件进行分析。

(4) 规划设计方案选择。该项内容包括开发项目的总平面布局，主要建筑物的造型设计,城市景观设计,建筑物的主要技术参数,场地内外交通组织,基础设施与工程管网规划。此处应附规划设计方案。

(5) 工程建设与管理。该项内容通常包括项目的建设工期、进度控制和交付使用的初步安排,主要建筑材料与设备的采购选用方式和计划以及施工力量的组织计划等。

(6) 投资估算和资金筹措。该项内容包括开发场地的购置费、拆迁安置费、项目的工程造价、规划费、建设费、管理费和其他有关费用的估算以及资金的筹措方式和使用计划等。

(7) 环境影响和环境保护评价。该项内容通常包括建设地区的环境现状,主要污染物,开发项目可能引起的周围生态变化,设计采用的环境保护标准,控制污染与生态变化的初步方案,以及环境影响的评价结论等内容。

(8) 财务评价与风险分析。该项内容包括对项目的营业收入、总投资、预期利润、税金、场地费进行现金流量分析和财务平衡分析,并对开发工程的投资、收益率、租金、贷款利率、工期、出租期等因素的变化做敏感性分析、盈亏平衡分析和风险分析。

(9) 社会经济评价。社会经济评价包括项目是否符合总体规划、改善居住条件、丰富城市景观以及提高城市经济效益等的要求。对于工业开发区等大型房地产开发项目,往往需要通过运用国民经济评价(经济分析)方法计算项目的经济净现值来进行分析。

当从企业的角度对项目所进行的财务评价与客观的社会经济评价发生矛盾时,应以后者的结论为主,决定开发项目是否实施。

(10)结论。在上述分析的基础上,对项目做出是否可行的结论,并提出存在的问题与建议。

5.2 房地产开发项目投资与收入估算

在对房地产开发项目进行经济评价过程中,需要有基本财务数据,这些基本财务数据的估算,是进行经济评价的依据和基础。从某种意义上说,项目财务基础数据的估算是可行性研究中难度最大的部分,也是可行性研究的基础,其财务数据准确与否直接影响到项目的成败。因此,项目财务基础数据估算,是项目可行性研究乃至整个项目投资决策阶段的重要任务。房地产开发项目财务基础数据估算是在项目设计方案、市场供求关系、资源供给能力、技术条件分析的基础上,从房地产开发项目的角度出发,根据我国现行的价格体系和财税制度,对一系列财务数据进行调查、搜集、整理和测算,并将得到的财务数据编制成辅助财务报表。

房地产开发项目的财务基础数据包括项目总投资、销售收入、销售税金及附加、利润等。

5.2.1 房地产开发项目总投资估算

房地产开发项目总投资包括开发建设投资和经营资金。开发建设投资是指在开发期内完成房地产产品开发建设所需投入的各项费用,主要包括:土地费用、前期工程费用、基础设施建设费用、建筑安装工程费用、公共配套设施建设费用、开发间接费用、财务费用、管理费用、销售费用、开发期税费、其他费用以及不可预见费用等。开发建设投资在开发建设过程中形成以出售和出租为目的的开发产品成本和以自营自用为目的的固定资产及其他资产,应注意开发建设投资在开发产品成本与固定资产和其他资产之间的合理分摊划转。经营资金是指开发企业用于日常经营的周转资金。

1. 土地费用

土地费用是房地产开发企业为了获得土地使用权而发生的费用。开发项目取得土地使用权的方式有多种，所发生的费用也各不相同，主要有以下几种方式：划拨或征收土地的土地征收拆迁费、出让土地的土地出让价款、转让土地的土地转让费、租用土地的土地租用费、股东投资入股土地的投资折价。然而，土地性质和获取土地方式以及不同地方管理方式的不同，导致土地费用一项在计算时，具体构成内容和计算方法差异较大。具体内容已经在第3章中介绍。

2. 前期工程费

房地产开发项目前期工程费主要包括项目前期规划、设计、可行性研究、水文地质勘探以及“三通一平”等土地开发工程费支出。项目的规划、设计、可行性研究所需的费用一般可按项目总投资的一个百分比估算，一般情况下，规划设计费为建筑安装工程费的3%左右，可行性研究费为项目总投资的1%～3%，水文地质勘探费可根据所需工作量结合有关收费标准估算，一般为设计概算的0.5%左右。“三通一平”等土地开发费用，主要包括地上原有建筑物、构筑物拆除费用、场地平整费用和通水、通电、通路的费用。这些费用的估算可根据实际工作量，参照有关设计标准估算。

3. 基础设施建设费

基础设施建设费是指建筑物2 m以外和项目用地规划红线以内的各种管线和道路等工程的费用，包括所需道路、绿化、供水、供电、排污、通信、燃气、热力等设施的建设费用，以及各项设施与市政设施干线、干管、干道的接口费用。

通常，详细估算时可按单位指标估算法，如供水工程可按水增容量(t)指标计算；供电及变配电工程可按电增容量(kV·A)指标计算；采暖工程可按耗热量(W)指标计算；管线工程可按长度(m)指标计算；室外道路可按道路面积(m^2)指标计算。但粗略估算时，可按建筑平方米或用地平方米造价计算。

如果房地产开发项目所取得的房地产开发用地是熟地，则基础设施建设费已部分或全部包含在土地费用中，估算时注意不要重复计算。

4. 建筑安装工程费

建筑安装工程费是指建造房屋等建筑物所发生的建筑工程费、设备购置费和安装工程费用，即从项目的施工到竣工期间所发生的建造费用，包括人工费、材料费、机械使用费、施工管理费、设备购置及安装费等。建筑安装工程费的估算可以采用单元估算法、单位实物工程量估算法、概算指标估算法、概算定额法、类似工程预算法等。具体采用哪一种方法应根据资料的可获性和费用支出情况确定。

5. 公共配套设施建设费

公共配套设施建设费是指居住小区内为居民服务配套建设的各种非营利性的公共配套设施(又称公建设施)的建设费用，主要包括居委会、派出所、托儿所、幼儿园、变电室、公共厕所、停车场、自行车棚等。一般按规划指标和实际工程量估算。

基础设施建设费、建筑安装工程费与公共配套设施建设费三项费用之和又称为房屋开发建设费。

6. 开发间接费

开发间接费是指房地产开发企业所属独立核算单位在开发现场组织管理所发生的各项费

用，主要包括工资、折旧费、修理费、办公费、水电费、劳动保护费、周转房摊销和其他费用等。

如果开发企业不设现场机构，则由开发企业定期或不定期派人到开发现场组织开发建设活动时，发生的费用可直接计入开发企业的管理费用。

7. 管理费用

管理费用是指房地产开发企业的管理部门为组织和管理房地产项目的开发经营活动而发生的各项费用。其主要包括管理人员工资、工会经费、职工教育经费、劳动保险费、待业保险费、咨询费、审计费、治安费、诉讼费、排污费、绿化费、房地产税、车船使用税、土地使用税、技术转让费、技术开发费、无形资产摊销、开办费摊销、业务费摊销、业务招待费、坏账损失、存货盘亏、毁损和报废损失以及其他管理费用。

管理费用可按土地费、前期工程费、房屋开发建设费三项费用之和的某一比例计算，通常为3%左右。

如果房地产开发企业同时开发若干个房地产项目，管理费用应在各个项目之间合理分摊。

8. 财务费用

财务费用是指为筹措和使用资金而发生的各项费用，主要为借款或债券的利息，还包括金融机构手续费、融资代理费、承诺费、外汇汇兑净损失以及企业筹资发生的其他财务费用。利息的计算可参照金融市场利率和资金分期投入情况按复利计算；利息以外的其他融资费用，一般占利息的10%左右。

9. 销售费用

销售费用是指房地产开发企业在销售房地产产品过程中发生的各项费用，以及专设销售机构或委托销售代理的各项费用。通常包括销售人员工资与奖金、福利费、差旅费、销售机构的折旧费、修理费、物料消耗费、广告费、宣传费、代销手续费、销售服务费、预售许可证申领费等。

销售费用一般按销售收入的一定比例进行估算。通常，销售费用占销售收入的4%～6%，其中广告、宣传及市场推广费占销售收入的2%～3%，销售代理费占销售收入的1.5%～2%，其他销售费用占销售收入的0.5%～1%。

10. 开发期税费

开发期税费是指项目所负担的与房地产投资有关的各种税金和地方政府或有关部门征收的费用。主要包括：固定资产投资方向调节税、市政支管线分摊费、供电工程贴费、分散建设市政公用设施建设费、防洪工程建设维护管理费、绿化建设或补偿费、人防工程费等。在一些大中型城市，这部分税费在房地产开发项目总投资中所占比重较大。各项税费应根据当地有关法规标准估算。

11. 其他费用

其他费用主要包括临时用地费、临时建设费、工程造价咨询费、建设工程招投标管理费、招标代理服务费、总承包管理费、合同公证费、施工执照费、工程质量监督费、工程监理费、竣工图编制费、工程保险费等。这些费用通常按当地有关部门规定的费率估算，一般占总开发成本的2%～3%。

12. 不可预见费

不可预见费是指为处理无法预见事件而安排的费用。房地产开发项目投资估算应考虑适当的不可预见费，其估算一般根据项目的复杂程度和前述费用估算的准确程度，以上述费用的 3%～7%估算。

另外，当房地产开发项目竣工后采用出租或自营方式经营时，还应估算项目经营期间的运营费用和修理费用。运营费用是指房地产开发项目完成后，在项目经营期间发生的各种运营费用，主要包括管理费用、销售费用等。修理费用是指以出租或自营方式获得收益的房地产项目在经营期间发生的物料消耗和维修费等。

为了便于对房地产开发项目各项成本费用和经营资金加以汇总比较，可以编制房地产总投资估算表，见表 5-1。

表 5-1 房地产开发项目成本费用估算表

序号	项目成本或费用名称	投资金额(万元)	单位成本(元/m^2)	占开发成本比例(%)
1	土地费用			
1.1	土地出让金			
1.2	城市建设配套费			
1.3	拆迁安置补偿费			
1.4	手续费及税金			
2	前期工程费			
2.1	可行性研究费			
2.2	勘察设计费			
2.3	“三通一平”费			
3	房屋开发费			
3.1	建筑安装工程费			
3.2	基础设施建设费			
3.3	公共配套设施建设费			
4	开发间接费			
5	管理费用			
6	财务费用			
7	销售费用			
8	开发期税费			
9	其他费用			
10	不可预见费			
总成本费用合计				

5.2.2 房地产开发项目收入估算

房地产开发项目收入估算应根据房地产项目租售或自营等计划、租售收入、自营收入和收款方式来进行估算。

1. 租售计划方案

估算房地产开发项目的收入，首先要制定切实可行的租售计划(含销售、出租、自营等计划)。租售计划应遵守政府有关租售和经营的规定,并与开发商的投资策略相配合。租售计划的内容通常包括:拟租售物业的类型、时间和相应的数量、租售价格、租售收入及收款方式。

租售房地产的类型和相应的数量,应在房地产项目可供租售的房地产类型、数量的基础上确定,并要考虑租售期内房地产市场可能发生的变化对租售数量的影响。对于一个具体的房地产开发项目而言,此时必须明确:出租面积和出售面积的数量及其与建筑物的对应关系,在整个租售期内每期(年、半年、季度、月)拟销售或出租的物业类型和数量,综合用途的房地产开发项目应按不同用途或使用功能划分。

2. 租售价格

租售价格应根据房地产项目的特点确定,一般应选择在位置、规模、功能和档次等方面可比的交易实例,通过对其成交价格的分析与修正,最终得到房地产项目的租售价格。也可以参照房地产开发项目产品定价的技术和方法,确定租售价格。

确定租售价格要与开发商市场营销策划相一致,在考虑政治、经济、社会等宏观环境对项目的租售价格影响的同时,还应对房地产市场供求状况进行分析,考虑已建成的、正在建设的以及潜在的竞争项目对房地产项目租售价格的影响。

3. 租售收入

房地产开发项目的租售收入等于可租售面积的数量乘以单位租售价格。对于出租的情况,还应考虑空置期和空置率对年租金收入的影响。租售收入估算要计算出每期所能获得的租售收入,并形成租售收入计划。自营收入是指开发企业以开发完成后的房地产为其进行商业或服务业等经营活动的载体,通过综合性的自营方式得到的收入。在进行自营收入估算时,应充分考虑目前已有的商业和服务业设施对房地产项目建成后产生的影响,以及未来商业、服务业市场可能发生的变化对房地产项目的影响。

确定收款方式时应考虑房地产交易的付款习惯和惯例,以及分期付款的期数和各期付款的比例等。

租售收入的估算可借助表 5-2 和表 5-3 所提供的格式完成。

表 5-2　　房地产开发项目销售计划及销售收入估算表

单位:建筑面积(m^2),销售收入(万元)

销售期间		第 1 期		第 2 期		…		第 n 期	
销售计划	面　积								
	百分比								
收款计划	期　间	销售收入	百分比	销售收入	百分比	销售收入	百分比	销售收入	百分比
	第 1 期								
	第 2 期								
	第 3 期								
	…								
	第 n 期								
总计									

注:期间可结合项目情况按年、半年、季度或月度划分。

表 5-3　　房地产开发项目出租计划及出租收入估算表

单位：建筑面积(m^2)，销售收入(万元)

序号	项目名称	第 1 期	第 2 期	第 3 期	…	第 n 期
1	可出租建筑面积					
2	单位租金					
3	可能毛租金收入					
4	出租率(%)					
5	有效毛租金收入					
6	转售收入					
7	转售成本及税费					
8	净转售收入					

5.2.3 房地产开发项目资金筹措和资金使用计划

房地产开发项目应根据可能的建设进度和将会发生的实际付款时间和金额编制资金使用计划表。在房地产项目可行性研究阶段，计算期可以年、半年、季甚至月为单位，资金使用计划应按期编制。

房地产开发项目的资金来源通常有资本金、预租售收入及借贷资金三种渠道。为了满足开发项目的资金需求，可优先使用资本金，之后考虑使用可投入的预租售收入，最后仍然不能满足资金需求时，可安排借贷资金。

编制资金使用计划应考虑各种投资款项的付款特点，要考虑预收款、欠付款、预付定金以及按工程进度中间结算付款等方式对编制资金使用计划的影响。

资金筹措要求满足投资计划中对资金的使用要求。在资金使用计划和筹措计划编制的基础上，可以编制投资计划与资金筹措表，见表 5-4。

表 5-4　　投资计划与资金筹措表　　单位：万元

序号	项目	合计	项目计算期				
			第 1 期	第 2 期	第 3 期	…	第 n 期
1	项目总投资						
1.1	开发建设投资						
1.2	经营资金						
2	资金筹措						
2.1	资本金						
2.2	借贷资金						
2.3	预售收入						
2.4	预租收入						
2.5	其他收入						

5.2.4 房地产开发项目销售税金及附加估算

房地产开发项目经营税费包括开发期间税费和经营期间税费两大部分，前者在前面已有介绍。后者则主要是在销售和交易阶段发生的税费，不参与投资与成本费用的构成，只是销售收入的扣减。下面介绍房地产开发项目经营期间税费。

1. 增值税

根据财政部与国家税务总局发布的《关于全面推开营业税改征增值税试点的通知》，自2016年5月1日起，在全国范围内全面推开营业税改征增值税(以下称营改增)试点，建筑业、房地产业、金融业、生活服务业等全部营业税纳税人，纳入试点范围，由缴纳营业税改为缴纳增值税。按照《营业税改征增值税试点实施办法》

在房地产开发项目销售税金及附加估算时，主要涉及土地增值税和销售税金及附加的估算。土地增值税是以转让房地产商品取得的增值额为征税对象征收的税种。房地产开发项目销售税金及附加是指在房地产商品销售过程中发生的税费，包括营业税、城市维护建设税和教育费附加。提供交通运输、邮政、基础电信、建筑、不动产租赁服务，销售不动产，转让土地使用权，增值税税率为11%。对于一般计税方法，应纳税额=当期销项税额-当期进项税额。对于一般纳税人发生应税行为适用一般计税方法，小规模纳税人发生应税行为适用简易计税方法，以及针对各种情况的其他相关规定等。

2. 城市维护建设税

城市维护建设税(以下简称城建税)是为进一步扩大城市建设，提供城市维护和建设资金来源而对我国境内既享用城镇公用设施，又有经营收入的单位和个人征收的一种税。

城建税以缴纳增值税、消费税和营业税的单位和个人为纳税人。城建税以纳税人实际缴纳的增值税、消费税、营业税税额为依据，一般实行的是地区差别税率，纳税人所在地在市区的，税率为7%；在县城或镇的，税率为5%；不在市区、县城或镇的，税率为1%。

3. 教育费附加

教育费附加是为加快发展地方教育事业，扩大地方教育经费的资金来源而征收的政府性基金，其计征依据和标准为：以单位和个人实际缴纳的增值税、营业税、消费税(对于房地产销售，仅指营业税改征的增值税)的税额为计征依据，教育费附加率在城市一般为3%。

4. 地方教育费附加

地方教育费附加是为进一步规范和拓宽财政性教育经费筹资渠道，支持地方教育事业发展而征收的政府性基金，其计征依据和标准为：以单位和个人实际缴纳的增值税、消费税、营业税税额为计征依据，征收标准为2%。

5. 印花税

房地产印花税是指因房地产买卖、房地产产权变动、转移等而对书立的或领受的房地产凭证的单位和个人征收的一种税。房地产销售的印花税计收办法和标准为：按照房地产交易额的0.1%，买卖双方各负担一半，即各负担0.05%。另外，各地还有一些与销售房地产有关的税费，如防洪工程维护费、交易服务费等。

6. 土地增值税

土地增值税是对有偿转让国有土地使用权及地上建筑物和其他附着物的单位和个人征收的一种税。其实质是对土地收益的课税。土地增值税以纳税人转让房地产所取得的土地增值额为计税依据，土地增值额为转让房地产所取得的收入减去规定扣除项目金额后的余额。

(1) 土地增值税税率

土地增值税实行四级超额累进税率：增值额未超过扣除项目金额50%的部分，税率为30%；增值额超过扣除项目金额50%、未超过100%的部分，税率为40%；增值额超过扣除项目金额100%、未超过200%的部分，税率为50%；增值额超过扣除项目金额200%以上，税率为60%。

(2) 应纳税额

为简化计算，应纳税额可以按照增值额乘以适用税率减去扣除项目金额乘以速算扣除系数的简便方法计算，速算公式如下：

① 增值额未超过扣除项目金额50%的：

应纳税额＝土地增值额×30%

② 增值额超过扣除项目金额50%、未超过100%的：

应纳税额＝土地增值额×40%－扣除项目×5%

③ 增值额超过扣除项目金额100%、未超过200%的：

应纳税额＝土地增值额×50%－扣除项目×15%

④ 增值额超过扣除项目金额200%的：

应纳税额＝土地增值额×60%－扣除项目×35%

5.2.5 房地产开发项目利润的计算

对房地产开发项目利润总额的估算，是财务数据估算的一个关键问题。项目利润的高低直接决定项目财务经济效益的高低和偿债能力的强弱。因此，在销售收入、总成本费用、土地增值税、销售税金及附加估算的基础上，就可以计算出项目的利润总额，计算公式如下：

利润总额＝销售收入－总成本费用－土地增值税－销售税金及附加

根据利润总额，可计算所得税和项目税后利润。所得税是以应纳税所得乘以所得税率，其中，应纳税所得是利润总额扣除上一年度亏损后的余额，所得税税率一般为25%。

税后利润＝利润总额－所得税

5.3 房地产开发项目财务评价

5.3.1 房地产开发项目财务评价的概念及类型

房地产开发项目经济评价是房地产开发项目可行性研究的重要组成部分，是房地产开发项目决策科学化的重要手段，分为财务评价和综合评价。

房地产项目财务评价是在房地产市场调查与预测，项目策划，投资、成本与费用估算，收入估算与资金筹措等基本资料和数据的基础上，根据现行财税制度和价格体系，通过编制基本财务报表，计算财务评价指标，对房地产项目的财务盈利能力、清偿能力和财务生存能力等进行分析，判断项目的财务可行性。

房地产项目综合评价是从区域社会经济发展的角度，分析和计算房地产开发项目对区域社会经济的效益和费用，考察项目对社会经济的净贡献，判断项目的社会经济合理性。

对于一般的房地产开发项目只需进行财务评价；对于重大的、对区域社会经济发展有较大影响的房地产项目，如经济开发区项目、成片开发项目，在做出决策前应进行综合评价。

5.3.2 房地产开发项目财务评价的程序

财务评价是根据已确定的项目建设方案、投资和收入估算、融资方案等基础数据，通过编制基本财务报表，计算财务评价指标和各项财务比率，进行财务分析，做出财务评价结论。房地产开发项目财务评价大致可以分为以下程序进行。

(1) 选取和计算财务评价基础数据。在市场调研分析和投资方案分析的基础上，根据确定的项目开发建设方案，对项目进行财务预测，选取适当的价格、费率、税率、利率、基准收益率、计算期等基础数据和参数，确定项目总投资、总成本费用、租售收入、税金、利润等一系列财务基础数据，形成财务评价辅助报表。

(2) 编制财务评价基本报表，计算财务评价指标。根据财务评价辅助报表提供的基础数据，编制现金流量表、利润与利润分配表、资产负债表等财务评价基本报表，计算出各项财务评价指标数值。

(3) 进行不确定性分析和风险分析。对于影响项目财务指标的主要因素进行不确定分析，主要包括盈亏平衡分析、敏感性分析和风险分析。

(4) 做出财务评价结论。根据上述计算的财务评价指标的数值以及不确定性分析的结果，将有关指标值与基准值和目标值进行对比，得出项目在财务上是否可行的评价结论。

5.3.3 房地产开发项目财务评价主要技术经济指标

房地产开发项目财务评价技术经济指标包括静态指标和动态指标两类。其中静态指标是在不考虑资金时间价值基础上直接通过计算现金流量而建立的技术经济评价指标；动态指标则是考虑了资金时间价值因素的影响，对发生在不同时点上的收益、成本费用计算资金的时间价值，对现金流量进行等值化处理后建立的技术经济评价指标。

1. 开发商成本利润率

成本利润率是指开发项目在开发经营期内的利润占总开发成本的比率，它可以初步判断开发项目财务的可行性。其计算公式为：

$$\text{开发商成本利润率}=\frac{\text{项目总开发价值}-\text{总开发成本}}{\text{总开发成本}}\times 100\%$$

(1) 项目总开发价值的计算。总开发价值是开发项目投资的资本价值，实际上就是出售或是出租时该项目所具有的市场价值。如果项目全部售出，则项目开发总价值等于总销售收入扣除销售税金后的净销售收入；当项目用于出租时，为项目在整个持有期内所有净经营收入的现值累计之和。

(2) 项目总开发成本的计算。项目总开发成本一般包括土地费用、前期工程费、房屋开发费、管理费用、财务费用、销售费用和其他费用。具体包括：① 土地成本；② 建造成本；③ 专业人员费用；④ 其他费用；⑤ 管理费用；⑥ 财务费用(含土地费用利息、建造费用利息、其他费用利息、管理费用利息、融资费用、财务费用总额)；⑦ 市场推广及销售费用等。

在计算房地产开发项目的总开发价值和总开发成本时，可依据评价时的价格水平进行估算，因为在大多数情况下，开发项目的收入与支出受市场价格水平变动的影响大致相同，使项目收益的增长基本能抵消成本的增长。

开发商成本利润率实际是对开发商所承担的开发风险的回报。一般来说，对于一个开发期为 2～3 年的项目，项目建成后出售，其开发商成本利润率在 30%～50%之间。

【例 5-1】 某房地产开发商以 5 000 万元的价格获得了一宗占地面积为 4 000 m^2 的土地 50 年的使用权，建筑容积率为 5.5，建筑覆盖率为 60%，楼高为 14 层，1～4 层建筑面积均相等，5～14 层为塔楼（均为标准层），建造成本为 3 500 元/m^2，专业人员费用为建造成本预算的 8%，其他工程费为 460 万元，管理费用为土地费用、建造费用、专业人员费用和其他工程费之和的 3.5%，市场推广费、销售代理费和销售税费分别为销售收入的 0.5%、3.0% 和 6.5%，预计建成后售价 12 000 元/m^2。项目开发期为 3 年，建造期为 2 年，土地费用于开始时一次投入，建造费用、专业人员费用、其他工程费和管理费用在建造期内均匀投入；年贷款利率为 12%，按季度计息，融资费用为贷款利息的 10%。问项目总建筑面积、标准层每层建筑面积和开发商成本利润率分别是多少？

解 本题是针对开发完成后出售项目的成本利润率的计算实例。

1. 项目总开发价值

(1) 项目总建筑面积：4 000×5.5＝22 000(m^2)

(2) 标准层每层建筑面积：(22 000－4 000×60%×4)/10＝1 240(m^2)

(3) 项目总销售收入：22 000×12 000＝26 400(万元)

(4) 销售税费：26 400×6.5%＝1 716(万元)

(5) 项目总开发价值：26 400－1 716＝24 684(万元)

2. 项目总开发成本

(1) 土地成本：5 000 万元

(2) 建造成本：22 000×3 500＝7 700(万元)

(3) 专业人员费用(建筑师，结构、造价、机电、监理工程师等费用)：

$$7\ 700\times 8\%=616(\text{万元})$$

(4) 其他费用：460 万元

(5) 管理费用：(5 000＋7 700＋616＋460)×3.5%＝482.16(万元)

(6) 财务费用

① 土地费用利息：$5\ 000\times[(1+12\%/4)^{3\times 4}-1]=2\ 128.80$(万元)

② 建造费用、专业人员费用、其他费用、管理费用利息：

$$(7\ 700+616+460+482.16)\times[(1+12\%/4)^{(2/2)\times 4}-1]=1\ 161.98(\text{万元})$$

③ 融资费用：(2 128.80＋1 161.98)×10%＝329.08(万元)

④ 财务费用总计：2 128.80＋1 161.98＋329.08＝3 619.86(万元)

(7) 市场推广及销售代理费用：26 400×(0.5%＋3.0%)＝924(万元)

(8) 项目开发成本总计：

$$5\ 000+7\ 700+616+460+482.16+3\ 619.86+924=18\ 802.02(\text{万元})$$

3. 开发商利润：24 684－18 802.02＝5 881.98(万元)

4. 开发商成本利润率：(5 881.98/18 802.02)×100%＝31.28%

【例 5-2】 某开发商在一个中等城市以 425 万元的价格购买了一块写字楼用地 50 年的

使用权。该地规划允许建筑面积为4 500 m^2，有效面积系数为0.85。开发商通过市场研究了解到当前该地区中档写字楼的年净租金收入为420 元/m^2，银行同意提供的贷款利率为10%的基础利率上浮2个百分点，按季度计息，融资费用为贷款利息的10%。开发商的造价工程师估算的中档写字楼的建造成本为1 000 元/m^2，专业人员费用为建造成本的12.5%，其他工程费为60万元，管理费为土地费用、建造费用、专业人员费用和其他工程费之和的3.0%，市场推广及出租代理费为年租金收入的20%，当前房地产行业的长期投资收益率为9.5%。项目开发期为18个月，建造期为12个月。试通过计算开发商成本利润率对该项目进行初步评价。

解 本题为针对开发完成后用于出租的房地产开发项目成本利润率的计算实例。

1. 项目总开发价值

(1) 项目可出租建筑面积：4 500×0.85＝3 825(m^2)

(2) 项目每年净租金收入：3 825×420＝160.65(万元)

(3) 项目总开发价值 P＝160.65×(P/A,9.5%,48.5)＝1 670.32(万元)

2. 项目总开发成本

(1) 土地成本：425万元

(2) 建造成本：4 500×1 000＝450(万元)

(3) 专业人员费用(建筑师，结构、造价、机电、监理工程师等费用)：

450×12.5%＝56.25(万元)

(4) 其他工程费：60万元

(5) 管理费用：(425＋450＋56.25＋60)×3.0%＝29.74(万元)

(6) 财务费用

① 土地费用利息：$425\times[(1+12\%/4)^{1.5\times4}-1]=82.47$(万元)

② 建造费用、专业人员费用、其他工程费、管理费用利息：

$(450+56.25+60+29.74)\times[(1+12\%/4)^{0.5\times4}-1]=36.30$(万元)

③ 融资费用：(82.47＋36.30)×10%＝11.88(万元)

④ 财务费用总计：82.47＋36.30＋11.88＝130.64(万元)

(7) 市场推广及出租代理费：160.65×20%＝32.13(万元)

(8) 项目开发成本总计：

425＋450＋52.65＋60＋29.74＋130.64＋32.13＝1180.16(万元)

3. 开发商利润：1 670.32－1 180.16＝490.16(万元)

4. 开发商成本利润率为：490.16/1 180.16×100%＝41.53%

2. 投资利润率

投资利润率也称为投资收益率，是指房地产项目经营期内的年平均利润与项目总投资额的比率，它是考察投资项目单位投资盈利能力的静态指标。其计算公式为：

$$投资利润率=\frac{年平均利润总额}{项目总投资}\times100\%$$

其中

年平均利润总额＝年销售收入－年总成本－年销售税金及附加－年土地增值税

$$项目总投资=开发建设投资+经营资金$$

在财务评价中，将投资利润率和行业平均利润率对比，用来判别所投资的项目是否达到了本行业的平均水平。此外，还可以将其与一个事前确定好的基准投资利润率相比较。基准投资利润率就是可以接受的投资利润率标准，可以判定该项目的投资经济效益，一般情况下选择行业平均利润率作为基准投资利润率。对于投资利润率本身来说，计算结果越大说明该项目或者该方案的投资收益越好。当对两个或者两个以上的方案进行比较时，一般将其与基准投资利润率相比较，然后在大于基准投资利润率的方案中选择投资利润率最大者为最优。

3. 投资利税率

投资利税率是指开发项目的年平均利税总额与项目总投资的比率。其计算公式是：

$$投资利税率=\frac{年平均利税总额}{项目总投资}\times 100\%$$

其中

$$\begin{aligned}年平均利税总额&=年销售收入-年总成本\\&=年利润总额+年销售税金及附加+年土地增值税\end{aligned}$$

4. 资本金利润率

资本金利润率是指开发项目年平均利润总额与项目资本金的比率。它反映投入项目的资本金的盈利能力。一般来说，项目资本金利润率越高越好，其计算公式为：

$$资本金利润率=\frac{年平均利润总额}{项目资本金}\times 100\%$$

投资利润率、投资利税率、资本金利润率的计算都需要借助利润与利润分配表。

5. 静态投资回收期

静态投资回收期是指在不考虑资金时间价值的情况下，即不采用现金流折现，以项目的净收益来抵偿全部投资所需的时间。对于房地产开发项目，静态投资回收期自投资伊始算起，通常用年表示。其定义式为：

$$\sum_{t=0}^{P_t}(CI-CO)_t=0$$

式中，CI_t 为第 t 年的现金流入；CO_t 为第 t 年的现金流出；P_t 为静态投资回收期。

一般，静态投资回收期的计算是根据财务现金流量表中的累计净现金流量求得，计算公式为：

$$P_t=累计净现金流量开始出现正值期数-1+\frac{上期累计净现金流量的绝对值}{本期净现金流量}$$

【例 5-3】 表 5-5 为北京某房地产开发项目的现金流量表，根据表中的数据求静态投资回收期。

表 5-5　　某房地产开发项目现金流量表

项　目	第 1 年	第 2 年	第 3 年	第 4 年	第 5 年	第 6 年	第 7 年	第 8 年
现金流入	0	13 092	17 927	20 293	5 783	5 783	5 783	5 783
现金流出	23 287	10 873	7 288	5 738	2 679	2 679	2 679	2 679

续表 5-5

项　　目	第1年	第2年	第3年	第4年	第5年	第6年	第7年	第8年
净现金流量	−23 287	2 219	10 639	14 555	3 104	3 104	3 104	3 104
累计净现金流量	−23 287	−21 068	−10 429	4 126	7 230	10 334	13 438	16 542
各年现值	−20 250	1 678	6 995	8 322	1 543	1 342	1 167	1 015
累计现值	−20 250	−18 572	−11 577	−3 255	−1 712	−370	797	1 812

解　根据表 5-5 中有关数据，利用公式得

$$P_t=4-1+\frac{10\ 429}{14\ 555}=3.7(\text{年})$$

6. 动态投资回收期

动态投资回收期是在考虑资金时间价值的基础上，即采用现金流折现，项目以净收益抵偿全部投资所需要的时间，它是反映项目投资回收能力的重要指标。对于房地产开发项目来说，动态投资回收期自投资的起始点算起，当出现累计现金流等于零或者正值的年份为止。其定义式为：

$$\sum_{t=0}^{P_t}(CI-CO)_t(1+i_0)^{-t}=0$$

与根据财务报表计算静态投资回收期相似，动态投资回收期的计算公式为：

$$P_t=\text{累计净现金流量现值开始出现正值期数}-1+\frac{\text{上期累计净现金流量现值的绝对值}}{\text{本期净现金流量现值}}$$

在项目财务评价中，投资回收期与基准投资回收期相比较，如果投资回收期小于基准投资回收期，则说明项目在财务上是可以接受的。投资回收期本身的局限性表现在，它只考虑了项目回收资本的速度快慢，而忽视了投入资本的盈利能力，更没有考虑投资回收以后的收益情况，因此，只能作为财务评价的辅助指标。

7. 财务净现值

财务净现值是按设定的贴现率计算的项目计算期内净现金流量的现值之和。其计算公式为：

$$FNPV=\sum_{t=1}^{n}(CI-CO)_t(1+i_0)^{-t}$$

式中　$FNPV$——财务净现值；

n——计算期年数；

i_0——设定的折现率，通常可选用财务内部收益率的基准值(最低可接受收益率)；

其余符号意义同前。

财务净现值是考察项目盈利能力的绝对量指标，它反映项目在满足设定折现率要求的盈利之外所获得的超额盈利的现值。按照设定的折现率计算的财务净现值大于或等于零时，项目方案在财务上可考虑接受。

财务净现值指标是一个绝对数指标，只能反映项目是否盈利，并不能反映拟建项目的实际盈利水平，其计算需要事先确定折现率。在项目所有经济数据不变的情况下，令 i_0 从小到大变化，就会发现同一现金流量的财务净现值随着 i_0 的增大，发生由大到小的变化。财务净

现值和折现率的关系如图 5-1 所示。

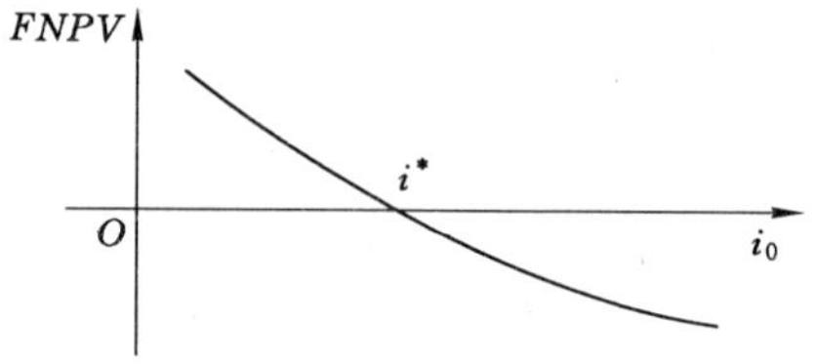

图 5-1 财务净现值与贴现率的关系图

在 $i_0=i^*$ 处，$FNPV=0$；当 $i_0<i^*$ 时，$FNPV>0$；当 $i_0>i^*$ 时，$FNPV<0$。可见，项目选择的折现率过高，可行的项目可能被否定；选择的折现率过低，不可行的项目就可能被选中。所以，在运用财务净现值指标时，要选择一个比较客观的折现率，否则，评价的结果往往“失真”，可能造成决策失误。

为了克服利用财务净现值指标评价方案或筛选方案时可能产生误差，在财务分析中，往往选择财务内部收益率作为主要的评价指标。

8. 财务内部收益率

财务内部收益率（$FIRR$）是指能使项目计算期内净现金流量净值累计等于零时的折现率，即 $FIRR$ 作为折现率使下式成立：

$$\sum_{t=1}^{n}(CI-CO)_t(1+FIRR)^{-t}=0$$

式中符号意义同前。

财务内部收益率是考察项目盈利能力的相对指标，一般通过计算机软件中配置的财务函数计算，若需要手算时，可根据现金流量表中的净现金流量采用人工试算法计算。

运用人工试算法计算财务内部收益率的基本步骤：首先选择折现率 i_1，将其代入财务净现值公式，如果此时计算出的财务净现值为正，则选择一个高于 i_1 的折现率 i_2，将其代入财务净现值公式，如果此时计算出的财务净现值仍为正，则增加 i_2 的值后，再重新计算财务净现值，直到财务净现值为负为止（如果首先选择的折现率计算使财务净现值为负，则需要降低折现率使财务净现值为正为止）。根据财务内部收益率定义可知，此时财务内部收益率必在 i_1 和 i_2 之间。

通常当试算的折现率 i 使财务净现值在零值左右摆动且先后两次试算的 i 值之差足够小，一般不超过 5%时，可用线性内插法近似求出 i。内插公式为：

$$i=i_1+\frac{FNPV_1}{FNPV_1+|FNPV_2|}(i_2-i_1)$$

式中 i——内部收益率；

i_1——较低的试算折现率；

i_2——较高的试算折现率；

$FNPV_1$——与 i_1 对应的财务净现值；

$FNPV_2$——与 i_2 对应的财务净现值。

当财务内部收益率大于或等于所设定的判别标准时，方案在财务上可以接受。项目投资内部收益率一般以基准收益率 i_0 作为判别标准。基准收益率 i_0 可采用国家、行业或专业

(总)公司统一发布的财务基准收益率,或由评价者自行设定,一般可在加权平均资金成本基础上再加上调控意愿等因素来确定财务基准收益率。

9. 清偿能力分析指标

清偿能力分析主要考察计算期内各年财务状况及偿债能力,反映项目清偿能力的主要评价指标有固定资产投资国内借款偿还期、资产负债率、偿债备付率、利息备付率。

(1) 固定资产投资国内借款偿还期。固定资产投资国内借款偿还期(简称为借款偿还期)是指在国家财税规定及项目具体财务条件下,以项目可用于还款的资金来偿还固定资产投资国内借款本金和建设期利息所需时间。

$$\text{借款偿还期} = \text{借款偿还后开始出现盈余年份数} - \text{开始借款年份} + \frac{\text{当年偿还借款额}}{\text{当年可用于还款本金额}}$$

当借款偿还期满足借款机构的要求期限时,即认为项目具有清偿能力。

(2) 资产负债率($LOAR$)。资产负债率是指项目各年年末负债总额(TL)与资产总额(TA)的比率,其计算公式为:

$$LOAR = \frac{TL}{TA} \times 100\%$$

适度的资产负债率,表明企业经营安全、稳健,具有较强的筹资能力和资金运用能力,也表明投资者和债权人的风险较小。需要指出的是,不能简单地用资产负债率的高或低来判断项目负债状况的优劣,因为过高的资产负债率表明项目财务风险太大,过低的资产负债率则表明资金利用效率太低。对资产负债率的具体判断,应结合债权人的要求、企业所处的竞争环境、行业发展趋势和国家宏观经济状况等具体条件判定。项目财务分析中,在长期债务还清后,可不再计算资产负债率。

(3) 偿债备付率($DSCR$)。偿债备付率是从偿债资金来源的充裕性角度来反映偿付债务本息的能力,是指在借款偿还期内,可用于还本付息的资金与应还本付息金额的比值。可用于还本付息的资金是指息税折旧摊销前利润减去所得税后的余额;当年应还本付息金额包括还本金额及计入总成本费用的全部利息。其计算公式为:

$$DSCR = \frac{EBITDA - T_{AX}}{PD}$$

式中,$EBITDA$ 是指息税折旧摊销前利润;T_{AX} 是指所得税;PD 是指应还本付息金额,包括还本金额和计入总成本费用的全部利息。

如果运营期间支出了维护运营的投资费用,应从分子中扣减。

偿债备付率应分年计算,分别计算在债务偿还期内各年的偿债备付率。若偿还前期的偿债备付率偏低,为分析所用,也可以补充计算债务偿还期内的年平均偿债备付率。

偿债备付率表示偿付债务本息的保证倍率,至少应大于 1,一般不宜低于 1.3,并应结合债权人的要求而定。偿债备付率低,说明用于还本付息的资金不充足,偿债风险大。当这一指标小于 1 时,表示可用于还本付息的资金不足以偿付当年债务。

(4) 利息备付率(ICR)。利息备付率是指在借款偿还期内的息税前利润与当年应付利息的比值,它从付息资金来源的充裕性角度反映支付债务利息的能力①。息税前利润等于

① 利息备付率的含义和计算公式均与财政部对企业绩效评价的“已获利息倍数”指标相同。

利润总额和当年应付利息之和，当年应付利息是指计入总成本费用的全部利息。利息备付率计算公式如下：

$$ICR = \frac{EBIT}{PI}$$

式中，$EBIT$ 是息税前利润；PI 是计入总成本费用的全部利息。

利息备付率应分年计算[①]，分别计算在债务偿还期内各年的利息备付率。若偿还前期的利息备付率数值偏低，为分析所用，也可以补充计算债务偿还期内的年平均利息备付率。

利息备付率表示利息支付的保证倍率，对于正常经营的企业，利息备付率至少应大于1，一般不宜低于2，并结合债权人的要求确定。利息备付率高，表明利息偿付的保障程度高，偿债风险小；利息备付率小于1，表示没有足够资金支付利息，偿债风险大。

5.3.4 房地产开发项目财务评价报表

房地产开发项目财务评价报表包括基本报表和辅助报表。一些基础性数据都存储于辅助报表中，包括项目总投资估算表、开发建设投资估算表、经营成本估算表、土地费用估算表、前期工程费估算表、基础设施建设费估算表、公共配套设施建设费估算表、开发期税费估算表、其他费用估算表、销售收入与经营税金及附加估算表、出租收入与经营税金及附加估算表、投资计划与资金筹措表等。这些辅助报表通过某种钩稽关系生成基本报表。通过基本报表可以对项目进行财务盈利能力、清偿能力和财务生存能力等分析。这里主要介绍房地产开发项目常用的基本报表，如现金流量表、利润与利润分配表、财务计划现金流量表、资产负债表。

1. 现金流量表

现金流量表是根据项目在计算期内各年的现金流入和现金流出，计算各年净现金流量的财务报表。通过财务现金流量表可以计算动态和静态的评价指标，全面反映项目本身的财务盈利能力。按照投资计算基础的不同，现金流量表一般分为项目投资现金流量表、资本金现金流量表、投资各方现金流量表。

(1) 项目投资现金流量表。该表不分投资资金来源，以项目投资（全部投资）作为计算基础，用以计算项目投资财务内部收益率、财务净现值及投资回收期等评价指标，考察房地产开发项目方案设计的合理性，为各个投资方案（不考虑其资金来源和利息）进行比较建立共同的基础。项目投资现金流量见表 5-6。

表 5-6　　项目投资现金流量表　　单位：万元

序号	项　　目	合计	计算期					
			1	2	3	4	…	n
1	现金流入							
1.1	营业（销售、出租、自营）收入							

① 也有观点认为可以按整个借款偿还期综合计算。但一般认为分年计算的利息备付率更能反映项目的偿债能力。

续表 5-6

序号	项　　目	合计	计 算 期					
			1	2	3	4	…	n
1.2	补贴收入							
1.3	回收固定资产余额							
1.4	回收流动资金							
2	现金流出							
2.1	开发建设投资							
2.2	流动资金							
2.3	经营成本							
2.4	营业税金及附加							
2.5	土地增值税							
3	所得税前净现金流量							
4	累计所得税前净现金流量							
5	调整所得税							
6	所得税后净现金流量							
7	累计所得税后净现金流量							

计算指标：　　　　所得税前　　　　所得税后

项目投资财务内部收益率(%)

项目投资财务净现值（%）

项目投资回收期(年)

(2) 资本金现金流量表。该表从投资者整体的角度出发，以投资者的出资额作为计算基础，把借款本金偿还和利息支付视为现金流出，用以计算资本金财务内部收益率、财务净现值等指标，考察项目资本金的盈利能力。项目资本金现金流量见表 5-7。

表 5-7　　项目资本金现金流量表　　单位：万元

序号	项　　目	合计	计 算 期					
			1	2	3	4	…	n
1	现金收入							
1.1	营业(销售、出租、自营)收入							
1.2	补贴收入							
1.3	回收固定资产余额							
1.4	回收流动资金							
2	现金流出							
2.1	项目资本金投入							
2.2	借款本金偿还							
2.3	借款利息支付							
2.4	经营成本							

续表 5-7

序号	项　　目	合计	计 算 期					
			1	2	3	4	…	n
2.5	营业税金及附加							
2.6	土地增值税							
2.7	所得税							
3	税后净现金流量(1－2)							
4	税前净现金流量(3＋2.7)							
计算指标：		所得税前		所得税后				
资本金财务内部收益率(%)								

(3) 投资各方现金流量表。该表以投资者各方的出资额作为计算基础，用以计算投资各方财务内部收益率、财务净现值等评价指标，反映投资各方投入资本的盈利能力。投资各方现金流量见表 5-8。

表 5-8　　投资各方现金流量表　　单位：万元

序号	项　　目	合计	计 算 期					
			1	2	3	4	…	n
1	现金流入							
1.1	实分利润							
1.2	资产处置收益分配							
1.3	租赁费收入							
1.4	技术转让或使用收入							
1.5	其他现金收入							
2	现金流出							
2.1	实缴资本							
2.2	租赁资产支出							
2.3	其他现金流出							
3	净现金流量(1－2)							
计算指标：								
投资各方财务内部收益率(%)								

2. 利润与利润分配表

利润与利润分配表反映房地产开发项目计算期内各年的利润总额、所得税及税后利润的分配情况，见表 5-9。该表可用以计算投资利润率、投资利税率和资本金利润率等指标。

3. 财务计划现金流量表

财务计划现金流量是国际上通用的财务报表，该表全面反映计算期内各年的投资活动、融资活动和经营活动所产生的现金流入、现金流出和净现金流量，考察房地产开发项目在整个计算期内的资金充裕程度，用于分析财务可持续性，判断财务生存能力。该表是表示财务状况的重要财务报表，绝大部分数据可来自其他表格。财务计划现金流量见表 5-10。

表 5-9 **利润与利润分配表**

序号	项　目	合计	计算期					
			1	2	3	4	…	*n*
1	营业收入							
2	营业税金及附加							
3	总成本费用							
4	补贴收入							
5	利润总额							
6	弥补以前年度亏损							
7	应纳税所得额							
8	所得税							
9	净利润							
10	期初未分配利润							
11	可供分配利润							
12	盈余公积金							
13	应付利润							
17	未分配利润							
18	累计未分配利润							

表 5-10 **财务计划现金流量表** 单位:万元

序号	项　目	合计	计算期					
			1	2	3	4	…	*n*
1	经营活动净现金流量							
1.1	现金流入							
1.1.1	营业收入							
1.1.2	补贴收入							
1.1.3	其他流入							
1.2	现金流出							
1.2.1	经营成本							
1.2.2	营业税金及附加							
1.2.3	所得税							
1.2.4	其他流出							
2	投资活动净现金流量							
2.1	现金流入							
2.2	现金流出							
2.2.1	建设投资							
2.2.2	维持运营投资							
2.2.3	流动资金							

续表 5-10

序号	项　　目	合计	计算期					
			1	2	3	4	…	n
2.2.4	其他流出							
3	筹资活动净现金流量							
3.1	现金流入							
3.1.1	项目资本金投入							
3.1.2	建设投资借款							
3.1.3	流动资金借款							
3.1.4	债券							
3.1.5	短期借款							
3.1.6	其他流入							
3.2	现金流出							
3.2.1	各种利息支出							
3.2.2	偿还债务本金							
3.2.3	应付利润(股利分配)							
3.2.4	其他流出							
4	净现金流量(1+2+3)							
5	累计盈余资金							

4. 资产负债表

资产负债表反映企业一定日期全部资产、负债和所有者权益的情况。在对房地产开发项目进行独立的财务评价时,不需要编制资产负债表。但当房地产开发公司开发或投资一个新的房地产项目时,通常需要编制该企业的资产负债表,以计算资产负债率、流动比率、速动比率等反映企业财务状况和清偿能力的指标。

5.4 不确定性分析和风险分析

房地产开发项目进行经济评价所采用的数据多来自预测和估算,而未来的发展情况不能完全与这些数据相符,导致财务评价结果具有一定程度的不确定性,从而为项目开发决策带来风险。不确定性分析是对影响房地产开发项目的主要不确定性因素进行分析,测算它们的增减变化对项目效益的影响,找出最主要的敏感因素及其临界点的过程;风险分析则是识别风险因素、估计风险概率、评价风险影响程度并制定风险对策的过程。

通过房地产开发投资的不确定性分析和风险分析,可以使投资者根据开发项目风险的大小和特点,确定合理的投资收益水平,提出控制风险的方案,有重点地加强对风险的防范和控制。目前,不确定性分析的方法主要有盈亏平衡分析、敏感性分析。

5.4.1 盈亏平衡分析

1. 盈亏平衡分析的概念

盈亏平衡分析又称为量本利分析，是通过分析项目的产销量和成本、收入之间的函数关系，从而找出产销量和项目盈亏关系的一种分析方法。盈亏平衡分析主要是借助盈亏平衡点的确定来判断项目对不确定性因素的承受能力。盈亏平衡点是指项目盈利与亏损的分界点，在这一点上，项目的收入和支出持平，净收益为零。盈亏平衡点的表达方式有多种，既可用实物产量、单位产品售价、单位产品可变成本以及销售收入等绝对量表示，也可用生产能力利用率等相对量表示。

盈亏平衡分析有线性盈亏平衡分析和非线性盈亏平衡分析。当产销量的变化不影响市场销售价格和生产成本时，成本与产量、销售收入与销售量之间呈线性关系，此时的盈亏平衡分析就是线性盈亏平衡分析。当市场上存在垄断竞争因素的影响时，产销量的变化会导致销售价格和生产成本的变化，此时的成本与产量、销售收入与销量之间呈非线性关系，所对应的盈亏平衡分析就是非线性盈亏平衡分析。在实际工作中，线性盈亏平衡分析最为常用，因此这里介绍线性盈亏平衡分析的方法。

2. 线性盈亏平衡分析的基本原理

线性盈亏平衡分析模型需要满足五个前提条件：一是将产品的生产成本划分为固定成本和变动成本；二是产品销量和产量相等，即开发的房地产产品都能租售出去；三是同时开发几种不同类型的房地产产品时，应将其组合折算为一种产品；四是固定成本和单价在租售期间保持不变；五是所采用的数据均为正常经营年度的数据。

对某房地产开发项目，设总成本为 C，其中固定成本为 C_f，可变成本为 C_v，单位产品成本为 v，开发数量（销售数量）为 Q，则有：

$$C = C_f + C_v = C_f + vQ$$

设销售收入（扣除销售税金及附加）为 S，单位产品销售税金及附加为 t，销售单价（含销售税金及附加）为 p，则有：

$$S = pQ - tQ$$

设利润为 E，则有：

$$E = S - C = (pQ - tQ) - (C_f + vQ) = (p - v - t)Q - C_f$$

当盈亏平衡时，$E=0$，设此时的开发数量（销售量）为 Q^*，则有：

$$E = (p - v - t)Q^* - C_f = 0$$

移项，得到：

$$Q^* = \frac{C_f}{p - v - t}$$

此时的 Q^* 即为用开发数量表示的盈亏平衡点。

另外，盈亏平衡点还可采用以下方式表示：

用销售收入表示的盈亏平衡点为：

$$I_* = pQ^* = \frac{pC_f}{p - C_v - t}$$

用生产能力利用率表示的盈亏平衡点为：

$$f = \frac{Q^*}{Q}$$

用销售价格表示的盈亏平衡点为：

$$p^* = \frac{C_f}{Q} + C_v + t$$

用单位产品变动成本表示的盈亏平衡点：

$$C_v^* = p - \frac{C_f}{Q} - t$$

3. 房地产开发项目盈亏平衡分析应用

在对房地产开发项目进行财务评价过程中，不难发现其房地产产品面积、成本、利润三者之间存在如下关系，即

销售利润＝产品销售收入－总投资额－税金

产品销售收入＝销售面积×单位面积销售价格

总投资额＝固定成本＋变动成本

由上述关系可知，房地产产品面积、成本、利润之间的关系适用线性盈亏平衡分析基本原理。利用线性盈亏平衡分析法，分析房地产项目的临界点和保本点。其中，临界点是指房地产开发项目达到社会平均收益水平下，项目的盈亏平衡点；保本点是指房地产开发项目利润为零时，项目的盈亏平衡点。

【例 5-4】 某房地产项目销售价格为 4 000 元/m²，可供销售面积为 10 000 m²，固定成本为 1 200 万元，可变成本为 1 400 元/m²，单位产品销售税金为销售收入的 6.5%。设行业基准收益率为 12%，其中土地成本为 1 100 万元。试分析项目的盈亏平衡。

解 由题意可知：

$$p = 4\ 000 \text{元/m}^2, Q = 10\ 000 \text{ m}^2, C_f = 1\ 200 \text{万元}, C_v = 1\ 400 \text{元/m}^2,$$

$$t = 4\ 000 \text{元/m}^2 \times 6.5\% = 260(\text{元/m}^2)$$

(1) 盈亏平衡产量。当销售量为最低销售量时，销售收入与总成本相等，此时利润为零。本题中，最低销售数量为：

$$Q^* = \frac{12\ 000\ 000}{4\ 000 - 1\ 400 - 260} = 5\ 128(\text{m}^2)$$

(2) 盈亏平衡价格。最低销售价格是指房地产项目售价下降到最低可接受收益水平下时的价格，如果低于该价格，项目盈利水平将不能满足预定的要求，最低售价与预测售价之间的差距越大，说明房地产项目抗市场风险能力越强。本题中，根据题意，当房地产项目价格为最低售价时，有：

$$(p^* - 1\ 400 - p^* \times 6.5\%) \times 10\ 000 - 12\ 000\ 000 = 0$$

求解，得

$$p^* = 2\ 781(\text{元/m}^2)$$

如果考虑达到最低盈利水平，则有：

$$(p^* - 1\ 400 - p^* \times 6.5\% - p^* \times 12\%) \times 10\ 000 - 12\ 000\ 000 = 0$$

求解，得

$$p^* = 3\ 190(\text{元/m}^2)$$

(3) 盈亏平衡土地成本。土地成本是营销房地产销售开发效益的重要因素之一。最高

土地取得价格是指在房地产项目销售额和其他费用不变的情况下，保持预期收益水平所能承受的最高土地价格。当超过这一价格时，项目则无法获得足够的收益。最高土地取得价格与实际预测的土地价格之间的差距越大，说明项目抗市场风险能力越强。本题中，当盈亏平衡时，有：

$$(4\ 000-4\ 000\times 6.5\%-4\ 000\times 12\%)\times 10\ 000$$
$$=12\ 000\ 000-11\ 000\ 000+1\ 400\times 10\ 000+p^{*}_{土地}$$

求解，得

$$p^{*}_{土地}=1\ 760(万元)$$

(4) 盈亏平衡工程费用。最高工程费用是指在预定销售情况下，满足预期的项目收益要求所能承受的最高工程费用。当土地为熟地时，土地开发成本很小，最高工程费用是指最高建筑工程费用。最高工程费用与实际预测工程费用的差距越大，说明项目抵抗工程费用增加的风险的能力越强。本题中，当盈亏平衡时，有：

$$(4\ 000-4\ 000\times 6.5\%-4\ 000\times 12\%)\times 10\ 000=11\ 000\ 000+C^{*}_{工程费}$$

求解，得

$$C^{*}_{工程费}=2\ 160(万元)$$

4. 盈亏平衡分析方法的优缺点

盈亏平衡点反映了项目对市场的适应能力和抗风险能力，计算简单明了，但其缺点也很明显。首先，盈亏平衡分析不能解释产生项目风险的根源；其次，盈亏平衡模型是在一些理想的假设前提下建立的，分析具有一定的局限性；另外，盈亏平衡分析也没有考虑资金的时间价值因素的影响，属于静态分析。

5.4.2 敏感性分析

1. 敏感性分析的概念

敏感性分析是在确定性分析的基础上，进一步分析、预测项目主要不确定因素的变化对项目评价指标的影响，从中找出敏感因素，确定评价指标对该因素的敏感程度和项目对其变化的承受能力的分析方法。

敏感性分析是项目评价不确定性分析中被广泛应用的主要方法之一，是初步识别风险因素的重要手段。如果某变动因素变化幅度很小，但对项目经济指标的影响很大，则认为项目对该变量很敏感。在实际工作中，对经济效果指标的敏感性影响大的因素，要加以严格控制和掌握。根据不确定性因素每次变动数目的多少，敏感性分析可以分为单因素敏感性分析和多因素敏感性分析。

2. 敏感性分析的作用

通过敏感性分析，可以研究各种不确定因素变动对项目经济效益的影响程度，了解项目的风险根源和风险大小，还可筛选出若干最为敏感的因素，有利于对它们集中力量研究，重点调查和搜集资料，尽量降低因素的不确定性，进而降低投资风险。因此，敏感性分析可以帮助决策者了解不确定因素对评价指标的影响，从而提高决策的准确性。

另外，通过敏感性分析，可以明确不确定因素在什么范围内变化能使项目的经济效益最好，在什么范围内变化能使项目的经济效益情况最差等这类最乐观和最悲观的边界条件或边界数值，可以启发评估人员对那些敏感因素重新进行分析研究，以提高预测的准确性。

3. 敏感性分析的方法与步骤

敏感性分析通常是改变一种不确定因素的数值，计算其对项目效益指标的影响，通过计算敏感度系数和临界点，估计项目效益指标对它们的敏感程度，进而确定关键的敏感因素。通常将敏感性分析的结果汇总于敏感性分析表，也可通过绘制敏感性分析图显示各种因素的敏感程度。具体可以按照以下步骤实施。

（1）选取不确定因素。不确定因素指那些在项目决策论证过程中涉及的、对项目效益有一定影响的基本因素。敏感性分析不用对全部因素都进行分析，而只是对那些影响较大的、重要的不确定因素进行分析。不确定因素的选取需要结合房地产业和项目特点参考类似项目的经验进行，特别是项目后评价的经验。

（2）确定不确定因素的变化程度。敏感性分析通常是针对不确定因素的不利变化而进行，为绘制敏感性分析图的需要也可考虑不确定因素的有利变化。习惯上常选取±10%。对于那些不便使用百分数表示的因素，如建设工期和经营期等，可采用延长一段时间表示，例如延长一年。

百分数的取值其实并不重要。因为敏感性分析的目的并不在于考察项目效益在某个具体的百分数变化下发生变动的具体数值，而只是借助它进一步计算敏感性分析指标，即敏感度系数和临界点。

（3）选取分析指标。衡量房地产项目经济效果的指标有很多，敏感性分析的工作量大，对于每一个指标都进行敏感性分析显然是不现实的，也是没有必要的，只需选择那些最能反映项目投资的经济评价指标作为分析指标，如财务内部收益率、财务净现值、投资回收期、开发商利润等。

（4）计算敏感性指标。常用的敏感性指标有敏感度系数。

敏感度系数是项目效益指标变化率与不确定因素变化率之比。计算公式为：

$$\text{敏感度系数}=\frac{\text{评价指标相对基本方案的变化率}}{\text{不确定因素的变化率}}\times 100\%$$

敏感度系数大于零，表示评价指标与不确定因素同方向变化；敏感度系数小于零，表示呈反方向变化。其绝对值越大，表示敏感度系数越高，项目效益对该不确定因素的敏感程度越高。敏感度系数的计算结果可能受到不确定因素变化率取值不同而有所变化。但其数值大小并非是计算该指标的目的，重要的是各不确定因素敏感度系数的相对值，借此了解各不确定因素的相对影响程度，以选出敏感度较大的不确定因素。

（5）确定敏感性因素。各因素的变化都会引起效益指标的一定变化，但其影响程度却各不相同。有些因素小幅度的变化，就能引起经济评价指标发生较大幅度的波动；而另一类因素即使发生了较大幅度的变化，对经济效益评价指标的影响也不是很大。我们把前一类因素称为敏感性因素，后一类则称为非敏感性因素。敏感性分析结果可以采用敏感性分析表和敏感性分析图的形式表达出来。

敏感性分析表中应同时给出基本方案的指标数值、所考虑的不确定因素及其变化以及在这些不确定因素变化的情况下，项目效益指标的计算数值、各不确定因素的敏感度系数和临界点（见表5-11）。

表 5-11 敏感性分析表

序号	不确定因素	不确定因素变化率	项目投资财务内部收益率	敏感度系数	临界点(基准收益率12%)
	基本方案		15.3%		
1	建造成本	10%	12.6%	−1.76	12.3%
		−10%	18.4%	−2.04	
2	销售价格	10%	19.6%	2.81	7.1%
		−10%	10.6%	3.05	
3	建材价格	10%	13.8%	−0.98	22.4%
		−10%	16.7%	−0.94	
4	租售代理费	10%	14.2%	−0.71	32.2%
		−10%	16.4%	−0.75	
5	建筑面积	10%	17.9%	1.72	−11.2%
		−10%	12.4%	1.92	

根据敏感性分析表中的数值可以绘制敏感性分析图，横轴为不确定因素变化率，纵轴为项目效益指标。图 5-2 为典型的敏感性分析图。

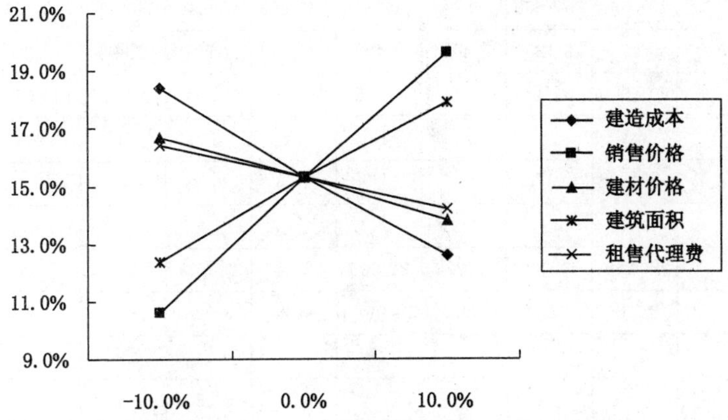

图 5-2 敏感性分析图

(6) 对敏感性分析结果进行分析

结合确定性分析与敏感性分析的结果，粗略预测项目可能的风险，对项目作进一步评价，并为下一步风险分析打下基础，同时还可以进一步寻找相应的控制风险的对策。具体可以按以下步骤进行分析：

① 将敏感度系数及临界点的计算结果进行排序，找出较为敏感的不确定因素。

② 定性分析临界点所表示的不确定因素变化发生的可能性。

③ 归纳敏感性分析的结论，找出最敏感的一个或几个关键因素，粗略预测项目可能的风险。

如果进行敏感性分析的目的是对不同的投资项目进行比选，一般应选择敏感性程度小、承受风险能力强、可靠性大的项目或方案。

【例 5-5】 某开发商拟在其以 20 万美元购置的一块土地上开发一栋普通写字楼，规划允许建筑面积 2 000 m^2，建造成本为 200 美元/m^2，项目的准备期为 3 个月，建造期为 12 个月，第 4 个月到第 15 个月投入的建造成本分别占总建筑成本的 3.8%、4.7%、5.8%、6.9%、8.6%、10.3%、12.7%、13.5%、11.9%、8.5%、6.8%和 6.5%。预计项目投入使用后年租金收入为 6 万美元，贷款利率为 15%。用现金流法对该项目进行评估的结果见表 5-12。试对项目进行敏感性分析。

表 5-12　　某房地产开发项目现金流量表　　单位：美元

月份	0	1	2	3	4	5	6	7	8	9
地价	200 000									
土地购置费用	7 000									
建造成本					14 440	17 860	22 040	26 220	32 680	39 140
专业人员费用					1 805	2 233	2 755	3 278	4 085	4 893
代理费										
广告宣传费用										
小计	207 000	0	0	0	16 245	20 093	24 795	29 498	36 765	44 033
结转余额		207 000	209 425	211 878	214 360	233 116	255 940	283 733	316 555	357 029
总计	207 000	207 000	209 425	211 878	230 605	253 209	280 735	313 231	353 320	401 062
贷款利息		2 425	2 453	2 482	2 511	2 731	2 998	3 324	3 709	4 182
结转余额	207 000	209 425	211 878	214 360	233 116	255 940	283 733	316 555	357 029	405 244

月份	10	11	12	13	14	15	16	17	18	合计
地价										200 000
土地购置费用										7 000
建造成本	48 260	51 300	45 220	32 300	25 840	24 700			*20 000	400 000
专业人员费用	6 033	6 413	5 653	4 038	3 230	3 088			2 500	50 000
代理费									9 750	9 750
广告宣传费用						5 250				5 250
小计	54 293	57 713	50 873	36 338	29 070	33 038	0	0	32 250	
结转余额	405 244	464 284	527 436	584 488	627 675	664 098	704 915	713 173	721 527	
总计	459 537	521 997	578 309	620 826	656 745	697 136	704 915	713 173	753 777	
贷款利息	4 747	5 439	6 179	6 849	7 353	7 779	8 258	8 354	8 452	90 223
结转余额	464 284	527 436	584 488	627 675	664 098	704 915	713 173	721 527	762 229	

评价结论：项目总开发成本为 762 223 美元；总开发价值为 65 000÷7.38%＝880 759 美元；开发商利润为 118 235 美元，开发商成本利润率为 15.5%。

注意：各项数字均由计算机取整，* 表示第 18 个月的建造成本为缺陷责任期保留金，其数量为合约总额的 5%，其余额和期限一般依项目的不同而有所变化。

解：

(1) 单因素敏感性分析(假设变动幅度为±10%)，见表 5-13。

表 5-13 开发商利润的变动(敏感性)分析

不确定性因素(原始值) \ 变动幅度	原始值−10%	原始值+10%
地价(200 000 美元)	+27.31	−25.57
利率(15%)	+10.16	−9.94
建造成本(200 美元/m^2)	+55.04	−48.37
租金(32.5 美元/m^2)	−77.41	+79.57
建筑面积(2 000/m^2)	−28.91	+25.30
专业人员费用(12.5%)	+5.77	−5.70
投资收益率(7%)	+88.33	−72.27
租售代理费(15%)	+0.97	−1.04
广告宣传费(5 250 美元)	+0.56	−0.55
土地购置附加费(3.5%)	+0.90	−0.90

(2) 多因素敏感性分析,见表 5-14。

表 5-14 租金、建造成本共同变化对开发商利润的影响

建造成本(美元/m^2) \ 租金(美元/m^2)	30	31.5	32.5	35	37.5	40
185	11.09	16.58	20.23	29.34	38.44	47.52
200	5.69	10.91	14.39	23.07	31.76	30.37
215	−0.79	5.77	9.09	17.37	25.64	33.89
230	−3.68	1.09	4.26	12.18	20.08	27.98
250	−9.05	−4.55	−1.55	5.93	13.4	20.86

上述分析方法是敏感性分析中最基本的方法,它给开发商提供了关于项目营利性的有用信息和它对变动因素的敏感性,同时指出了哪些因素是最关键的因素。但该分析方法忽视了各因素之间的相互作用关系。在实际项目开发过程中很可能有几个因素同时发生变化,因此有必要做更进一步的敏感性分析,以弥补上述方法的不足。

4. 敏感性分析的“三项预测值法”

单变量敏感性分析法忽略了各变量之间的相互作用。在一般情况下,多变量同时发生变化所造成的评价结果失真比单变量大。因此,对一些重要的且投资额大的开发项目,除了要进行单变量敏感性分析外,还应进行多变量敏感性分析。“三项预测值法”是多因素敏感性分析方法中的一种。其基本思路是:对房地产开发项目中所涉及的变动因素,分别给出三个预测估计值,即:最乐观预测值、最可能预测值、最悲观预测值。然后根据各变动因素三个预测值的相互作用来分析、判断开发商利润受影响的情况。

在前一项目中,经过对市场的全面调查研究后,分别给出各评价变量的三项预测值,如表 5-15 所示。

表 5-15 评价变量的三项预测值

变　量	最乐观情况	最可能情况	最悲观情况
租金增长情况(每年)	7%	5%	3%
投资收益率	6.5%	7%	7.5%
建造成本增长情况(每年)	6%	7.55	9%
贷款利率	10%	13%	16%
建造期	12 个月	12 个月	12 个月
租售期	建成即租出	3 个月	6 个月
准备期	3 个月	3 个月	6 个月
土地成本(美元)	200 000	200 000	200 000

当然,对各变量三项预测值的估计并非一件易事,它依赖于评价人员的专业水平和其所拥有的市场资料的完整性。从表 5-15 中可以看出,共有 8 个不确定变量,每个变量有 3 个估计值,故共有 6 561 种组合情况。如果用人工分别计算每一种组合情况的结果是相当复杂的,在实际评价过程中,评价人员可采用计算机运算,工作量并不太大。

如果将表 5-15 中 8 个变量全部按最乐观情况考虑,或者全部按最可能情况和最悲观情况考虑,则可以得出开发项目最有用的 3 组结果,如表 5-16 所示。

表 5-16 不同状态下的评价结果

变量状态	最乐观情况	最可能情况	最悲观情况	原始评价值
开发商利润(美元)	266 841	199 444	38 539	118 235
占总开发价值的百分比	24.5%	20.0%	4.2%	13.4%
占总开发成本的百分比	33.4%	25.6%	4.5%	15.5%
在原有评价结果基础上的变化	+126%	+69%	−67%	—

表 5-16 中的结果表明,当变量发生变化时,开发商利润大约在 38 539～266 841 美元之间变化,最可能的利润大约为 199 444 元。

一般来说,评价中所涉及的变量全部为最乐观或最悲观情况,在实际开发过程中是很少出现的,除非政府给予某种特别优惠的政策或宏观经济出现全面萧条。但不管怎样,对评价变量进行全面分析,有助于开发商或投资商进行正确的决策。

5.4.3 风险分析

不确定性分析是在风险因素确定发生概率未知条件下的抗风险分析,不能提供项目盈利变化可能性的大小,不能替代风险分析。

1. 风险分析的概念与流程

项目风险分析是认识项目可能存在的潜在风险因素,估计这些因素发生的可能性及由此造成的影响,分析为防止或减少不利影响而采取对策的一系列活动,它包括风险识别、风险估计、风险评价和风险对策四个基本阶段。风险所经历的四个阶段,实际上是从定性分析到定量分析,再从定量分析到定性分析的过程。其基本流程如图 5-3 所示。

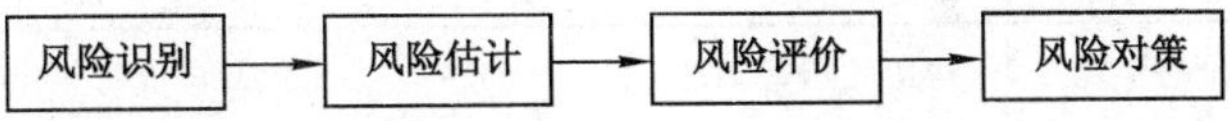

图 5-3 风险分析流程

(1) 风险识别。风险识别是风险分析的基础。风险因素识别首先要认识和确定项目可能存在的风险,这些风险因素会给项目带来什么影响,具体原因又是什么;同时结合风险程度的估计,找出项目的主要风险因素。

风险因素的识别需要建立在对风险特征充分认识的基础上,只有把项目主要的风险因素揭示出来,才能进一步通过风险评估确定损失程度和发生的可能性,进而找出关键风险因素,提出风险对策。

风险识别要根据房地产开发项目特点和所处环境的具体情况,采用适当的方法进行。常用的方法主要有系统分解法、专家调查法、故障树、事件树、问卷调查和幕景分析等。

(2) 风险估计。风险估计是估计风险发生的可能性及其对项目的影响程度。通常采用定性分析与定量分析相结合的估计方法。首先进行定性估计,然后进行定量估计。定性估计通常采用专家调查法,定量估计通常采用解析法、蒙特卡洛法。

(3) 风险评价。风险评价是在风险估计的基础上,通过相应的指标体系和评价标准,对风险程度进行划分,以揭示影响项目成败的关键风险因素,以便针对关键风险因素,采取防范对策。根据风险因素对建设项目影响程度的大小,将风险程度划分为较小风险、一般风险、较大风险和严重风险。

(4) 风险对策。对于风险分析中发现的关键风险因素,由于它对项目的成败具有重大影响,需要采取应对措施,尽可能降低风险的不利影响,以实现预期投资效益。

2. 风险分析中的概率确定方法

风险分析中的解析法和蒙特卡洛法,实际上都是采用了概率分析来研究不确定性因素对房地产开发效益指标的影响。前者主要解决一些简单的风险问题,比如只有一个或少数变量是随机变量,一般不多于 2～3 个变量的情况;后者则主要适用于具有多个变量,每个变量又有多种甚至无限多种取值时的评价。通过分析不确定性因素的变化情况和发生概率,计算在不同概率条件下房地产项目的经济评价指标,就可以说明房地产开发项目在特定收益状况下的风险程度。

概率确定一般遵循如下的步骤:① 列出需要确定概率的风险因素;② 选择评价所用的经济评价指标;③ 分析每个风险因素的发生概率;④ 计算在规定的概率条件下经济评价指标的累计概率,并确定临界点发生的概率。

在房地产开发项目评价中,确定各变量发生的概率是风险分析的第一步,也是十分关键的一步。概率有主观概率和客观概率之分。主观概率主要适用于项目决策前期,这个时期往往缺乏具体数据资料,主要依据业内专家的经验和决策者的意向而确定;客观概率是在某因素过去长期历史数据基础上进行统计、归纳得出的。比如,假设某地区房地产开发项目的发包价和建造成本从 2001～2016 年的变动情况见表 5-17,通过归纳后,预测 2017～2021 年间发包价的增长率大约为每年 8%,建造成本的增长率大约为每年 6%～7%。

表 5-17　　发包价与建造成本的变动

统计年份	发包价每年比上一年增长率	建造成本每年比上一年增长率	统计年份	发包价每年比上一年增长率	建造成本每年比上一年增长率
2001	12.5%	9.0%	2010	23.5%	19.5%
2002	27.0%	9.0%	2011	2.5%	12.0%
2003	37.0%	18.0%	2012	−1.0%	10.5%
2004	10.0%	18.5%	2013	3.5%	6.5%
2005	2.5%	23.5%	2014	5.5%	5.5%
2006	−0.5%	18.5%	2015	4.0%	5.5%
2007	7.5%	13.0%	2016	5.5%	5.5%
2008	15.0%	9.0%	2017～2021年预测值	8%(每年)	6%～7%(每年)
2009	24.5%	15.0%			

在此基础上进一步分析了2017～2021年间该地区房地产开发项目发包价和建造成本增长情况的各种发生概率(概率的确定也可采用模糊数学的方法来进行)。以建造成本为例,分析结果如表5-18所示。

表 5-18　　建造成本变动的概率与概率累计值

预测年份	建造成本每年可能增长	发生的概率	概率累计值
2017	5.0%	0.10	0.10
2018	6.0%	0.25	0.35
2019	7.5%	0.40	0.75
2020	8.5%	0.20	0.95
2021	10.0%	0.05	1.00

这一分析结果还可以用频度/概率分析图表示,如图5-4和图5-5所示。图5-4显示了可能遇到的每一建筑成本增长值所对应的概率;图5-5则显示了建造成本增长情况的累计概率分布,同时也表明了增长的概率可能会小于或大于某一特定的数值。由于房地产开发项目评价中的各种变量,常常缺乏足够的历史统计资料,因而大多情况下不能完全用建立在大量统计数据基础上的客观概率来表达。在实践中,人们经常使用建立在主观估计基础上的主观概率分布。

3. 蒙特卡洛法

蒙特卡洛法又称为模拟法或统计试验法,该方法运用蒙特卡洛模拟的统计功能,自动对项目评价中涉及的每个变量的数值进行选择和组合。这种方法的优点是无须进行复杂的运算,就可以得到一个足够准确的近似结果。其实施步骤一般分为三步。

(1) 分析每一可变因素可能变化的范围并确定这些变化的概率分布。这可以用一个简单的概率表来完成,如果建造成本变动的概率分布仍如前面假设的那样,则得到表5-19。某一数值如果有10%的机会出现,就说明在总共100次机会中它有出现10次的可能。从表5-19可以看出,建造成本每年增长5%的可能性为10%,就定义其随机数为1～10之间

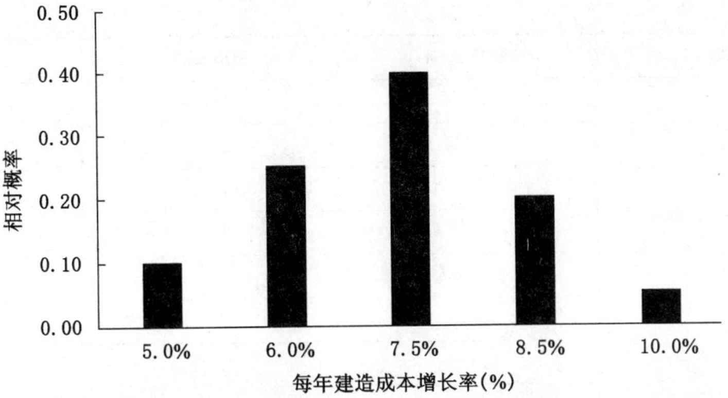

图 5-4 建造成本增长值的概率分布图

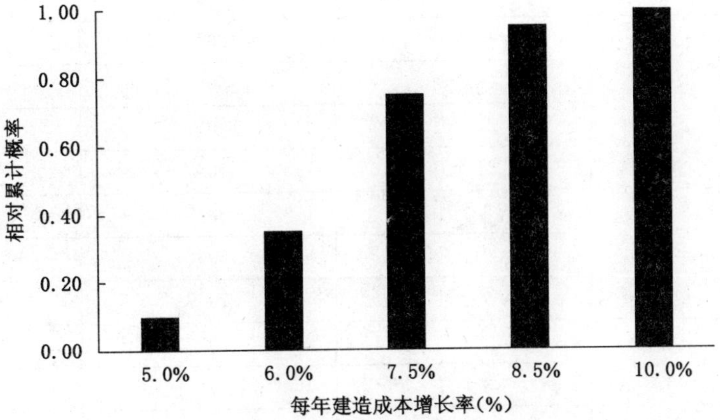

图 5-5 建造成本增长值的累计概率分布图

的各数，如果每年增长率为6%，其发生的概率为25%，则其对应的随机数为11～35，其余可依此类推。

表 5-19 建造成本变动的概率分布

可变因素	变化范围	相应概率	随机数
租金(开发期内年增长率)	0	15%	1～15
	+3%	20%	16～35
	+5%	40%	36～75
	+7%	20%	76～95
	+10%	5%	96～100
资本化率	6.5%	5%	1～5
	6.75%	15%	6～20
	7%	50%	21～70
	7.25%	20%	71～90
	7.5%	10%	91～100

续表 5-19

可变因素	变化范围	相应概率	随机数
建造成本年增长率	+5%	10%	1～10
	+6%	25%	11～35
	+7.5%	40%	36～75
	+8.5%	20%	76～95
	+10%	5%	96～100
贷款利率	12%	5%	1～5
	13%	20%	6～25
	14%	40%	26～65
	15%	25%	66～90
	16%	10	91～100
建造期	15 个月	20%	1～20
	18 个月	50%	21～70
	21 个月	20%	71～90
	24 个月	10%	91～100
准备期	3 个月	20%	1～20
	6 个月	60%	21～80
	9 个月	20%	81～100
租售期	0	20%	1～20
	3 个月	20%	21～40
	6 个月	40%	41～80
	9 个月	15%	81～95
	12 个月	5%	96～100

(2) 通过模拟试验随机选取各随机变量的值，并使选择的随机值符合各自的概率分布，为此可使用随机数或直接用计算机求出随机数。例如，使用计算机求出租金增长率的随机数为 22，则根据表 5-19 可知，该随机数介于 16～35 之间，对应的年租金增长率为+3%。依次对其他变量产生的随机数分别为 53、14、80、42、77、68，则相应的各随机变量的值如表 5-20 所示。表 5-20 为一次模拟所产生的结果。

表 5-20 各变量数值的一次模拟结果

租金增长率	资本化率	建造成本增长率	贷款利率	建造期	准备期	租售期
+3%	7%	+6%	15%	18 个月	6 个月	6 个月

(3) 反复进行上述步骤，进行多次模拟试验，即可求出开发项目各项效益指标的概率分布或其他特征值。

4. 概率确定的期望值法

采用期望值法进行概率分析，一般按照以下步骤进行：

(1) 选用净现值作为分析对象,并分析选定与之有关的主要不确定性因素。

(2) 按照穷举互斥原则,确定各不确定性因素可能发生的状态或变化范围。

(3) 分别估算各不确定性因素每种情况下发生的概率。各不确定性因素在每种情况下的概率,必须小于等于1、大于等于0,且所有可能发生情况的概率之和必须等于1。这里的概率为主观概率,是在充分掌握有关资料基础上,由专家学者依据其知识、经验系统分析之后,主观判断做出的。

(4) 分别计算各可能发生情况下的净现值。包括各年净现值期望值和整个项目寿命期净现值的期望值。各年净现值期望值的计算公式为:

$$E(NPV_t) = \sum_{r=1}^{m} X_{rt} P_{rt}$$

式中　$E(NPV_t)$——第t年净现值期望值;

X_{rt}——第t年第r种情况下的净现值;

P_{rt}——第t年第r种情况发生的概率;

m——发生的状态或变化范围数。

整个项目寿命周期净现值的期望值的计算公式为:

$$E(NPV) = \sum_{t=1}^{n} \frac{E(NPV_t)}{(1+i)^t}$$

式中　$E(NPV)$——整个项目寿命周期净现值的期望值;

i——贴现率;

n——项目寿命周期长度。

项目净现值期望值大于0,则项目可行;否则,不可行。

(5) 计算各年净现值标准差、整个项目寿命周期净现值的标准差或标准差系数,各年净现值标准差的计算公式为:

$$\delta_t = \sqrt{\sum_{r=1}^{m} [X_{rt} - E(NPV_t)]^2 P_{rt}}$$

式中,δ_t为第t年净现值的标准差;其他符号意义同前。

整个项目寿命周期净现值的标准差计算公式为:

$$\delta = \sqrt{\sum_{t=1}^{n} \frac{\delta_t^2}{(1+i)^t}}$$

式中,δ为整个项目寿命周期净现值的标准差。

净现值标准差反映每年各种情况下净现值的离散程度和整个项目寿命周期各年标准差的离散程度,在一定程度上,能够说明项目风险的高低。但由于净现值标准差的大小受净现值期望值影响很大,两者基本上呈同向变动,因此,单纯以净现值标准差衡量项目风险有时并不能得到准确的结论。为此需要消除净现值期望值大小的影响,计算整个项目寿命周期的标准差系数V,其计算公式为:

$$V = \frac{\delta}{E(NPV)} \times 100\%$$

一般地,V越小,项目的相对风险就越小;反之,项目的相对风险就越大。依据净现值期望值、净现值标准差和标准差系数,可以用来选择投资方案。判断投资方案优劣的标准是:

期望值相同、标准差小的方案为优；标准差相同、期望值大的方案为优；标准差系数小的方案为优。

(6) 计算净现值大于或等于0时的累计概率。累计概率值越大，项目所承担的风险就越小。

(7) 对以上分析结果进行综合评价，说明项目是否可行及承担的风险性大小。

5.5 房地产开发项目环境影响评价和社会评价

5.5.1 房地产开发项目环境影响评价

1. 环境影响评价的基本概念

环境影响评价是指对规划和建设项目实施后可能造成的环境影响进行分析、预测和评价，提出预防或者减轻不良环境影响的对策和措施，进行跟踪监测的方法与制度。国务院有关部门、设区的市级以上地方人民政府及有关部门，对其组织编制的土地利用的有关规划，区域、流域、海域的建设、开发利用规划，应当在规划编制过程中进行环境影响评价，编写该规划有关环境影响的篇章或者说明。国务院有关部门、设区的市级以上地方人民政府及其有关部门，对其组织编制的工业、农业、畜牧业、林业、能源、水利、交通、城市建设、旅游、自然资源开发的有关专项规划，应当在该专项规划草案上报审批前，组织进行环境影响评价，并向审批该专项规划的机关提出环境影响报告书。

2. 环境影响评价分类管理

国家根据建设项目对环境的影响程度，对建设项目的环境影响评价实行分类管理。建设单位应当按照下列规定组织编制环境影响报告书、环境影响报告表或者填报环境影响登记表。

(1) 可能造成重大环境影响的，应当编制环境影响报告书，对产生的环境影响进行全面评价；

(2) 可能造成轻度环境影响的，应当编制环境影响报告表，对产生的环境影响进行分析或者专项评价；

(3) 对环境影响很小、不需要进行环境影响评价的，应当填报环境影响登记表。

3. 环境影响评价的内容

建设项目的环境影响报告书应当包括下列内容：建设项目概况；建设项目周围环境现状；建设项目对环境可能造成影响的分析、预测和评估；建设项目对环境保护措施及其技术、经济论证；建设项目对环境影响的经济损益分析；对建设项目实施环境监测的建议；环境影响评价的结论。

4. 环境影响评价的工作程序

建设项目环境影响评价的工作程序，大致可分为以下三个阶段：

第一阶段为准备阶段。其主要内容是研究有关文件，进行初步的工程分析和环境现状调查，筛选重点评价项目，确定建设项目环境影响评价的工作等级，编制评价工作大纲。

第二阶段为正式工作阶段。其主要工作是进一步做规划方案分析或建设项目工程分析和环境现状调查，并进行环境影响预测和评价环境影响。

第三阶段为报告书编制阶段。其主要工作是汇总、分析第二阶段工作所取得的各种资料、数据，得出结论，完成环境影响报告书的编制。

环境影响报告书是整个评价工作的总结，是拟建工程项目从环保角度看是否可行的依据。如果可行，经环境保护部门和其他有关部门批准后，即可进行设计、施工、投产。因此，报告书务必内容充实，数据可靠，条理清晰，观点明确。

5.5.2　房地产开发项目社会评价

1. 房地产开发项目社会评价的概念

房地产开发项目社会评价一般是从项目区社会经济发展的角度，分析和计算房地产开发项目对区域社会经济的效益和费用，考察项目对社会经济的净贡献，分析项目实施过程中可能出现的各种社会问题，提出尽量减少或避免项目负面社会影响的建议和措施，从社会角度给出项目是否能够成立的基本判断。

2. 房地产开发项目社会评价的主要任务

(1) 识别关键利益相关者，制定适当的框架机制使他们参与项目的方案选择、设计、实施、监测和评估，尤其要为贫困和弱势群体的参与制定恰当的机制。

项目影响群体既包括项目受益群体(包括直接和间接受益群体)，也包括可能会受到潜在负面影响的群体。项目目标群体是指项目直接瞄准的预期受益人群。

(2) 确保目标受益人群能够接受项目的目标及项目实施所带来的社会变化，使项目的内容和方案设计能够考虑到性别、民族及其他社会差异问题。

(3) 评估投资项目的社会影响，并在确认有负面影响的情况下，提出减轻由项目活动产生的负面影响的行动方案，并使行动方案的实施措施和手段符合当地的社会习俗。

(4) 加强目标群体在社区参与、冲突解决和服务提供等方面的能力。

3. 开发项目社会影响范围的界定

社会评价工作中的难点之一，就在于怎样确定项目影响较为显著的地域范围、项目影响最大的人群范围、项目产生的直接影响。此外，随着时间的推移，项目影响会发生连锁变化，那么在哪个时间段(范围)，社会影响发生的变化应当引起足够重视?

(1) 社会评价的地域范围。项目的影响区域或社会影响区域是指在该区域内居住的人群受到项目影响，或者反过来，该区域人口可能影响或妨碍项目的进展。

项目影响区域比直接影响地区的范围大，社会评价的地域范围应尽可能扩大至能够涵盖所有潜在的影响因素，但也不应超出必要的范围，以免造成重点分散，同时会增加费用开支。

(2) 社会评价的影响对象的判断。在项目影响区域内居住的人群受到项目影响的形式和程度不可能完全相同，他们有的可能没有受到任何影响；有的受到的影响并不大；有的受到很大影响。还有可能有些人因项目而受损；而有的却因项目而受益。此外，社会评价还必须确定哪类人群将会受到最大的影响。社会评价应当谨慎地估计项目影响在不同人群中的差异，同时应当就社会影响的范围和程度征求各利益相关者的意见。

(3) 哪些社会影响是项目直接导致的。社会评价必须估计项目会产生哪些直接影响，如基础设施项目的直接影响包括土地被征用，或由土地用途改变带来的影响。项目的直接影响还可能受到政策、法规的改变或服务规则更改等的影响。在社会评价中，应当不断征求群众意见，以了解有无其他直接影响或潜在的相关影响。

(4) 随着时间的推移，社会影响发生的哪种变化应引起足够重视。随着时间的推移，社会影响可能会引发各种连锁变化，包括不同形式的变化。我们无法预测所有最终可能出现的变化状况，但是应当仔细考虑社会评价的时间构架以及哪种变化应引起足够的重视。

4. 开发项目社会评价的主要内容

社会评价工作应当贯穿于项目周期的全过程，但项目周期每个阶段的社会评价工作的侧重点应有所不同。一般情况下，在机会研究阶段应进行初步社会筛选；在可行性研究阶段应进行详细的社会评价与分析；在项目实施阶段应进行社会检测与评价(见表 5-21)。

表 5-21　　项目周期各阶段社会评价的主要内容

项目周期	关键的社会评价活动
机会研究阶段：初步社会筛选	识别有战略性参与意义的关键利益相关者
	识别对项目方案制定和实施有重要意义的社会因素
	按项目内容归纳关键社会问题
	根据项目地区的发展优先次序及社会发展目标，从社会评价的角度论证项目建设的必要性
	识别项目可能引发的社会负面影响
	寻找使项目影响人群受益的机会
	判断是否需要进一步详细的社会分析评价
可行性研究阶段：详细社会评价与分析	提供当地社会组织(如生产和服务组织)和文化习俗等方面的信息
	评价项目活动与当地需求(包括性别需求)之间的兼容程度
	评价机构和组织方面的问题，确认有助于利益相关者参与项目的社会资源状况
	制定参与框架，使男性和女性、穷人和弱势群体及更广泛意义上的利益相关者能够参与项目的有关过程
	作为参与框架的一部分，设计参与机制框架(即信息共享、协商和具体参与的机制)
	确定每个利益相关者的具体责任和可供监测的项目活动
	制定实施方案，包括机构调整、能力建设、目标定位、职能排序、激励机制
	评价社会收益和社会风险(包括潜在冲突和成本)
	提出减缓项目负面影响应采取的措施
项目实施阶段：社会监测与评价	制定公开的可核查的监测与评价程序(包括参与方式)
	制定监测与评价指标(如投入指标、过程指标、产出指标)，以衡量项目实际产生的社会影响
	评估项目满足目标群体需求的程度
	确保在各类负面影响减缓方案中建立监测与评价程序
	及时提出消除妨碍项目生活目标实现的调整方案

5. 社会评价的工作程序

社会评价一般包括调查社会资料、识别社会因素、论证比选方案三个步骤。

(1) 调查社会资料。调查了解项目所在地区的社会环境等方面的资料，包括项目所在地区和受影响的社区基本社会经济情况，以及项目影响时限内可能的变化，具体包括：人口统计资料、基础设施与服务设施状况；当地的风俗习惯、人际关系；各利益相关者对项目的反应、要求与接受程度；各利益相关者参与项目活动的可能性。

社会调查可采用多种调查方法，如查阅历史文献、统计资料、问卷调查、现场访问与观察、开座谈会等。

(2) 识别社会因素。分析社会调查获得的资料，对项目涉及的各种社会因素进行分类，一般可分为三类：① 影响人类生活和行为的因素，如对就业、收入分配、社区发展和城市建设、居民身心健康、文化教育事业、社区福利和社会保障等的影响因素。② 影响社会环境变迁的因素，如对自然和生态环境、资源综合开发利用、能源节约、耕地和水资源等的影响因素，以及由此对社会环境的影响。③ 影响社会稳定与发展的因素，如对人们风俗习惯、宗教信仰、民族团结的影响，对社区组织结构和地方管理机构的影响，对国家安全和地区发展的影响等。

(3) 论证比选方案。对拟定的项目建设地点、技术方案和工程方案中涉及的主要社会因素进行定性、定量分析，比选推荐社会正面影响大、社会负面影响小的方案。主要内容包括：① 确定评价目标与评价范围。根据投资项目建设的目的、功能以及国家和地区的社会发展战略，对与项目相关的各社会因素进行分析研究，确定社会评价的目标，并分析主要目标和次要目标。② 选择评价指标。根据评价的目标，选择适当的评价指标，包括各种效益和影响的定性指标和定量指标。所选指标不宜过多，且要便于搜集数据和进行评价。③ 确定评价标准。④ 制定备选方案。根据项目的建设目标、不同的建设地点、不同的资金来源、不同的技术方案等，提出若干可供选择的方案，并采取访问、座谈、实地考察等方式，了解项目影响区域范围内地方政府与群众的意见，将这些意见纳入方案比较的过程中。⑤ 进行项目评价。根据调查和预测的资料，对每一个备选方案进行定量和定性评价。⑥ 编制社会评价报告。

复习思考题

1. 何谓可行性研究？其作用体现在哪些方面？

2. 可行性研究主要包括哪几个方面的内容？

3. 可行性研究报告的基本构成有哪些？

4. 何谓敏感性分析？有何局限性？

5. 敏感性分析与风险分析的主要区别是什么？

6. 房地产开发项目财务评价的主要技术经济指标有哪些？

7. 反映房地产投资收益水平的成本利润率、成本收益率和内部收益率的含义是什么？如何计算？

8. 已知某房地产开发项目的现金流量如下(单位：万元)：

年度	0	1	2	3	4	5	6
现金流出	3 000	1 500	300	300	0	0	0
现金流入	0	0	3 000	2 000	1 500	500	100

假设折现率为12%，求该项目的动态投资回收期、净现值。

6 房地产开发规划设计与招标管理

学习目标

1. 了解房地产开发项目工程勘察、规划设计、工程设计、项目报建的概念和作用；
2. 掌握房地产开发企业工程管理、规划设计、工程设计的管理工作；
3. 熟悉房地产开发项目报建的流程以及报建送审所需资料；
4. 掌握房地产开发项目招投标概念、招标方式、招标条件、招标程序以及招标文件的主要内容。

6.1 房地产开发项目的勘察工作

6.1.1 工程勘察的作用

工程勘察是开发项目进行规划、设计和施工的重要依据，一般由开发企业委托勘察设计部门进行。其主要任务是：通过对开发区域的地形测量、工程地质钻探、地表水和气象调查掌握开发用地及邻近重要地段的地形地貌、地层结构、土壤性质、水文资料、地基承载力及其稳定性、不冻季节的延续期、土壤冻结厚度等资料，并编制成图和报告，从而为开发项目的规划、建筑设计、管网设置和工程施工提供可靠的依据。工程勘察对房地产开发项目的主要作用包括以下三点：

(1) 为房地产开发项目的选址、规划、设计、施工、综合治理等许多工作提供基础资料和依据。

(2) 在房地产开发项目建设诸多重要环节中居先行地位。由于工程建设必须坚持先勘察、再设计、后施工的原则，因此没有符合要求的工程勘察成果是不能选定建设地点、不能开展设计、更不能进行施工的。

(3) 为准确估算房地产投资奠定基础。地下设施工程和地基基础工程是房地产开发项目的重要组成部分，它们的工程量大小和施工难易程度，都是与工程地质情况密切相关的，因此，这部分投资的多少都是需要结合工程勘察成果来估算的。

6.1.2 工程勘察工作阶段与程序

房地产开发项目的工程勘察工作阶段划分应与规划、设计、施工阶段的划分相对应，一般分为选址勘察、初步勘察、详细勘察、施工勘察四个阶段。

1. 选址勘察

选址勘察是通过测绘和勘探，对工程地质的稳定性和适宜性做出评价，绘制成比例为1∶5 000的反映地形地貌的地形图，为选址提供资料。选址勘察阶段的主要工作有：① 搜集区域地质、地形地貌、地震、矿产和附近地区的工程地质资料及当地的建筑经验；② 在搜集和分析已有资料的基础上，通过踏勘，了解场地的地层、构造、岩石和土的性质、不良地质现象及地下水等工程地质条件；③ 对工程地质条件复杂、已有资料不符合要求但其他方面条件较好且倾向于选取的场地，应根据具体情况进行地质测绘及必要的勘探工作。

2. 初步勘察

初步勘察是通过勘察，对场地是否适合建设做出评价，提交比例为 1∶2 000 的地形图，作为详细规划或建筑总平面布置以及重要建筑物地基基础设计的依据。

初步勘察前，应取得附有建筑区范围的地形图和有关工程的性质及规模的文件。初步勘察的主要工作有：① 初步查明地层、构造、岩石和土的物理力学性质、地下水埋藏条件及冻结深度；② 查明现场不良地质现象的成因、分布范围、对场地稳定性的影响程度及其发展趋势；③ 对设计烈度为 7 度及 7 度以上的建筑物，应判定场地和地基的地震效应。

3. 详细勘察

详细勘察是对建筑物地基进一步勘探，做出工程地质评价，为地基基础设计、地基处理加固以及不良地质现象防治提供地质资料，并绘制比例为 1∶1 000 的地形图。

详细勘察前应取得的资料包括：① 附有坐标及地形的建筑总平面布置图；② 各建筑物的地面整平标高、上部结构特点及地下设施情况等；③ 可能采取的基础的形式、尺寸、埋置深度、单位荷载及总荷载，以及有特殊要求的地基基础设计、施工方案。

详细勘察阶段的主要工作有：① 查明建筑物范围内的地层结构、岩石和土的物理力学性质，并对地基的稳定性及承载能力做出评价；② 提供不良地质现象的防治工程所需的计算指标及资料；③ 查明地下水的埋藏条件和侵蚀性，必要时还应查明地层的渗透性、水位变化幅度及规律；④ 判定地基岩石及地下水在建筑物施工和使用中可能产生的变化及影响，并提出防治建议。

4. 施工勘察

施工勘察是对地质构造复杂、工程技术要求较高以及与施工有关的工程地质问题进行勘察，需要进行施工勘察的情况有如下几种：① 对较重要建筑物的复杂地基需要进行施工验槽；② 基槽开挖后，地质条件与原勘察资料不符，并可能影响工程质量时；③ 深基础施工设计及施工中需要进行有关地基监测工作时；④ 地基处理、加固时，需进行设计和检验工作；⑤ 地基中溶洞或土洞较发育，需进一步查明及处理时；⑥ 施工中出现边坡失稳，需进行观测及处理时。

6.1.3 工程勘察报告

工程勘察的结果用勘察报告表示，勘察报告一般包括文字部分和图表部分。

(1) 文字部分包括任务要求及勘察工作情况；场地位置、地形地貌、地质构造、不良地质现象、地层形成条件、岩石和土的物理力学性质及建筑经验等；场地的稳定性和适宜性、岩石和土的均匀性和容许承载力、地下水的影响、土的最大冻结深度、地震基本烈度以及由于工程建设可能引起的工程地质问题等的结论和建议。

(2) 图表部分包括勘探点平面布置图；综合工程地质图或工程地质分区图；工程地质剖面图；地质柱状图或综合地质柱状图；有关测试图等。

6.1.4 工程勘察资质管理制度

由于开展工程勘察工作需要许多配套的仪器设备，必须由经过专门训练的专业人员和队伍承担。国家对工程勘察单位实行资质管理制度，工程勘察单位通过资质审核后，确定资格等级，明确营业范围，获得“工程勘察证书”“工程勘察收费资格证书”和“工商登记证书”等有关证明。只有证明文件齐全的专业工程勘察单位，才能承担工程勘察任务。

工程勘察资质分为工程勘察综合资质、工程勘察专业资质、工程勘察劳务资质。工程勘察综合资质只设甲级，其承接工程勘察业务范围不受限制；工程勘察专业资质根据工程性质和技术特点设立类别和级别，各类别和级别的企业可承接同级别相应专业的工程勘察业务；工程勘察劳务资质不分级别，可以承接岩土工程治理、工程钻探、凿井工程勘察劳务工作。建设行政主管部门对持证单位实行资质年检制度。

6.1.5 工程勘察管理工作

对于房地产开发项目的工程勘察工作，房地产开发企业都是通过竞选委托和直接委托的方式，交由专业工程勘察单位来完成的。竞选委托可以采用公开竞选或邀请竞选的形式。房地产开发企业在委托给具有相应工程勘察资质证书且与其证书规定的业务范围相符的勘察单位进行工程勘察过程中，应主要做好以下管理工作。

1. 树立重视工程勘察工作的观念

房地产开发企业必须清楚地认识到：工程勘察资料是房地产开发企业进行一切工作的基础依据。缺少足够充分的勘察资料，选址、规划、设计、施工等许多关键工作都无法开展。如果不考虑工程勘察资料而盲目进行，必定会受到挫折，甚至造成重大损失。

2. 选择好的工程勘察单位

要选择信誉好、工程勘察能力强、收费经济合理、能按时按质缴付勘察成果的工程勘察单位，委托其进行工程勘察工作。

3. 签订好工程勘察合同

通过工程勘察合同的签订，明确双方权利义务关系以及违约责任，约束双方按协议调控履行义务，从而保证满足房地产开发过程中各项工作对工程勘察资料的要求。房地产开发企业应认真研究《建设工程勘察设计合同条例》等有关法律法规，掌握签订工程勘察合同的技巧。例如，要清楚地知道并应用这样的规定：工程的勘察可以发包给一个勘察单位；也可以将建设工程的勘察分别发包给几个勘察单位。建设勘察单位不得将所承揽的建设工程勘察转包。工程勘察费用按预计工作量计算的勘察费支付20%作为定金。

4. 督促协助勘察单位开展工程勘察工作

房地产开发企业不应该在签订合同后就撒手不管，还应该督促并协助勘察单位按协议要求开展工作，以保证开展其他房地产开发工作不会因工程勘察问题而延误。房地产开发企业在履行建设工程勘察合同时，应承担的责任有：① 以书面形式向勘察人明确勘察任务及技术要求，并按规定提供文件资料；② 在勘察工作范围内，没有资料、图纸的地区(段)，应负责查清地下埋藏物；③ 及时为勘察人提供并解决勘查现场的工作条件和出现的问题(如落实土地征用、青苗树木赔偿、拆除地上地下障碍物、处理施工扰民及影响施工正常进行的有关问题、平整施工现场、修好通行道路、接通电源水源、挖好排水沟渠以及水上作业用船等)，并承担其费用；④ 若勘查现场需要看守，特别是在有毒、有害等危险现场作业时，应派专人负责安全保卫工作，对从事危险作业的现场人员进行保健防护，并承担费用；⑤ 根据勘察人提出的工程用料计划，按时提供己方负责的各种材料及其产品合格证明，并承担费用和运到现场，派人与勘察人员一起验收；⑥ 勘察过程中的任何变更，经办理正式变更手续后，按实际发生的工作量支付勘察费；⑦ 为勘察人员提供必要的生产、生活条件，并承担费用，或者一次性付给勘察人员临时设施费；⑧ 由于己方原因造成勘察人停、窝工，除工期顺延外，支付停、窝工费；⑨ 若要求在合同规定时间内提前完工或提交勘察成果资料，应向勘察人支付加班费；⑩ 勘察人的投标书、勘察方案、报告书、文件、资料图纸、数据、特殊工艺（方法）、专利技术和合理化建议，未经勘察人同意，不得复制、泄露、擅自修改、传送或向第三人转让或用于本合同外的项目。

5. 亲自到现场踏勘

虽然工程勘察工作委托勘察单位去完成，但房地产开发企业的相关人员必须亲自到现场进行踏勘，以便对开发地块有一个完整真实的认识和掌握。比如某住宅小区现场踏勘，了解到仅隔一条小街的另一刚竣工的住宅小区六层住宅采用天然浅基础，仔细观察发现多处六层住宅的5～6层窗下角已出现“八字形”细裂缝。这是典型的不均匀沉降引起的裂缝，很可能随着时间推移而继续发展。因此，通过现场踏勘就能基本排除天然浅基础方案而选择桩基或其他合适的基础方案。

6.2 房地产开发项目的规划设计工作

6.2.1 城市规划与房地产开发的关系

城市规划是对整个城市建设的构想和设计，房地产开发把城市规划蓝图物化为城市实体，推动城市面貌的改观。城市规划与房地产开发息息相关，城市规划推动房地产开发的发展，而房地产开发也为城市规划的科学化和法制化提供了机会。城市规划与房地产开发之间可以说是一种宏观与微观、整体与局部、长期与短期的关系，同时也是后者服从前者、前者兼顾后者的相辅相成的关系。

房地产开发前期的规划管理主要体现在：开发项目的选址定点审批，核发建设用地规划许可证及规划设计条件，规划方案及初步设计审批及核发建设工程规划许可证等方面。任何单位和个人使用城市规划区内的土地进行建设，必须由城乡规划管理部门确定其位置和界限，提供规划设计条件，核发建设用地规划许可证，方可办理用地手续。任何单位和个人在城市规划区内新建、扩建和改造建筑物、构筑物、道路、管线和其他工程建设，都必须持有批准文件向城市规划管理部门提供建设申请，经城乡规划管理部门审查、批准，并发给建设工程规划许可证后，方可申请办理开工手续。

6.2.2 城市规划的层次体系

城市规划是建设城市和管理城市的基本依据，城市规划区中的一切开发建设活动都必须服从城市规划和规划管理的要求。因此，在进行房地产开发项目规划设计时，必须明确开发项目所在城市的城市规划。

编制城市规划一般分总体规划和详细规划两个阶段进行。大城市和中等城市为了进一步控制和确定不同地段的土地用途、范围和容量，协调各项基础设施和公共设施的建设，在总体规划基础上，可以编制分区规划。

1. 城市总体规划

城市总体规划主要研究确定城市发展目标、原则、战略部署等重大问题，是制定详细规划的依据。城市总体规划的任务是根据城市发展纲要，综合研究和确定城市性质、规模、容量和空间发展形态，统筹安排城市各项建设用地，合理配置城市各项基础设施，并保证城市每个阶段的发展目标、发展途径、发展程序的优化和布局结构的科学性，引导城市合理发展。

《城乡规划法》第十七条规定：城市总体规划、镇总体规划的内容应当包括：城市、镇的发展布局，功能分区，用地布局，综合交通体系，禁止、限制和适宜建设的地域范围，各类专项规划等。

一般来说，城市总体规划包括城市总体规划文本、城市总体规划图纸以及附件三部分。城市总体规划文本的主要内容通常包括：

(1) 总则。包括规划编制依据、原则、使用范围等。

(2) 市域城镇体系规划。

(3) 城市性质、规模、发展目标、规划期限、城市规划区范围。

(4) 城市建设用地布局。包括人均用地指标、城市总体布局结构、规划建设用地范围及用地性质。

(5) 对外交通用地、道路系统用地、公共设施用地、居住用地、园林绿化用地指标及布局。

(6) 城市总体艺术布局。包括城市景观分区、高度分区与标志性地段，城市特色的继承与发展。

(7) 城市规划建设用地分等定级、土地出让原则与规划。

(8) 市政工程设施规划。包括城市水源、电源、热源、气源、水厂、污水处理厂位置与规模，管网布置及管径，其他设施的布置。

(9) 城市防灾规划。包括城市防洪、抗震、消防、人防标准及设施布置。

(10) 环境保护规划。

(11) 历史文化名城保护规划。

(12) 郊区规划。

(13) 城市开发建设程序。

(14) 近期建设规划。

(15) 远景规划。

(16) 实施规划的政策措施。

城市总体规划图纸是用图像来表达现状和规划设计内容，通常包括：

(1) 城市现状图。该图重点标示各项公用设施、交通设施、主要工程管线和建筑物的位置和用地范围。

(2) 城市用地评价图。该图根据城市用地的地形、地质、水文、气象等自然条件和用地发展情况来评价用地的技术和经济适用性。城市用地评价图对房地产开发项目的选址非常重要。

(3) 城市环境评价图。

(4) 城市规划总图。

(5) 城市工程设施规划图。该图标明道路、给排水、动力、电信、热力、燃气等工程规划。

(6) 近期建设规划图。

附件包括规划说明书、规划专题报告和基础资料汇编三部分内容。

2. 城市分区规划

在总体规划的基础上，对城市土地利用、人口分布和公共设施、城市基础设施的配置做出进一步的安排，以便与城市详细规划更好地衔接。

城市分区规划原则确定分区内土地使用性质、居住人口分布、建筑用地的容量控制指标；确定市、区、居住级公共设施的分布及其用地范围；确定城市主、次干道的红线位置、断面、控制点及标高；确定支路走向、宽度以及主要交叉口、广场、停车场位置和控制范围；确定绿地系统、河湖水面、对外交通设施、风景名胜的用地界限和文物古迹、传统街区的保护范围，提出空间形态的保护要求；确定工程干管的位置、走向、管径、服务范围以及主要工程设施的位置和用地范围。

3. 城市详细规划

城市详细规划是指为实施城市总体规划而提出具体规划要求的地区性规划。城市详细规划包括控制性详细规划和修建性详细规划两个层次。

(1) 控制性详细规划。控制性详细规划是指市和区、县人民政府根据城市各层次总体规划和地区经济、社会发展以及环境建设的目标，对土地使用性质、土地使用强度、空间环境、市政基础设施、公共服务设施以及历史文化遗产保护做出具体控制性规定的规划。它是随着城市土地有偿使用和房地产开发事业的发展而形成的新的规划层次。城市规划控制体系包括六个方面：土地使用、环境容量、建筑建造、城市设计引导、配套设施和行为活动。

根据控制性详细规划的控制内容，按照各个指标的不同控制力度，将各指标分为规定性和指导性两类。规定性指标是必须严格遵照的指标，包括用地性质、用地面积、建筑密度、建筑控制高度、建筑红线后退距离、容积率、绿地率、交通出入口方位、机动车出入口方位、禁止机动车开口地段、主要人流出入口方位、停车泊位等。指导性指标是参照执行的指标，包括人口容量、建筑形式、建筑体量、建筑色彩、建筑风格、其他环境要求(视具体情况确定)。

控制性详细规划的内容一般包括：① 详细规定所规划范围内不同使用性质的用地的界限，规定各类用地内适建、不适建或者有条件地允许建设的建筑类型；② 规定各地块建筑高度、建筑密度、容积率、绿地率等控制指标，规定交通出入口方位、停车泊位、建筑红线后退距离、建筑间距等要求；③ 提出各地块的建筑体量、体型、色彩等要求；④ 确定各地块支路的红线位置、控制点坐标和标高；⑤ 根据规划容量，确定工程管线的走向、管径和工程设施的用地界限；⑥ 制定相应的土地合作与建筑管理规定。

(2) 修建性详细规划。修建性详细规划是对即将开发的地块，根据控制性详细规划对该地块的控制性指标或城市规划管理部门提出的设计条件，所编制的开发建设实施性详细规划。它是对实施开发地区的各类用地、建筑空间、绿化配置、交通组织、市政基础设施、公共服务设施以及建筑保护等做出具体安排的规划。

城市重点项目或重点地区的建设规划、居住区规划、城市公共活动中心的建设规划、旧城改造规划均可以看作是修建性详细规划。修建性详细规划应当包括如下内容：① 建筑条件分析及综合技术经济论证；② 做出建筑、道路绿地等的空间布局和景观规划设计，布置总平面图；③ 道路交通规划设计；④ 绿地系统规划设计；⑤ 工程管线规划设计；⑥ 竖向规划设计；⑦ 估算工程量、拆迁量和总造价。

修建性详细规划主要由规划说明书和规划图纸构成。规划说明书包括以下内容：① 现状条件分析；② 规划原则和总体构想；③ 用地布局；④ 空间组织和景观特色要求；⑤ 道路和绿地系统规划；⑥ 各项专业工程规划及管线综合；⑦ 竖向规划；⑧ 主要技术经济指标，一般应包括总用地面积、总建筑面积、住宅建筑总面积、平均层数、容积率、建筑密度、住宅建筑容积率、绿地率等；⑨ 工程量与投资估算。

规划图纸包括以下内容：① 规划地段位置图，标明规划地段在城市的位置及其与周围地区的关系；② 规划地段现状图，标明自然地形地貌、道路、绿化、工程管线及各类用地和建筑的范围、性质、层数、质量等；③ 规划总平面图，标明规划建筑、绿地、道路、广场、停车场、河湖水面的位置和范围；④ 道路交通规划图，标明道路的红线位置、横断面、道路交叉点坐标、标高、停车场用地界限；⑤ 竖向规划图，标明道路交叉点、变坡点控制高程，室外地坪规划标高；⑥ 单项或综合工程管网规划图，标明各类市政公用设施管线的平面位置、管径、主要控制点标高，以及有关设施和构筑物位置。其中第②到第⑥项图纸的图纸比例均为 1∶2 000～1∶500。

城市总体规划、控制性详细规划和修建性详细规划，其深度由浅入深，从宏观到微观，从概要说明到详细布局，从整体到局部，从远期目标到近期实施，从而构成了一个完整的城市规划层次体系。其中，城市总体规划、控制性详细规划是由城市政府和规划部门组织编制的具有法律效力和行政权力性的文件。而修建性详细规划一般是由开发企业委托城市规划设计部门编制的开发实时性文件，是开发企业向城市规划主管部门申请报建的主要文件和材料。

6.2.3 城市居住区规划

房地产开发的开发范围可能是一个居住区（或居住小区），或是一条道路两侧的沿街地段，亦有可能是一个大型的体育中心、文化娱乐中心，甚至可能是一个风景旅游区或工业园区。对这一开发范围的规划通过编制修建性详细规划来实现。由于开发范围和性质不同，具体的规划内容和规划要求也不尽相同。在实践中，大量的房地产开发活动是进行居住区的开发，因此，关于居住区规划的知识对房地产开发来说非常重要。

1. 城市居住区的规划设计应遵循的基本原则

(1) 符合城市总体规划的要求。

(2) 符合统一规划、合理布局、因地制宜、综合开发、配套建设的原则。

(3) 综合考虑所在城市的性质、社会经济、气候、民族、习俗和传统风貌等地方特点和规划用地周围的环境条件，充分利用规划用地内有保留价值的河湖水域、地形地物、植被、道路、建筑物和构筑物等，并将其纳入规划。

(4) 适应居民的活动规律，综合考虑日照、采光、通风、防灾、配建设施及管理要求，创造安全、卫生、方便、舒适和优美的居住生活环境。

(5) 为老年人、残疾人的生活和社会活动提供条件。

(6) 为工业化生产、机械化施工和建筑群体、空间环境多样化创造条件。

(7) 为商品化经营、社会化管理及分期实施创造条件。

(8) 充分考虑社会、经济和环境三方面的综合效益。

2. 居住区的规划布局与空间环境

按居住户数和人口规模，居住区可分为居住区、小区、组团三级。各级标准控制规模如

表 6-1 所示。

表 6-1 居住区分级控制规模

指标名称	居住区	小区	组团
户数(户)	10 000～1 600	3 000～5 000	300～1 000
人口(人)	30 000～50 000	10 000～15 000	1 000～3 000

居住区规划布局形式可以采用居住区—小区—组团、居住区—组团、小区—组团及独立式组团等多种类型。居住区的规划布局应综合考虑周边环境、路网结构、公建及住宅布局、群体组合、绿地系统等的内在联系，构成一个完善的、相对独立的有机整体。在进行居住区的规划布局设计时，一般应遵循以下原则：

(1) 方便居民生活，有利于安全防卫和物业管理。

(2) 组合与居住人口规模相对应的公共活动中心，方便经营、使用和社会化服务。

(3) 合理组织人流、车流和车辆停放，创造安全、安静、方便的居住环境。

居住区的空间与环境设计应遵循以下原则。

(1) 规划布局和建筑应体现地方特色，与周围环境相协调。

(2) 合理设置公共服务设施，避免烟、气(味)、尘及噪声对居民的污染和干扰。

(3) 精心设置建筑小品，丰富及美化环境。

(4) 注重景观和空间的完整性，市政公用站点等宜与住宅或公建结合安排，供电、电信、路灯等管线宜地下埋设。

(5) 公共活动空间的环境设计应处理好建筑、道路、广场、院落、绿地和建筑小品之间及其与人的活动之间的相互关系。

3. 居住区的用地平衡

影响居民区用地构成的因素很多，因此 4 类用地的上下限相差很大，主要根据城市的规模、经济水平和用地现状以及住宅区的人口规模、住宅的平均层数决定。北方纬度高、日照间距大些，住宅用地比重或人均用地要多一些。空置绿化用地指标是居住区生态、环境质量的关键，规划行政主管部门的控制比较严格。住宅用地比例高，住宅建筑面积就多，一般情况下能安排到 60%～65%就很不容易。节约公建用地的方法是将公建化零为整，紧凑合理地向空中发展，如某新村，将大型超市、文化娱乐、影剧院综合为一体，效果很好。居住区内部道路布置要进行多方案比较，同时尽可能使小区、组团用地呈正方形，线形简捷，道路用地最省。居住区内各项用地所占比例的平衡控制指标应符合表 6-2 的规定。

表 6-2 居住区用地平衡控制指标 单位：%

序号	用地构成	居住区	小区	组团
1	住宅用地	50～60	55～65	70～80
2	公建用地	15～25	12～22	6～12
3	道路用地	10～18	9～17	7～15
4	公共绿地	7.5～18	5～15	3～6
5	居住区用地	100	100	100

人均居住区用地控制指标应符合表 6-3 的规定。

表 6-3 人均居住区用地控制指标 单位：m^2/人

居住规模	层 数	建筑气候区域		
		Ⅰ、Ⅱ、Ⅵ、Ⅶ	Ⅲ、Ⅴ	Ⅳ
居住区	低 层	33～47	30～43	28～40
	多 层	20～28	19～27	18～25
	多层、高层	17～26	17～26	17～26
小 区	低 层	30～43	28～40	26～30
	多 层	20～28	19～26	18～25
	中高层	17～24	15～22	14～20
	高 层	10～15	10～15	10～15
组 团	低 层	25～35	23～32	21～30
	多 层	16～23	15～22	14～20
	中高层	14～20	13～18	12～16
	高 层	8～11	8～11	8～11

注：各项指标按每户 3.2 人计算。

4. 住宅规划布置

常见的住宅类型有点式住宅、条式住宅、错层式住宅、跃层式住宅、复式住宅、退台式住宅、别墅、综合商住楼等类型。

(1) 点式住宅是指宽度和长度比较接近的住宅。点式住宅对地形适应性较强，可以灵活布置，立面造型可以更生动，并且能充分发挥电梯和楼梯的服务效率，整体抗震性能较好；但是，点式住宅相对条式住宅来说，工程造价要较高些。

(2) 条式住宅是由两个或两个以上的居住单元直接邻接的住宅。其优点是朝向好，通风向阳，外墙暴露少，造价相对点式住宅低且施工方便；但缺点是抗震性和立面造型以及布置的灵活性都较点式住宅要差一些。

(3) 错层式住宅是指每套房子不处于同一平面，即房内的厅、卧室、卫生间、厨房、阳台等处于几个高度不同的平面上，但都是在同一楼层内。其优点是节约楼梯间所占面积，住户间干扰小；但缺点是施工较复杂，且由于同层楼板不在同一标高上，抗震性能较差。

(4) 跃层式住宅是指在每户的室内设置仅供本户用的小楼梯，住户占有上下两层楼面的住宅。其优点是住宅内部空间内卧室、起居室、客厅、卫生间、厨房以及其他辅助用房分层布置，功能明确，相互干扰小，采光通风也较好；但缺点是户内楼梯要占去一定的使用面积，相对提高了造价，另外，当发生意外灾害时，由于二层只有一个出入口，不利于人员疏散。

(5) 复式住宅是在跃层式住宅的基础上发展而成的一种经济型住宅。复式住宅的每户室内仍分为两层，但两层层高比跃层式住宅低得多，上层一般只有 1.2 m 高，实际上是个夹层，供休息和贮藏之用，下层为起居室、厨房、卫生间等，户内设多处入墙式壁柜和楼梯，家具与建筑融为一个整体。复式住宅的最大优点是经济，但缺点是净空低，易使用户产生压抑感，安全性也较差。

(6) 退台式住宅是由下至上逐层退让，退让减少的面层成为该层的大平台，住宅建筑逐层退让的整个造型类似于台阶，故得此名。其优点是户外活动空间大，采光通风好，建筑立面丰富，依山就势布置，可获得丰富的景观效果，因此，在风景旅游度假区所建的中高档住宅常选用这种类型；但缺点是由于退台式住宅将一部分建筑空间转化为平台，建筑面积逐层减少，导致土地利用率相对较低。

(7) 别墅是一种高级住宅，常分为独立别墅和联排别墅。其建筑密度低，内部居住功能完备，装修豪华，并富于变化，住宅内水、电、暖供给俱全，常常还带有车库甚至游泳池。

(8) 综合商住楼是将写字楼、商场、旅馆、饭店等不同用途的非居住性用房与住宅用房组合在一起的高层建筑。通常楼房的下面几层为非居住性用房，上部楼层为住宅，停车场在地下。综合商住楼往往在市中心的黄金地段选址。其优点是功能齐全，融居住、办公、购物于一体，可以节约居住者的出行时间。

5. 公共服务设施规划

居住区公共服务设施（即配套公建）应包括教育、医疗卫生、文化体育、商业服务、社区服务、金融邮电、市政公用和行政管理及其他，共八类设施。居住区公共服务设施的配建水平，必须与居住人口规模相对应，并应与住宅同步规划、同步建设和同时投入使用。配建指标以表 6-4 所示规定为准。

表 6-4　　公共服务设施控制指标　　单位：m^2/千人

类别	居住规模	居住区		小区		组团	
		建筑面积	用地面积	建筑面积	用地面积	建筑面积	用地面积
总指标		1 668～3 293 (2 228～4 213)	2 172～5 559 (2 762～6 329)	968～2 397 (1 338～2 977)	1 091～3 835 (1 491～4 585)	362～856 (703～1 356)	488～1 058 (868～1 578)
分类指标	教　育	600～1 200	1 000～2 400	330～1 200	700～2 400	160～400	300～500
	医疗卫生 （含医院）	78～198 (178～398)	138～378 (298～548)	38～98	78～228	6～20	12～40
	文化体育	125～245	225～645	45～75	65～105	18～24	40～60
	商业服务	700～910	600～940	450～570	100～600	150～370	100～400
	社区服务	59～464	76～668	59～292	76～328	19～32	16～28
	金融邮电 （含银行、邮电局）	20～30 (60～80)	25～50	16～22	22～34	—	—
	市政公用 （含居民存车处）	40～150 (460～820)	70～360 (500～960)	30～140 (400～720)	50～140 (450～760)	9～10 (350～510)	20～30 (400～550)
	行政管理及其他	46～96	37～72	—	—	—	—

居住区配套公建的各项目的规划布局应符合以下规定：

(1) 根据不同项目的使用性质和居住区的规划布局形式，应采用相对集中与适当分散相结合的方式合理布局，并应利于发挥设施效益，方便经营管理、使用和减少干扰。

(2) 商业服务与金融邮电、文化体育等有关项目宜集中布置，形成居住区各级公共活动中心。

(3) 基层服务设施的设置应方便居民,满足服务半径的要求。

(4) 配套公建的规划布局和设计应考虑发展的需要。

居住区内公共活动中心、集贸市场和人流较多的公共建筑,必须相应配建公共停车场(库)。配建公共停车场(库)的停车位控制指标应符合表6-5的规定。

表 6-5 配建公共停车场(库)停车位控制指标

名称	单位	自行车	机动车
公共中心	车位/100 m^2 建筑面积	≥7.5	0.45
商业中心	车位/100 m^2 营业面积	≥7.5	≥0.45
集贸市场	车位/100 m^2 营业面积	≥7.5	≥0.30
饮食店	车位/100 m^2 营业面积	≥3.6	≥0.30
医院、门诊所	车位/100 m^2 建筑面积	≥1.5	≥0.30

6. 绿地规划布置

居住区内绿地是为居民创造安静、舒适、美观、卫生的居住环境所必不可少的重要因素,具有净化空气、减少污染、降低噪声等作用。居住区内绿地包括公共绿地、宅旁绿地、配套公建所属绿地和道路绿地,其中包括了满足当地植树绿化覆土要求,方便居民出入的地上或半地下建筑的屋顶绿地。

居住区内公共绿地的总指标应根据居住人口规模分别达到:组团不少于0.5 m^2/人,小区(含组团)不少于1 m^2/人,居住区(含小区与组团)不少于1.5 m^2/人,并应根据居住区的规划布局形式统一安排,灵活使用。旧区改建可酌情降低上述指标,但不得低于相应指标的70%。

居住区绿地规划布置的基本要求如下:

(1) 应根据居住区的规划布局形式、环境特点及用地的具体条件,采用集中与分散相结合,点、线、面相结合的绿地系统,并宜保留和利用规划范围内的已有树木和绿地;

(2) 一切可绿化的用地均应绿化,并宜发展垂直绿化;

(3) 宅间绿地应精心规划与设计,注意景观要求,使居住环境优美;

(4) 新区建设绿地率不应低于30%,旧区改建绿地率不应低于25%;

(5) 居住区内的公共绿地应根据居住区不同的规划布局形式,设置相应的中心绿地,以及老年人、儿童活动场所和其他的块状、带状公共绿地等。

7. 道路规划

居住区的道路是道路系统的组成部分,但其主要功能与城市交通干道不同。在进行规划时,必须根据居住区道路的特点来进行。居住区的道路规划应遵循下列原则:

(1) 根据地形、气候、用地规模、用地四周的环境条件、城市交通系统以及居民的出行方式,应选择经济、便捷的道路系统和道路断面形式;

(2) 小区内应避免过境车辆的穿行和道路通而不畅,避免往返迂回,并适于消防车、救护车、商店货车和垃圾车等的通行;

(3) 有利于居住区内各类用地的划分和有机联系,以及建筑物布置的多样化;

(4) 当公共交通线路引入居住区组团时,应减少交通噪声对居民的干扰;

(5) 在地震烈度不低于 6 度的地区，应考虑防灾救灾要求；

(6) 满足居住区的日照通风和地下工程管线的埋设要求；

(7) 城市旧区改造，其道路系统应充分考虑原有道路特点，保留和利用有历史文化价值的街道；

(8) 应便于居民汽车的通行，同时保证行人、骑车人的安全便利。

居住区道路可分为居住区道路、小区路、组团路和宅间小路四级。其道路宽窄应符合以下规定：

(1) 居住区道路：红线宽度不宜小于 20 m。

(2) 小区路：路面宽 6～9 m，对于建筑控制线之间的宽度，需敷设供热管线的不宜小于 14 m，无供热管线的不宜小于 10 m。

(3) 组团路：路面宽 3～5 m，对于建筑控制线之间的宽度，需敷设供热管线的不宜小于 10 m，无供热管线的不宜小于 8 m。

(4) 宅间小路：路面宽不宜小于 2.5 m。

在多雪地区，应考虑堆积清扫道路积雪的面积，道路宽度可酌情放宽，但应符合当地城市规划行政主管部门的有关规定。

居住区内道路设置应符合下列规定：

(1) 小区内主要道路至少应该有两个出入口；居住区内主要道路至少应该有两个方向与外围道路相连；机动车道对外出入口间距不应该小于 150 m。沿街建筑物长度超过 150 m 时，应设不小于 4 m×4 m 的消防车通道。人行出口间距不宜超过 80 m，当建筑物长度超过 80 m 时，应在底层加设人行通道。

(2) 居住区内道路与城市道路相对接时，其交角不宜小于 75°；当居住区内道路坡度较大时，应设缓冲段与城市道路相接。

(3) 进入组团的道路，既应方便居民出行和利于消防车、救护车的通行，又应维护院落的完整性和利于治安保卫。

(4) 在居住区内公共活动中心，应设置为残疾人通行的无障碍通道。通行轮椅车的坡道宽度不应小于 2.5 m，纵坡不应大于 2.5%。

(5) 当居住区内用地坡度大于 8%时，应辅以梯步解决竖向交通，并宜在梯步旁附设推行自行车的坡道。

(6) 在多雪严寒的山坡地区，居住区内道路路面应考虑防滑措施；在地震设防地区，居住区内的主要道路宜采用柔性路面。

(7) 居住区内道路边缘至建筑物、构筑物的最小距离应符合表 6-6 的规定。

表 6-6　道路边缘至建筑物、构筑物的最小距离　单位：m

<table>
<tr><th colspan="3">道路级别
与建筑物、构筑物的关系</th><th>居住区道路</th><th>小区路</th><th>组团路及宅间小路</th></tr>
<tr><td rowspan="3">建筑物面向道路</td><td rowspan="2">无出入口</td><td>高层</td><td>5</td><td>3</td><td>2</td></tr>
<tr><td>多层</td><td>3</td><td>3</td><td>2</td></tr>
<tr><td colspan="2">有出入口</td><td></td><td>5</td><td>2.5</td></tr>
</table>

续表 6-6

与建筑物、构筑物的关系 \ 道路级别		居住区道路	小区路	组团路及宅间小路
建筑物山墙面向道路	高层	4	2	1.5
	多层	2	2	1.5
围墙面向道路		1.5	1.5	1.5

6.3 房地产开发项目的工程设计工作

6.3.1 房地产开发工程设计的基本概念

工程设计是指根据建设工程的要求，对建设工程所需的技术、经济、资源、环境等条件进行综合分析、论证，编制建设工程设计文件的活动。它是对施工项目的实施在技术上和经济上进行全面安排，形成综合的技术经济文件。

按基本建设程序要求，工程设计是在建设项目计划任务书（或可行性研究报告）和选址报告被批准后，房地产开发企业委托设计单位来编制的。但有时，房地产开发企业也在建设项目确定以前，为满足项目决策的需要，委托设计单位编制工程设计。

6.3.2 房地产开发项目设计阶段及内容

房地产开发项目一般采用初步设计和施工图设计两个阶段来进行。对于综合开发或建筑群项目，除个体设计外，还要进行总体设计。

1. 初步设计

初步设计文件的深度应满足设计方案、用地范围、进行主要设备和材料订货、确定工程造价和控制工程投资以及编制施工图设计和进行建设准备的要求。初步设计的主要内容通常包括：

（1）设计说明书。包括工程设计的主要依据、工程设计的规模和设计范围、设计的指导思想和设计特点、总指标，以及需要提请在设计审批时解决或确定的主要问题等。

（2）总平面设计。包括区域位置图、总平面布置图、竖向设计图、标准横断面图、土方工程图、管道综合平面图等及其有关说明书。

（3）建筑设计。包括建筑设计说明书和图纸。设计说明书的内容包括设计依据及设计要求，设计参数和技术经济指标，对室内声、光、热工、通风、视线、消防、节能、人防、“三废”治理以及其他环境条件所采取的技术措施、装修标准以及室内外墙面、屋面的做法；设计图纸包括建筑平面图、立面图和剖面图，对于大型房地产开发项目的方案设计过程还需要绘制透视图或制作模型。

（4）结构设计。该阶段的结构设计是以设计说明书形式表示的，少数需要用概略图表示。设计说明书的内容通常包括设计依据、设计要求、对结构设计方案的比较和确定，如结构选型、地基处理及基础形式、主要结构材料的选用以及伸缩缝、沉降缝和防震缝的设置。

（5）给排水设计。包括设计说明书和设计图纸。设计说明书的内容主要包括设计依据、设计范围、水源情况、用水量、取水—输水—净化处理、室内外给水系统和排水系统设计方案等；设计图纸包括给水排水管道总平面图、给水排水工程局部总平面图、场外输水管线平面图、大型的和重要的民用建筑室内给水排水平面图以及主要设备和材料表。

(6) 电气设计。包括设计说明书和设计图纸。设计说明书的内容包括设计依据，设计范围，有关供电、电力、电气、照明等设计方案的说明，建筑物防雷保护措施等；设计图纸包括供电总平面图，高低压供电系统图，变、配电所平面图，电力平面图及系统草图，照明平面图及系统草图，自动控制和自动调节方框图或原理图以及主要设备和材料表。

(7) 弱电设计。包括设计说明书和设计图纸。设计说明书的内容包括设计依据，设计范围，有关电话、广播、电视、火警等设计方案及参数的确定；设计图纸主要是与说明书中内容相对应的平面布置图和系统草图等以及主要设备和材料表。

(8) 采暖通风设计。包括设计说明书和设计图纸。设计说明书的内容包括设计依据、设计范围、采暖系统的方式及其组成、管道敷设方式、采暖耗热量、采暖设备的选择、节能措施、有害物及其消除的措施、通风及除尘方案、通风及除尘设备的选择、空气调节及制冷的设计参数和主要指标、自动控制方案、空调及冷冻设备的选择；设计图纸通常包括送排风平面图，除尘平、剖面图，空调、冷冻的净化装置平面图，空调制冷系统及自控原理图以及主要设备和材料表。

(9) 动力设计。包括锅炉房、压缩空气站、室内外动力管道的设计说明及相应的方案图、计算书以及主要的设备和材料表。

(10) 设计概算书。包括土建工程概算，给水排水工程概算，电气工程概算，采暖、通风和空调工程概算，其他专业工程概算以及技术经济指标。

2. 施工图设计

施工图设计是在已批准的初步设计方案的基础上编制而成的。其设计成果以设计图纸为主，内容与初步设计基本相同，但所设计的内容更具体，图纸的数目更多，要求的深度更深。其设计深度要求达到满足据此编制施工图预算、安排材料和设备、组织施工和安装的要求。

6.3.3 设计任务书

设计任务书是房地产开发企业对建筑设计单位进行委托设计的基本要求，也是建筑设计单位开展设计工作的出发点和依据，应该尽量明确，但明确程度需要根据项目特征、房地产开发企业人员水平、对设计单位信任程度来综合考虑。

6.3.4 施工图审查

施工图审查工作是根据《建筑工程质量管理条例》和《建筑工程勘察设计管理条例》制定的基本建设必需程序，是保证建筑工程施工图设计文件准确的具体措施，是房地产开发企业必须重视的工作。

房地产开发企业报请施工图技术性审查的资料应包括：作为设计依据的政府有关部门的批准文件及附件；审查合格的岩土工程勘察文件（详勘）；全套施工图（含计算书并注明计算软件的名称及版本）；审查需要提供的其他资料。

施工图技术性审查包括的主要内容是：是否符合《工程建设标准强制性条文》和其他有

关工程建设强制性标准;地基基础和结构设计等是否安全;是否符合公众利益;施工图是否达到规定的设计深度要求;是否符合作为设计依据的政府有关部门的批准文件要求。

6.3.5 房地产开发企业的工程设计管理工作

房地产开发企业的投资决策最终通过设计成果反映出来,合理的设计不仅充分体现投资者的意图,而且是对投资决策方案的完善和补充。房地产开发企业对工程设计的管理工作主要有以下几方面。

(1) 择优选定工程设计单位。

(2) 签订工程设计合同。要研究掌握工程设计合同方面的规定和技巧,从而签订双方权利义务明确的高水平的工程设计合同。例如,要掌握工程设计费的拨付规定:"设计合同生效后,委托方向承包方支付相当于设计费的20%作为定金,设计合同履行后,定金抵作设计费。设计费其余部分的支付由双方共同商定。"工程设计单位对所承担设计任务的建筑项目,还附有配合施工、进行施工前技术交底、解决施工中有关设计问题、负责设计变更和修改预算、参加隐蔽工程验收和工程竣工验收等义务。

(3) 明确提出工程设计要求。房地产开发企业对工程设计的要求,主要通过设计任务来表现,因此,应编制好设计任务书。房地产开发企业在取得项目后,一般都会委托策划公司进行市场调研并进行项目策划,确定设计目标和方向。而房地产开发企业也会对项目进行内部方案设计和研讨。在此基础上形成项目的整体方向,作为招标任务书拟定和评标的依据。

(4) 审查工程设计方案和设计图纸。房地产开发企业应及时了解工程设计动态,及时向设计单位讲明要求和愿望,并指出设计图纸中的不当之处。在此阶段,房地产开发企业设计规划人员及相关部门人员,对项目的各个大的价值体系进行深入的剖析,如交通系统功能空间布局、建筑空间分布、建筑体型分析、环境景观系统、设备的设置及户型平面和立面风格等,逐一与设计单位沟通,并与政府相关部门进行沟通,使方案朝着开发商所期望的方向发展。

(5) 审查设计概算。审查设计概算有利于落实投资计划,合理确定工程造价,提高投资效益;有利于促进设计的技术先进性与经济合理性。设计概算审查的方法有全面审查法、重点审查法、利用国家规定的造价指标审查法等。设计概算审查的步骤是:掌握数据和搜集资料;调查研究;分析技术经济指标;进行生产;整理资料。

6.4 房地产开发项目的报建管理

6.4.1 房地产开发项目报建的含义

房地产开发项目报建是指在原规划设计方案的基础上,房地产开发企业委托规划设计单位提出各单体建筑的设计方案,并对其布局进行定位,对开发项目用地范围内的道路和各类工程管线作更深入设计,使其达到施工要求,并提交有关部门审批的过程。用于报建的建筑设计方案经城市规划、消防、抗震办、人防、环卫、供水、供电等管理部门审查通过后,可以进一步编制项目的施工图设计和技术文件,再报城市规划行政主管部门及有关专业管理部门审批。

6.4.2 房地产开发项目报建流程

房地产开发企业在取得土地使用权后，根据城市规划行政主管部门提出的设计要求，通过设计、招投标等方式，委托规划设计院编制设计方案（两个或两个以上）。方案完成以后，房地产开发企业持项目规划设计方案、规划设计方案报审表、规划设计书及其他相关资料，再向城市规划行政主管部门提出规划设计方案审批申请。

城市规划行政主管部门接到申请后应在规定的期限内组织有关单位审查规划设计方案并提出修改和调整意见。对于大型项目，城市规划行政主管部门需要组织消防、人防、环卫等部门共同审查。建设单位根据审查意见，对规划设计方案进行修改、调整。

送审设计方案时，房地产开发企业应报送下列图纸、文件和资料：填报建设工程设计方案送审单；总平面设计图两张（比例 1∶500 或 1∶1 000）；选址批复及规划设计要求送审的其他文件、图纸；单体建筑物的平面图、剖面图、立面图各两套。图纸应标明建筑尺寸，平面图应写明设计指标；如果属于设计招标工程，应加送设计单位中标通知书复印件。

方案审查通过后，委托设计院进行项目的初步设计（对高层建筑），并将初步设计报城市规划管理部门，由规划管理部门组织抗震办、人防办、环卫、供水、供电等部门对初步设计进行会审。

初步设计审查通过后，委托设计单位进行施工图设计，并将施工图报送城市规划管理部门。城市规划管理部门组织消防、人防、环卫等部门共同审查。房地产开发企业根据审查意见，对规划设计方案进行修改、调整，再次报送城市规划行政主管部门审批。审批通过后由城市规划行政主管部门签发规划设计方案审批通知单。房地产开发企业持该通知单到其他指定的有关部门签署意见，如到自来水公司、市政公司、电力公司、燃气公司等部门进行项目施工建设可行性签字。

送审施工图设计时，建设单位应报送下列图纸、文件：填报建筑工程执照申请单；总平面设计图两张；房地产企业基地地形图三张；建筑施工图两套；结构施工图一套；建筑工程设计批准文件；按建筑工程方案审批意见书要求需报送环保、卫生、消防、人防等部门意见书。

房地产开发企业得到有关部门的签署意见后，向城市规划管理部门提交会签单，并领取建设工程规划许可证。建筑工程规划许可证包括的附件和附图，按照建筑物、构筑物、道路、管线等不同要求，由发证单位根据法律、法规规定和实际情况制定。附图和附件是建筑工程规划许可证的配套证件，具有同等法律效力。

一旦开发企业取得城市规划管理部门颁发的建设工程规划许可证，便可办理开工手续。至此，房地产开发将进入建设实施阶段。

6.4.3 建设工程规划许可证的办理流程

建设工程规划许可证是由城市规划行政主管部门核发的、用于确认建设工程是否符合城市规划要求的法律凭证。《城乡规划法》第四十条规定：“在城市、镇规划区内进行建筑物、构筑物、道路、管线和其他工程建设的，建设单位或者个人应当向城市、县人民政府城乡规划主管部门或者省、自治区、直辖市人民政府确定的镇人民政府申请办理建设工程规划许可证。申请办理建设工程规划许可证，应当提交使用土地的有关证明文件、建设工程设计方案等材料。需要建设单位编制修建性详细规划的建设项目，还应当提交修建性详细规划。对符合控制性详细规划和规划条件的，由城市、县人民政府城乡规划主管部门或者省、自治区、直辖市人民政府确定的镇人民政府核发建设工程规划许可证。"

建设单位或者个人凡在城市规划区内的各项建设，无论是永久性，还是临时性的，都必须向城市规划行政主管部门提出申请，由城市规划行政主管部门审查核发。在取得建设工程规划许可证后，方可进行后续工作。建设工程规划许可证的办理流程包括下述六个步骤。

（1）规划窗口根据项目业主的申请，组织建筑设计方案技术审查，当日向并联审批部门发放"建筑设计方案并联审批办理通知书"。

（2）各并联审批部门收到"建筑设计方案并联审批办理通知书"后，3个工作日内提出审查意见，签署"建筑设计方案并联审批审核意见书"反馈市规划局。

（3）规划窗口收到并联审批部门"建筑设计方案并联审批审核意见书"后，5个工作日内完成方案审查和施工图纸审核。如方案需要修改，应提出修改意见，明确修改理由，项目申请人修改后重新报建；如方案得到批准，项目业主申请建设工程规划许可。

（4）规划窗口根据项目业主申请和办理建设工程规划许可证、消防设计防火审核、新建民用建筑项目防空地下室建设意见审查、气象防雷设计审核、城市建筑垃圾处置核准、拆除迁移环境卫生设施审批、白蚁防治手续等并联审批事项的申报条件，受理建设工程规划许可申请，告知项目业主一次性填报表格，提交相关材料，当天向消防、人防、气象、市容、房管等并联审批部门发放"建设工程规划许可并联审批办理通知书"，并转交有关申报材料。

（5）各并联审批单位在2个工作日内审批办结，签署"建设工程规划许可并联审批审核意见书"反馈市规划局，抄告项目业主。

（6）规划窗口根据并联审批单位"建设工程规划许可并联审批审核意见书"，4个工作日内完成现场放验线，核发建设工程规划许可证。

6.5　房地产开发项目的招标管理

房地产开发项目招标和投标是同一项房地产开发业务中密不可分的两个部分。房地产开发项目招标，是指房地产开发企业将房地产开发项目的可行性研究内容、监理服务、勘察设计、设备需求、拟建项目的建设要求等，编制成招标文件，通过发布招标公告或向承包企业发出投标邀请的形式，招引有能力的承包企业参加投标竞争（或进行协商），直至签订工程发包合同的全过程。房地产开发项目投标，是指承包企业在获得招标信息后，根据房地产开发企业招标文件提出的各项条件和要求，结合自身能力，提出自己愿意承包工程的条件和报价，供房地产开发企业选择，直至签订工程承包合同的全过程。

6.5.1　勘察设计招标与评标

有关研究标明，建设项目总投资的70%以上是在建设前期确定的，建设项目投资效益的大小有70%以上也是在建设前期阶段决定的，勘察设计阶段正处于该阶段。因此，勘察设计的优劣对工程项目建设的成败有着至关重要的影响，而通过勘察设计招标投标，引入竞争机制能够提高勘察设计质量、缩短勘察设计工作周期，进而提高建设工程质量、缩短建设时间、控制建设投资。

1. 勘察设计招标的适用情形

为规范工程建设项目勘察设计招标投标活动，提高经济效益，保证工程质量，国家发改委等八部委颁发了《工程建设项目勘察设计招标投标办法》(2003年第2号令)，对勘察设计招标投标活动做出了相应规定。建设工程项目的勘察设计除以下情况外，均应采取招标的方式。按照国家规定需要政府审批的项目，有下列情形之一的，经批准，项目的勘察设计可以不进行招标：① 涉及国家安全、国家秘密的；② 抢险救灾的；③ 主要工艺、技术采用特定专利或者专有技术的；④ 技术复杂或专业性强，能够满足条件的勘察设计单位少于三家，不能形成有效竞争的；⑤ 已建成项目需要改、扩建或者技术改造，由其他单位进行设计影响项目功能配套性的。

勘察设计招标一般应采取公开招标，但如果有以下情况可进行邀请招标：① 项目的技术性、专业性较强，或者环境资源条件特殊，符合条件的潜在投标人数量有限的；② 如果采用公开招标，所需费用占工程建设项目总投资比例过大的；③ 建设条件受自然因素限制，如采用公开招标，将影响项目实施时机的。

招标人采用邀请招标方式的，应保证有三个以上具备承担招标项目勘察设计的能力，并具有相应资质的特定法人或者其他组织参加投标。

招标人可以依据工程建设项目的不同特点，实行勘察设计一次性总体招标；也可以在保证项目完整性、连续性的前提下，按照技术要求实行分段或分项招标。招标人不得对依法必须进行招标的项目化整为零，或者以其他任何方式规避招标。

对于勘察设计项目招标应具备以下条件：① 按照国家有关规定需要履行项目审批手续的，已履行审批手续，取得了批准；② 勘察设计所需资金已经落实；③ 所必需的勘察设计基础资料已经搜集完成；④ 法律法规规定的其他条件。

2. 勘察设计招标文件的内容

招标人应当根据招标项目的特点和需要编制招标文件。勘察设计招标文件应当包括下列内容：① 投标须知；② 投标文件格式及主要合同条款；③ 项目说明书，包括资金来源情况；④ 勘察设计范围，对勘察设计进度、阶段和深度的要求；⑤ 勘察设计基础资料；⑥ 勘察设计费用支付方式，对未中标人是否给予补偿及补偿标准；⑦ 投标报价要求；⑧ 对投标人资格审查的标准；⑨ 评标标准和方法；⑩ 投标有效期，是招标文件中规定的投标文件的有效期，从提交投标文件截止日起计算，自招标文件开始发出之日起至投标人提交投标文件截止之日止，最短不得少于20日。

3. 对投标人的资格审查

(1) 资质审查。资质审查是指投标人所持有的资质证书是否与招标项目的要求一致，是否具备实施资格。

① 勘察单位资质等级。关于勘察单位资质等级管理的知识在前面章节已有介绍，此处不再赘述。

② 设计单位资质等级。工程设计资质分为工程设计综合资质、工程设计行业资质、工程设计专项资质。

工程设计综合资质只设甲级。取得工程设计综合资质的企业，承接工程设计业务的范围不受限制。

工程设计行业资质根据工程性质和技术特点设立类别和级别。工程设计行业资质设甲、乙、丙三个级别，除建筑工程、市政公用、水利和公路等行业设立工程设计丙级资质外，其他行业工程设计丙级资质设置的对象仅为企业内部所属的非独立法人单位。取得工程设计行业资质的企业，可以承接同级别相应行业的工程设计业务。取得工程设计行业资质的企业，还可以承接本行业范围内同级别的相应专项工程设计业务，不需再单独领取工程设计专项资质。

工程设计专项资质根据工程性质和技术特点设立类别和级别。取得工程设计专项资质的企业，可以承接同级别相应的专项工程设计业务。

建设工程勘察、设计资质标准和各资质类别、级别承担工程的范围由国务院建设行政主管部门和国务院有关部门制定。

(2) 能力审查。能力审查是判定投标人是否具备承担发包任务的能力，通常审查人员的技术力量和设备能力两方面。人员的技术力量主要考察设计负责人的资质能力，以及各类设计人员的专业覆盖面、人员数量、各级职称人员的比例等是否满足完成工程设计的需要。设备能力主要审核开展正常勘察或设计所需的器材和设备在种类、数量方面是否满足要求，不仅要看其总拥有量，还应审查其完好程度和在其他工程上的占用情况。

(3) 经验审查。通过投标人报送的最近几年完成的工程项目表，评定其设计能力和水平。侧重于考察已完成的设计项目与招标工程在性质、规模、形式上是否相适应。

4. 勘察设计投标书的评审与定标

勘察设计评标一般采取综合评估法进行。评标委员会应当按照招标文件确定的评标标准和方法，结合经批准的项目建议书、可行性研究报告或者上阶段设计批复文件，对投标人的业绩、信誉和勘察设计人员的能力以及勘察设计方案的优劣进行综合评定。招标文件中没有规定的标准和方法，不得作为评标的依据。

评标委员会评标后，应当向招标人提出书面评标报告，推荐合格的中标候选人。评标委员会推荐的中标候选人应当限定在1～3人，并标明排列顺序。招标人一般应确定排名第一的候选人为中标人。招标人也可以授权评标委员会直接确定中标人。

评标、定标工作应当在投标有效期结束后30个工作日内完成，不能如期完成的，招标人应当通知所有投标人延长投标有效期。

招标人与中标人签订合同后5个工作日内，应当向中标人和未中标人一次性退还投标保证金。招标文件中规定给予未中标人经济补偿的，也应在此期限内一并给付。

6.5.2 施工招标与评标

1. 施工招标的特点

施工招标与勘察设计、监理招标相比，其特点是发包的工作内容明确、具体，各投标人编制的投标书在评标时易于进行比较。虽然投标人按招标文件的工程量表中既定的工作内容和工作量编制投标报价，但价格的高低并非是确定中标人的唯一条件，投标过程实际上是各投标人完成该项任务的技术、经济、管理等综合能力的竞争。

2. 施工招标的发包工作范围

为了规范建筑市场有关各方的行为，《建筑法》和《招标投标法》规定一个独立合同发包的工作范围可以是：① 全部工程招标，即将项目建设的所有土建、安装施工工作内容一次性发包;② 单位工程招标;③ 特殊专业工程招标。

不允许将单位工程肢解成分部、分项工程进行招标。

3. 招标准备工作

(1) 施工招标应具备的条件。对于依法必须招标的工程建设项目,应当具备下列条件才能进行施工招标:① 招标人已经依法成立;② 初步设计及概算应当履行审批手续的,已经审批;③ 招标范围、招标方式和招标组织形式等应当履行核准手续的,已经核准;④ 相应资金或资金来源已经落实;⑤ 有招标所需的设计图纸及技术资料。

(2) 施工招标方式的选择。施工招标有公开招标和邀请招标两种方式,国务院发展计划部门确定的国家重点建设项目和各省、自治区、直辖市人民政府确定的地方重点建设项目,以及全部使用国有资金投资或者国有资金投资占控股或主导地位的工程建设项目,应当公开招标。

对有下列情形之一的,经批准可以进行邀请招标:① 项目技术复杂或有特殊要求,只有少数几家潜在投标人可供选择的;② 受自然地域环境限制的;③ 涉及国家安全、国家秘密或者抢险救灾,适宜招标但不宜公开招标的;④ 拟公开招标的费用与项目的价值相比,不值得的;⑤ 法律、法规规定不宜公开招标的。

国家重点建设项目的邀请招标,应当经国务院发展计划部门批准;地方重点建设项目的邀请招标,应当经省、自治区、直辖市人民政府批准。

全部使用国有资金或者国有资金占控股或主导地位的并需要审批的工程建设项目的邀请招标,应当经项目审批部门批准,但项目审批部门只审批立项的,由有关行政监督部门批准。

(3) 资格预审。资格预审,是指在投标前对潜在投标人进行的资格审查,是在招标阶段对申请投标人的第一次筛选,经资格预审后,招标人应当向资格预审合格的潜在投标人发出资格预审合格通知书,告知获取招标文件的时间、地点和方法,并同时向资格预审不合格的潜在投标人告知资格预审结果。资格预审不合格的潜在投标人不得参加投标。

资格预审应主要审查潜在投标人或者投标人是否符合下列条件:① 具有独立订立合同的权利;② 具有履行合同的能力,包括专业、技术资格和能力,资金、设备和其他物质设施状况,管理能力,经验、信誉和相应的从业人员;③ 没有处于被责令停业,投标资格被取消,财产被接管、冻结,破产状态;④ 在最近 3 年内没有骗取中标和严重违约及重大工程质量问题;⑤ 法律、行政法规规定的其他资格条件。

资格审查时,招标人不得以不合理的条件限制、排斥潜在投标人或者投标人,不得对潜在投标人或者投标人实行歧视待遇。任何单位和个人不得以行政手段或者其他不合理方式限制投标人的数量。

4. 招标文件的内容

招标人根据施工招标项目的特点和需要编制招标文件。招标文件一般包括下列内容:① 投标须知,包括工程概况,招标范围,资格审查条件,工程资金来源或者落实情况(包括银行出具的资金证明),标段划分,工期要求,质量标准,现场踏勘和答疑安排,投标文件编制、提交、修改、撤回的要求,投标报价要求,投标有效期,开标的时间和地点,评标的方法和标准等;② 招标工程的技术要求和设计文件;③ 采用工程量清单招标的,应当提供工程量清单;④ 投标函的格式及附录;⑤ 拟签订合同的主要条款;⑥ 要求投标人提交的其他材料。

5. 评标

评标可以采用综合评估法、经评审的最低投标价法或者法律法规允许的其他评标方法。经评审的最低投标价法一般适用于具有通用技术、性能标准或者招标人对其技术、性能没有特殊要求的招标项目。采用这种方法，评标委员会应当根据招标文件中规定的评标价格调整方法，对所有招标人的投标报价以及投标文件的商务标部分作价格调整，对技术标部分既不打分也不折价，通过即可。对于不宜采用经评审的最低投标报价法的招标项目，一般采用综合评价法进行评审。衡量投标文件是否最大限度地满足招标文件中规定的各项评价标准，可以采取折算为货币的方法、打分的方法或者其他方法。需量化的因素及其权重应当在招标文件中明确规定，采用综合评估法在对投标文件打分时，既要对商务标进行打分或折价，也应对技术标进行打分或折价。

一般在施工招标时常采用的评标方法有单项评议法、综合评议法以及性价比评议法。

6.5.3 设备与材料采购招标与评标

1. 设备与材料采购招标的要求及方式

根据国家发改委等七部委发布的《工程建设项目货物招标投标办法》(2005 年第 27 号)，重要设备、材料等货物的采购，单项合同估算价在 100 万元人民币以上的必须招标，如工程建设项目招标人对项目实行总承包招标时，未包括在总承包范围内的货物达到国家规定规模标准的，应当由工程建设项目招标人依法组织招标；以暂估价形式包括在总承包范围内的货物达到国家规定规模标准的，应当由总承包中标人和工程建设项目招标人共同依法组织招标，此时，总承包人也为招标人。招标设备与材料需要划分标包的，招标人应当合理划分标包，确定各标包的交货期。主要设备或供货合同的主要部分不得要求转包或者分包，非主体设备或材料可以分包，但应在招标文件中说明。

设备与材料采购招标可以采用公开招标和邀请招标两种方式。一般应采用公开招标的方式，但对于符合以下条件的经批准可以采用邀请招标：① 货物技术复杂或有特殊要求，只有少量几家潜在投标人可供选择的；② 涉及国家安全、国家秘密或者抢险救灾，适宜招标但不宜公开招标的；③ 拟公开招标的费用与拟公开招标的价值相比，得不偿失的；④ 法律、行政法规规定不宜公开招标的。采用邀请招标方式，招标人应当向三家以上具备货物供应能力、资信良好的特定的法人或者其他组织发出投标邀请书。

2. 设备与材料采购招标条件

大中型开发建设项目所需要的通用设备、专用设备、非标准设备和引进设备，应进行招标，择优选择制造供应单位。实行设备招标的开发建设项目必须具备以下条件：① 招标人已依法成立；② 按照国家有关规定应当履行项目审批、核准或者备案手续的，已经审批、核准或者备案；③ 相应资金或者资金来源已经落实；④ 能够提出货物的使用与技术要求。

3. 设备与材料采购招标公告的内容

招标公告或者投标邀请书应当载明下列内容：招标人的名称和地址；招标货物的名称、数量、技术规格、资金来源；交货的地点和时间；获取招标文件或者资格预审文件的地点和时间；对招标文件或者资格预审文件收取的费用；提交资格预审申请书或者投标文件的地点和截止日期；对投标人的资格要求。

4. 设备与材料采购的资格预审

对于设备材料采购合同，资格预审一般适用于潜在投标人较多或者大型、技术复杂的设备材料的公开招标，以及需要公开选择潜在投标人的邀请招标项目，对于设备材料采购，也可在评标过程中的初步评审开始时采用资格后审的方式对投标人进行资格审查。资格预审文件一般包括下述内容：① 资格预审邀请书；② 申请人须知；③ 资格要求；④ 其他业绩要求；⑤ 资格审查标准和方法（招标人应在资格预审文件中详细规定资格审查的标准和方法）；⑥ 资格预审结果的通知方式。

5. 设备与材料采购招标文件的编写

设备与材料采购招标文件一般包括以下内容：① 投标邀请书；② 投标人须知；③ 投标文件格式；④ 技术规格、参数及其他要求；⑤ 评标标准和方法；⑥ 合同主要条款。

招标人应当在招标文件中规定实质性要求和条件，说明不满足其中任何一项实质性要求和条件的投标将被拒绝，并用醒目的方式标明；没有标明的要求和条件在评标时不得作为实质性要求和条件。对于非实质性要求和条件，应规定允许偏差的最大范围、最高项数以及对这些偏差进行调整的方法。

国家对招标货物的技术、标准、质量等有特殊要求的，招标人应当在招标文件中提出相应特殊要求，并将其作为实质性要求和条件。

设备招标文件的主要内容包括：① 投标须知，包括招标单位名称、设备性能和要求、投标的起止日期和地点、组织技术交底与介绍招标方式、开标日期和地点；② 正式批准的设计任务书、初步设计或设计单位确认的设备清单；③ 设备的名称、型号、规格、数量、技术要求、交货日期、方式、地点及检验方法；④ 专用设备、非标准设备的设计图纸和说明书；⑤ 可提供的原材料数量、价格；⑥ 引进设备的外汇解决途径以及合同的主要条款。

材料招标文件的主要内容包括投标人须知、合同条件、产品要求以及投标文件要求等。

6. 评标

技术简单或技术规格、性能、制作工艺要求统一的货物，一般采用经评审的最低投标价法进行评标。技术复杂或技术规格、性能、制作工艺要求难以统一的货物，一般采用综合评估法进行评标。最低投标价不得低于成本。

6.5.4 监理招标与评标

监理招标的标的是“监理服务”，其与工程项目建设中其他各类招标的区别在于监理单位不是承担物质生产任务，只是受招标人委托对建设过程提供监督、管理、协调、咨询等服务。鉴于标的具有的特殊性，招标人选择中标人的基本原则是“基于能力的选择”。

1. 监理招标的特点

（1）招标宗旨是对监理单位能力的选择。监理服务是监理单位的智力投入，服务工作完成的好坏除了依赖于执行监理业务是否遵循了规范化的管理程序和方法外，更多地取决于参与监理工作人员的业务专长、经验、判断能力、创新想象力以及风险意识。因此招标选择监理单位时，鼓励的是能力竞争，而不是价格竞争。

（2）报价的选择居于次要地位。对于工程项目的施工，物资供应招标选择中标人的原则是在技术上达到要求的标准的前提下，主要考虑价格的竞争性。而监理招标将对能力的选择放在第一位，因为当价格过低时监理单位很难把招标人的利益放在第一位，为了维护自己的经济利益而采取减少监理人员数量或多利用业务水平低、工资低的人员，其后果必然是对工程项目造成损害。另外，监理单位提供高质量的服务，也能使招标人获得节约工程投资和提前投产的实际效益，所以招标人应当在能力相当的投标人之间再进行价格比较。

（3）一般采用邀请招标。选择监理单位一般采用邀请招标，且邀请数量以 3～5 家为宜。因为监理是对知识、技能和经验等方面综合能力的选择，每一份标书内都会提出具有独特见解或创造性的实施建议。如果邀请过多的投标人参与竞争，不仅要增大评标工作量，而且定标后还要给予未中标人一定的补偿费，增加招标成本。

2. 监理招标的工作内容和范围

监理招标发包的工作内容和范围，可以是整个工程项目的全过程，也可以是监理招标人与其他人签订的一个或几个合同的履行。划分合同发包的工作范围时，通常考虑的因素包括：

（1）工程规模。对于中小型工程项目，有条件时可将全部监理工作委托给一个单位；对于大型或复杂工程，则应按设计、施工等不同阶段及监理工作的专业性质分别委托给几家单位。

（2）工程项目的专业特点。不同的施工内容，对监理人员的素质、专业技能和管理水平的要求也不同，应充分考虑专业特点的要求。如将土建和安装工程的监理工作分开招标，甚至在有特殊基础处理时将该部分从土建工程中分离出去单独招标。

（3）被监理合同的难易程度。工程项目建设期间，招标人与第三人签订的合同较多，对易于履行合同的监理工作可并入相关工作的委托监理内容之中。如将采购通用建筑材料购销合同的监理工作并入施工监理的范围之内，而设备制造合同的监理工作则委托专门的监理单位。

3. 招标文件的内容

监理招标实际上是征询投标人实施监理工作的方案建议。为了指导投标人准确编制投标书，监理招标文件一般包括以下 7 个方面的内容：

（1）投标须知。一般包括：① 工程项目综合说明。包括项目的主要建设内容、规模、工程等级、地点、总投资、现场条件、开竣工日期。② 委托的监理范围和监理业务。③ 投标文件的格式、编制、递交。④ 无效投标文件的规定。⑤ 投标的起止时间，开标、评标、定标的时间和地点。⑥ 招标文件、投标文件的澄清与修改。⑦ 评标的原则等。

（2）合同条件。

（3）业主提供的现场办公条件（包括交通、通信、住宿、办公用房等）。

（4）对监理单位的要求。包括对现场监理人员、检测手段、工程技术难点等方面的要求。

（5）有关技术规定。

（6）必要的设计文件、工程图纸和有关技术资料。

（7）其他事项。

4. 评标

评标委员会对各标书进行审查评阅，主要考察以下几方面的合理性：

（1）投标人的资质。其包括资质等级、批准的监理业务范围、主管部门或股东单位、人员综合情况等。

(2) 监理规划。

(3) 拟派的主要监理人员(重点审查总工程师和主要专业工程师)。

(4) 人员派驻计划和监理人员的素质(主要考察人员的学历证书、职称证书和上岗证书)。

(5) 监理单位提供用于工程的检测设备和仪器,或委托有关单位检测的协议。

(6) 近几年监理单位的业绩及奖惩情况。

(7) 监理费报价和费用组成。

(8) 招标文件要求的其他情况。

在审查过程中对投标书中的不明确之处可采用澄清问题的方式请投标人予以说明,并可通过与总工程师的会谈,考察他在风险意识、对业主建设意图的理解、应变能力、管理目标的设定等方面的素质高低。

监理评标的量化比较通常采用综合评分法对投标人的综合能力进行对比。依据招标项目的特点设置评分内容和分值的权重。招标文件中说明的评标原则和预先确定的计分标准开标后不得更改,作为评标委员的打分依据。

复习思考题

1. 简述房地产开发项目规划设计方案评价的特点。
2. 简述房地产开发项目工程规划许可证的作用。
3. 简述房地产开发项目招标应具备的条件。
4. 工程项目招标有何作用?
5. 工程勘察设计在房地产开发建设过程中的目的和工作重点是什么?
6. 开发建设项目建筑工程施工招标的方式有哪几种?
7. 在正式签订合同之前,业主和承包商仍需要一个商议阶段,其目的是什么?

7 房地产开发项目的建设管理

学习目标

1. 了解房地产开发项目建设管理的含义和主要任务、我国工程监理制度的发展脉络、我国工程监理的资质管理；

2. 理解房地产开发项目建设管理的模式、工程监理的概念、分类与基本职能；

3. 掌握工程监理的工作程序和内容；

4. 熟悉房地产开发项目投资监理、进度监理、质量监理、成本(造价)监理以及合同管理的具体方法；

5. 掌握房地产开发项目竣工备案文件和程序、竣工验收的内容和程序以及竣工验收档案的编制内容；

6. 了解建设工程质量保修办法、房地产开发项目竣工后的服务内容。

对于房地产开发企业来说，房地产开发项目的工程建设阶段是房地产开发中的一个重要的管理阶段。在此阶段，设计的蓝图将变成现实，开发者的意图将得以实质性的实施。虽有研究表明对房地产开发项目的经济效益影响最大的是项目的策划、可行性研究、决策及设计阶段，但开发项目总投资的70%以上是在建设管理阶段投入的。其投资速度、工程质量、建设工期将直接影响到该项目投资目标的实现。因此，有效的施工建设管理是合理节约开支、提高房地产开发项目投资效益的关键环节，必须对开发项目的工程建设给予高度重视。

7.1 房地产开发项目建设管理组织

7.1.1 房地产开发项目建设管理的含义

房地产开发项目建设管理，是指房地产开发企业对房地产开发项目从项目开工到竣工验收为止的整个建设阶段所进行的管理。由于房地产开发项目的建筑安装工作是委托承包给施工单位来完成的，因此，房地产开发项目的建设管理实质上是房地产开发企业对施工单位工程建设活动的监督管理。

房地产开发项目的建设管理的目的是高效、优质、低耗、安全地完成房地产开发项目的建设任务。

7.1.2 房地产开发项目建设管理模式

房地产开发项目中，开发商首先委托咨询、设计单位完成项目前期工作，包括施工图纸、招标文件等。其次是选择一家具有资质和实力的监理机构，然后通过竞争招标把工程授予综合报价最优的承包商。开发商要分别与设计机构、承包商和监理机构签订合同。开发项目建设管理模式指在项目施工阶段开发商与各参与者之间的合同关系。

1. 平行承发包管理模式

平行承发包管理模式是指项目业主将工程项目的施工和设备、材料采购的任务分解后分别发包给若干个施工单位和材料、设备供应商，并分别与各个承包商签订合同。各个承包商之间的关系是平行的，他们在工程实施过程中接受业主或业主委托的监理企业的协调和监督。

对于一个大型的房地产开发项目，开发企业既可以把所有的项目建设管理任务委托给一家监理单位，也可以委托给几家监理单位，如图 7-1 所示。

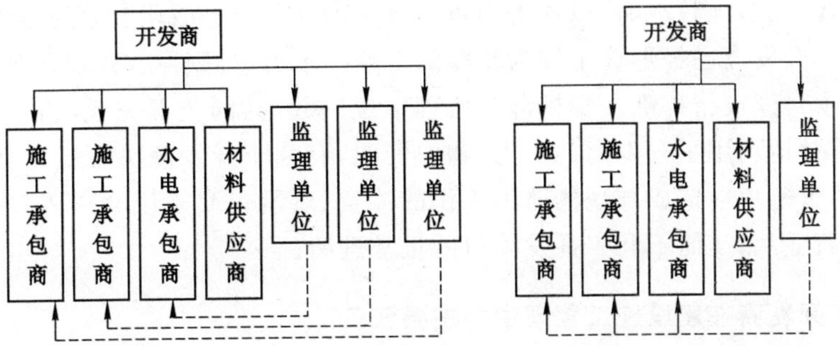

图 7-1　开发项目平行承发包的两种管理模式

2. 总承包管理模式

工程项目总承包管理模式是指业主在项目立项后，将工程项目的施工、材料和设备采购任务一次性地发包给一个工程项目承包公司，由其负责工程的施工和采购的全部工作，最后向业主交出一个达到动用条件的工程项目。业主和承包商签订一份承包合同，也称为“交钥匙工程”。房地产开发商可以将一个房地产开发项目委托给一家总包单位，并委托一家监理单位实施项目管理，如图 7-2 所示。

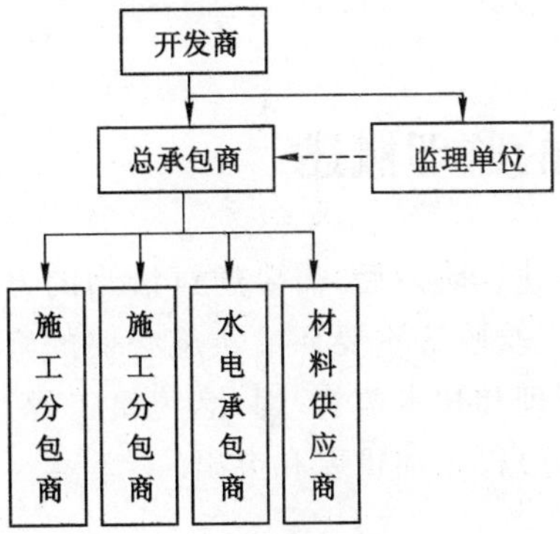

图 7-2　开发项目总承包管理模式

对于实施平行承发包管理模式来说，有利于开发商指挥各个承包单位，通过项目之间进度、投资等建设目标完成状况的比对实施奖惩策略，但同时由于参与单位过多，开发商组织协调工作量很大；对于实施总承包管理模式来说，开发商只需面对一家总承包单位，而各分包商之间的作业面协调、任务协调等工作由总承包商来完成，开发商组织管理工作量较小，缺点是一旦总承包单位和开发商发生不可调和的矛盾，对开发项目的建设将会带来很大的影响。

无论委托给多家承包单位还是一家总包单位，开发商与施工承包企业、监理企业均应分别签订合同，施工合同中要明确承包企业权利和义务，监理合同应明确工程监理的范围和内容。开发企业通过监理商与设计和施工单位协调，原来所承担的组织、控制、协调等项目管理工作，也大都交予监理单位。开发企业组成一套精简的项目管理班子，结合项目的驻工地代表，主要在工程决策、工程支付控制等重大问题上行使管理职能。监理制对业主来说有节约人力物力资源、发挥专业公司专长、注重项目总体控制的优势。这对一些大型房地产开发企业在实施多区域、多项目战略，以各类项目型公司为开发推进战略时较为常见。

部分房地产开发商已经形成了较为雄厚的专业技术力量，则习惯按照传统的管理模式，组织强有力的项目建设指挥部。指挥部和监理单位一起，共同负责完成项目建设目标。这种建设方式，有效地利用了开发商的人力、物力资源，有利于开发商决策层项目实施战略的贯彻，但同时不可避免地造成与现场监理工作的冲突，对承包商来说会形成多头管理，往往导致承包商无所适从，反而不利于开发项目的正常进展。

7.1.3 房地产开发商在建设施工管理中的主要任务

(1) 项目组织与协调工作。一方面，选择施工、供应等参建单位，明确各自在业务往来中应遵守的原则；另一方面，落实项目施工阶段的各项准备和组织工作，包括落实设计意图、选定施工方案、审定材料与设备供应品种及供应方式。

(2) 费用控制。费用控制主要包括编制费用计划，审核费用支出，研究节支途径。

(3) 进度控制。进度控制主要进行进度分析，适时地调整计划，协调各参建单位进度。

(4) 质量控制。质量控制主要提出质量标准，进行质量监督，处理质量问题，组织工程验收。

(5) 合同管理。合同管理对施工前签订的施工合同进行管理，并处理工程量增减、合同纠纷、索赔等事宜。

7.2 房地产开发项目的监理概述

房地产开发项目进入工程建设阶段后，需要通过恰当的方式和途径，对工程质量、工程进度、工程造价、工程设计、竣工验收等重要环节实施必要的管理和监督。由于多数建设单位并不擅长工程建设的组织管理和技术监督，因此，建筑工程监理制度便应运而生，竣工验收作为质量控制的最后一环也显得更加重要和突出。

7.2.1 我国工程监理制度的发展脉络

我国试行工程监理制度，是从改革开放以来利用外资建设的项目和外贷项目开始的。过去我国的工程建设活动基本上是由建设单位自己组织管理的。建设单位不仅负责组织设计施工、申请材料设备，还直接承担工程建设的监督和管理工作，而一批批筹建人员，往往并不具备相关的专业知识，也不熟悉工程项目的管理业务，因此在管理过程中往往起不到应有的作用，无法真正保证投资的效益和工程质量。当筹建人员刚刚熟悉了工程项目的管理业务，工程也竣工了。而新的建设单位投资新的项目建设起用新的筹建人员，又得从头学习。如此周而复始，低水平的重复，严重阻碍了我国建设管理水平的提高。1988年，国家为了加强对工程建设的行业管理，在总结过去经验的基础上，在新组建的国家建设部中设立了建设监理司，使工程建设监理工作从无到有，为工程监理的制度化、规范化奠定了组织基础。近三十年来，工程监理制度在我国有了很大发展，先后颁布了一些有关工程监理的法规文件，对建筑监理的规范化、制度化起到了积极的推动作用。

我国的建设工程监理体系由3个层次构成：第一层次是建设法律，是由全国人民代表大会及其常务委员会制定的有关建设方面的法律，其他层次的建设监理法规应根据这些法律制定，不能与之相悖。第二个层次是建设监理行政法规，由国务院发布的建设监理方面的行政法规。第三层次是部门建设规章和地方建设监理法规、规章。目前，我国建设监理立法工作主要是在这个层次上展开。我国第一个建设监理的法规文件的颁布是在1989年7月，建设部连续颁发了5个有关建设监理的文件。从1996年起，我国建设监理工作开始进入全面推行阶段，各地方、各部门的监理法规进一步健全和完善，新开工的大中型工程都逐步实行建设工程监理，监理队伍也得到发展壮大。

7.2.2 工程监理的概念、分类与基本职能

建筑工程监理，是指由具有法定资质条件的工程监理单位，根据建设单位的委托，依照法律、行政法规及有关的技术标准、技术文件和建筑工程承包合同，在施工质量、建设工期和建设资金使用等方面，代表建设单位对工程施工实施专门的监督活动，以求用最少的人力、物力、财力和时间获得符合质量要求的产品。

从监理工作的主体看，大致可以分为政府监理和社会监理两类。在各自的主体里，还可分为不同的层次，不同的层次有不同的职责。

1. 政府监理

政府监理是指各级人民政府建设行政主管部门和国务院工业、交通部门对工程建设实施阶段建设行为实施的监理，以及对社会监理单位的监督管理。政府监理的主要内容包括：制定并监督实施监理法规以及相关的建设法规，审批建设监理单位资质，归口管理所辖区域的建设监理工作。对工程建设项目实施直接监理，如建设项目是否符合国家经济发展总体要求，是否符合环境保护要求等。

政府监理的主要机构是住房和城乡建设部和省、自治区、直辖市建设主管部门设置的专门的建设监理管理机构。市(地、州、盟)县的建设主管部门根据需要设置或指定的相应机构，统一管理建设监理工作。国务院工业、交通部门根据需要设置或制定相应的机构，指导本部门建设监理工作。

各级政府监理部门职责各不相同。住房和城乡建设部的监理职责是：起草或制定建设监理法规，并组织实施；审批全国性、多专业、跨省承担监理业务的监理单位的资质；制定社会监理单位和监理工程师的资质标准及审批管理办法，负责监理工程师资质考试、颁发证书并监督实施；参与大型工程项目建设的竣工验收；检查督促工程建设重大事故的处理；指导和管理全国工程建设监理工作。

省、自治区、直辖市建设行政主管部门的监理职责是：审批本地区大中型建设项目的开工报告、竣工验收、检查工程建设重大事故处理；审批全省性监理单位资质；指导和管理本地

区工程建设监理工作。

2. 社会监理

社会监理是指社会监理单位受建设单位的委托，对工程建设实施阶段建设行为实施的监理。社会监理单位可以是专门从事监理业务的工程建设监理公司或事务所，也可以是兼承建设监理业务的工程设计、科学研究、工程建设咨询单位等。

社会监理的内容非常广泛，从投资决策咨询的建设项目前期准备阶段，到工程保修阶段，贯穿整个工程的全过程。

这里需要指出的是，具体的建筑工程监理对建筑工程的监督与政府有关部门依照国家有关规定对建筑工程进行的质量监督，二者在监督依据、监督性质以及与建设单位和承包单位的关系等方面，都不相同，不能相互替代。工程监理单位对工程项目实施的监督依据，是建设单位的授权，以社会中介组织作为公证身份进行监督；工程监理单位与建设单位和工程承包商之间是平等的民事主体之间的关系，没有行政处罚的权利。而政府主管部门监督的依据是法律、法规，属于强制性、行政性监督管理，与建设单位和工程承包商属于行政管理与被管理的关系，政府主管部门有行政处罚权。

7.2.3 工程监理工作的程序

房地产综合开发企业委托监理的工作程序如下：

(1) 与专业工程建设监理公司洽谈委托监理事宜。在选择洽谈对象时要注意，工程建设监理公司有不同的资质等级，并且承担不同范围内的工程建设监理任务。按现行规定，工程建设监理公司有甲、乙、丙三个等级。甲级工程建设监理公司可以跨地区、跨部门监理大、中、小型工程。乙级工程建设监理公司可以监理本地区、本部门中小型工程。丙级工程建设监理单位只能监理本地区、本部门的小型工程。

(2) 与接受委托监理的工程建设监理公司签订委托监理合同。委托监理合同的内容应包括：监理对象，双方的权利和义务，监理酬金的计取与支付，争议的解决方式，双方约定的其他事宜。在签订委托监理合同后，房地产开发企业应协助工程建设监理公司到受监工程所在地的县级以上地方人民政府建设行政管理部门备案。

(3) 书面通知承建施工单位。将委托的工程建设监理公司、监理的内容、总监理工程师的姓名以及委托给工程建设监理公司的权限，书面通知承建的施工单位。同时，掌握受托工程建设监理公司总监理工程师将其授予监理工程师的权限和名单书面通知承建的施工单位的落实情况。

(4) 定期接受检查监理报告。定期接受检查受托工程建设监理公司送交的监理报告。对于出现的问题，及时协调解决。对于应尽的义务，按合同内容履行。

(5) 接收工程技术档案。房地产开发项目完工后，接收受托工程建设监理公司移交的工程技术档案。

(6) 结清监理费用。工程建设监理公司完成房地产开发项目监理任务后，按监理委托合同约定，及时结算监理费用。

7.2.4 监理单位的资质及管理

建设监理是集经济、技术、法律手段于一体的综合管理行为，只有经过严格的专业资质审查的单位方能承担此项任务。建设监理单位的资质，是指从事监理业务的单位应具备的人员素质、资金数量、专业技能、管理水平及管理业绩等。

1. 建设监理单位的等级和资质条件

建设监理的资质，依据《工程建设监理单位资质管理试行办法》的规定，分为甲、乙、丙三级。

(1) 甲级建设监理单位应具备的资质条件。包括：① 单位负责人应由取得监理工程师资格证书的在职高级工程师、高级建筑师、高级经济师担任；技术负责人应由取得监理工程师资格证书的在职高级工程师、高级建筑师担任。② 人员的专业结构中，取得监理工程师资格证书的工程技术与管理人员不少于 50 人，且人员专业配套，其中高级工程师或高级建筑师不少于 10 人，高级经济师不少于 3 人。③ 注册资金不少于 100 万元。④ 应当监理过 5 个一等一般工业与民用建设项目或者 2 个一等工业、交通建设项目。

(2) 乙级建设监理单位应具备的资质条件。包括：① 单位负责人应由取得监理工程师资格证书的在职高级工程师、高级建筑师、高级经济师担任；技术负责人应由取得监理工程师资格证书的在职高级工程师、高级建筑师担任。② 人员的专业结构中，取得监理工程师资格证书的工程技术与管理人员不少于 30 人，且人员专业配套，其中高级工程师和高级建筑师不少于 5 人，高级经济师不少于 2 人。③ 注册资金不少于 50 万元。④ 应当监理过 5 个二等一般工业与民用建设项目或 2 个二等工业、交通建设项目。

(3) 丙级建设监理单位应具备的资质条件。包括：① 单位负责人应由取得监理工程师资格证书的在职高级工程师、高级建筑师、高级经济师担任；技术负责人应由取得监理工程师资格证书的在职高级工程师、高级建筑师担任。② 人员的专业结构中，取得监理工程师资格证书的工程技术与管理人员不少于 10 人，且人员专业配套，其中高级工程师和高级建筑师不少于 2 人，高级经济师不少于 1 人。③ 注册资金不少于 10 万元。④ 应当监理过 5 个三等一般工业与民用建设项目或 2 个三等工业、交通建设项目。

2. 建设监理单位的监理范围

不同等级的监理单位其业务范围是不同的。根据现行规定，甲级建设监理单位可跨地区、跨部门监理一、二、三等工程，乙级建设监理单位只能监理本地区、本部门二、三等的工程，丙级建设监理单位只能监理本地区、本部门三等的工程，已取得证书但尚未定级的建设监理单位，只能在原资质审批部门核定的监理范围内从事监理工作。

3. 建设监理单位资质管理的主要内容

建设监理单位资质管理的内容具体包括如下六个方面：① 建设监理单位设立时的资质审查；② 建设监理单位资质等级的例行核定(每 3 年核定一次)；③ 建设监理单位定级时的资质审批；④ 建设监理单位升级时的资质审批；⑤ 建设监理单位资质变更与终止业务时的审查、批准；⑥ 建设监理单位承接和实施监理过程中的有关资质管理工作。

4. 建设监理单位资质管理的分工

国务院建设行政主管部门(中华人民共和国住房和城乡建设部)归口管理全国的建设监理单位资质。其主要职责是：负责监理单位设立的资质审批、负责设立中外合营和中外合作建设监理单位的资质审批、负责全国甲级建设监理单位的定级审批、负责全国甲级建设监理单位资质的例行核定和制定全国甲级建设监理单位"升级资质证书"和"资质等级证书"等。

省、自治区、直辖市人民政府建设行政主管部门负责本行政区域地方建设监理单位的资质管理。其主要职责是:负责本行政区域地方建设监理单位设立的资质审批,负责本行政区域地方乙、丙级建设监理单位设立的资质变更与终止的审查、批准等。

国务院各工业、交通等部门负责本部门直属建设监理单位的资质管理。其主要职责是:分别负责本部门直属建设监理单位设立的资质审批,负责本部门直属乙、丙级建设监理单位资质变更与终止的审查、批准,负责本部门直属乙、丙级建设监理单位资质等级的例行核定。

7.3 房地产开发项目监理的内容与方法

从监理工作的主要服务对象来看,监理工作的内容大体可以分为工程进度监理、工程质量监理、工程投资监理、工程成本(造价)监理以及合同监理。

7.3.1 房地产开发项目进度监理

进度(工期)是房地产开发企业最为关心的目标之一,能否按时完成任务、及时交工直接影响到企业的商业信誉和公众形象。进度监理是指对工程建设项目的各建设阶段的工作顺序和持续时间进行规划、实施、检查、协调及信息反馈等一系列活动的总称。建设工程进度监理的总目标是通过监理单位的咨询和监督活动,确保如期完成工程。

1. 房地产开发项目进度监理的内容

工程项目进度监理包括:对工程项目建设总周期目标进行具体的论证和分析,编制工程项目总进度计划,编制阶段详细进度计划,监督阶段详细进度计划的执行,施工现场的调研与分析。

(1) 工程项目总周期的论证与分析。通盘考虑整个工程项目,全面规划,指导施工单位有计划地运用人力、财力、物力和时间、空间、技术、设备,按委托方对工程项目的工期要求,确定经济合理的实施方案。这种论证与分析反映在文字上,就是施工组织设计。

以住宅小区编制施工组织设计为例,其主要内容有:施工项目一览表——按区域系统形成,排列整齐,并分别计算其工程量;施工进度网络计划——按项目排列施工顺序,按时间安排项目的开竣工日期;施工纵剖面布置——绘制住宅工程、配套工程、附属工程(如各种管线)、施工现场及大型临时实施的平面布置图和示意图。监理单位以此为总目标,要求参加建设施工的各单位分别作出单幢工程施工组织设计、分部分项工程组织设计。这样,按施工组织设计的要求,范围从大到小,项目由多到少,安排由粗到细,工期由长到短,层层落实,环环相扣,构成一个施工现场组织网络体系,从而保证现场各项工作有计划进行。

(2) 工程项目总进度计划的编制。工程项目总进度计划是包括设计、采购、施工等有关工作在内的综合进度计划,其考核指标是以投资完成额(工作量)来衡量,即将各项工程完成量按照预算折合成以货币表示的投资额相加,然后与原预算进行比较,得到总进度的完成情况。总进度计划的控制应根据项目施工组织设计的要求,首先将所有的单项工程按顺序排列,并确定其相互制约关系,然后计算出每一项工程所需的工时数,从而计算出其所需工期和整个工程所需工期。在此基础上再结合工程具体情况和定额工期,与委托方签订工程施工总工期。如委托方达不到合同工期的要求,则要想方设法采取有力措施(如增加工作班组、改进运输途径、调整施工方法等),力争做到不拖工期,也不增加费用。

(3) 阶段详细进度计划的编制。阶段详细进度计划以工程开竣工时间为中心进行编制。内容包括房屋的开工、施工、竣工交付使用，市政公用工程及配套项目的开工，商业服务网点的开业，公共交通线路的开通，道路修建、现场清理、路灯及电话的安装、植树绿化、基层政权的建立和管理等计划等。整个工程的开竣工日期应与合同期相符合。

在计划的实施过程中要求监理(管理方)对现场情况进行调查分析，及时发现和解决问题。例如，目前多数开发商对现场的管理采用召开定期调度会的办法。调度会一般由业主或委托监理单位召开，参加单位一般包括规划设计单位、施工单位、建设单位、房管部门、市政公用部门等。会议内容主要是检查计划执行情况，研究解决工程项目建设中遇到的问题(包括措施、期限、落实等)，以平衡、协调各方面的关系，保证计划的完成。

(4) 进度计划的监督。进度计划的监督主要工作包括：① 注意设计图纸进度对施工进度的影响，了解设计进度情况及预计完成日期对施工进度的影响。② 设备材料采购的进度情况，包括各项设备是否按计划完成、计划运到现场日期、检查验收办法及检测手段的落实。③ 各项预制构、配件的预订及加工日期，具体到货日期及到货情况。④ 施工进度情况。及时了解各单项工程的完成情况，实际动工日期和完成日期。⑤ 监理控制。及时发现实际与计划的偏离情况，并采取有效补救措施，以确保计划的完成。

2. 房地产开发项目进度监理的方法

进度计划编制是进度管理的重要内容，通常采用横道图法、网络图法、计划评审技术和管理技术方法等。

(1) 横道图法。横道图法是用直线线条在时间坐标上表示出单项工程内容进度的方法。横道图的优点是制作简便，明了易懂；缺点是从图中看不出各项工作之间的相互依赖和相互制约的关系，看不出一项工作的提前或落后对整个工期的影响程度，看不出哪些是关键工作。横道图的主要绘制工具有 EXCEL、VISIO 等。

(2) 网络图法。网络图法的机理是应用网络形式来表示计划中各项工作的先后顺序和相互关系，通过参数计算找出计划中的关键工作和关键线路，在计划执行过程中进行有效的控制和监督。

利用网络图法可以在实际项目进度计划中找出工程实施的关键线路，确定出该工程项目的各个关键工作和任务，并利用时差不断地调整与优化网络，求得最短周期；还可以将成本与资源问题考虑进去，求得综合优化的项目计划方案，以便于为项目决策者、管理者和具体操作者提供指导，尤其是对那些子项较多、工序复杂的大型国际工程项目尤为重要。需要注意的是，在利用网络图法安排进度时，必须确定合理的工作细分程度。

(3) 计划评审技术(PERT)。该方法在安排和表示进度的形式方面和网络图法差不多，但它利用活动的逻辑关系和活动持续时间的三个权重估计值来计算项目的各种时间参数。计划评审技术与网络图法的主要区别是计划评审技术中作业时间是不确定的，其适用活动持续时间三个值(最乐观值、最可能值和最悲观值)的加权平均，用概率方法进行估计的估计值，因此，计划评审技术基础资料搜集的难度及资料处理的复杂程度要比网络图法复杂得多。

(4) 管理技术方法。进度控制的管理技术方法是指规划、控制和协调。这里，可通过规划确定项目的进度总目标和分目标，通过控制发现偏差并及时采取措施进行纠正，通过协调项目建设各参与方之间的进度关系实现进度目标。

7.3.2 房地产开发项目质量监理

工程质量监理是指建设工程在准备和实施过程中，监理单位通过对市场调查、设计、采购物资、加工订货、施工、试验和检验、安装和试运转、竣工验收、用后服务等一系列环节中的作业技术活动的检查和督促，使建设工程在性能、寿命、安全性、可靠性和经济性等方面都达到一定的标准的活动。质量监理贯穿于工程建设的始终，是整个建设工程的重要组成部分。

1. 建设工程质量监理的作用

(1) 促进设计单位和施工单位的质量控制活动，保证工程质量。受建设单位的委托，监理单位参与工程设计的监督，有利于促进设计单位按用户的要求，把好设计质量关。监理单位作为中间方，熟知使用单位和建设单位的要求，掌握设计标准和规范要求，可以及时传达用户信息，使产品设计的符合型和适用性得以提高。而对施工单位的技术规范、操作规程、施工方案的有效控制，可以及时地完善施工过程中的质量体系，最终使质量得以保证。

(2) 优化设计单位和施工单位的质量环境。保证工程质量，主要靠设计单位和施工单位内部建立完善的质量管理体系，保证质量管理体系的正常运行。而监理单位、供应单位、分包单位、外协单位等，则构成了质量管理体系的合同环境，没有这些单位的质量监督与保证，设计单位和施工单位的质量保证就不易实现。因此，监理单位对这些单位的监理，优化了设计、施工单位的外在质量环境，使质量监理工作更全面。

(3) 促进建设单位对质量的控制。监理单位对设计施工等单位进行检查和督促，对建设单位，同样也存在着监督作用。如果由监理单位进行监理，则可以督促建设单位遵守质量责任制度和奖罚制度，慎重决策，认真对待每一个建设环节，严把质量关。

2. 建设工程质量监理的重点

完成质量监理的重点应在设计和施工阶段对各种技术的有效控制和加工订货的监督。一般可分为三个环节：一是对影响质量的各种技术和活动要求制定计划和程序，即确立监理计划与标准；二是要按计划和程序实施，并在实施过程中进行连续检验和评定；三是对不符合计划和程序的情况进行处置，并及时采取纠正措施等。抓住这三个环节，才能圆满地完成质量监理任务。

3. 建设工程设计阶段质量监理的依据

(1) 国家和政府有关质量监理方面的规定。为了保证设计质量，国家和各级政府颁发了大量的有关规定，如在设计单位推行全面质量管理的规定和考核办法，关于勘察设计单位资格认证的规定，关于优秀设计奖评选的有关规定，设计文件的编制和审批办法等，都是设计质量监理的依据。

(2) 勘察设计的规定。包括有关勘察设计的各种标准、规范、规程和手册等。

(3) 已批准的设计任务书及可行性研究报告。设计任务书是在进行了可行性研究及经济评价后提出来的，是设计监理的总纲，必须遵守。

(4) 施工单位的意见和反馈。在设计及设计交底、图纸会审中施工单位提出的意见及施工中对质量的反馈信息。

4. 建设工程施工阶段质量监理的依据

(1) 有关的标准、规范、规程和规定。技术标准和规范有国家标准、行业标准和企业标准。它是建立、维护正常的生产秩序和工作秩序的准则，是设备、材料和工程质量的尺度，是专业化协作的依据。施工方面进行质量监理的依据主要是工程施工及验收规范，质量检验评定标准，原材料、半成品的技术检验和验收标准等。

技术规程是为执行技术标准和保证施工有秩序进行而制定的职工统一行动的规则，如施工技术规程、操作规程、设备维护和检修规程以及安全技术规程等。各种技术规程与质量密切相关。

各种有关质量方面的规定，是有关主管部门根据需要发布的带有指导性的文件，它对于标准规范的实施，对于改变实践中存在的许多问题，都具有指令性、及时性、科学性的特点。质量监理工作对这些法定的有关标准、技术规范、技术规程和各项规定，都必须了解、执行、严格遵守。

应当指出的是，建设监理制度是按照国际惯例建立起来的，特别适用于大型工程、外资工程以及对外承包工程，因此进行质量监理还必须注意国际标准和国内标准。一般说来，国际标准要比国内标准要求高，故国内标准要向国际标准看齐，逐渐采用国际标准。

(2) 设计文件。"按图施工"是约定俗成的事。但是作为监理单位和施工单位，在进行质量监理时，必须进行图纸审查，及时发现其中存在的问题或矛盾之处，及时协商，提请设计单位修改。没有变更的设计是不存在的。不注意研究设计图纸的正确性的监理单位和施工单位是不能保证质量的。因此要把图纸会审与协商变更形成制度，写进合同，以保证设计的完善和实施的正确性。可以说，监理单位对设计的监理不但体现在设计之时，也体现在施工之中。

(3) 监理合同和承包合同。监理合同中有建设单位和监理单位有关质量监理的权利和义务条款，承包合同中有建设单位和施工单位有关质量监理的权利和义务条款，各方都必须履行在合同中的承诺。尤其是监理单位，既要履行监理合同的条款，又要监督建设单位、设计单位和施工单位履行质量监理条款。因此监理单位要熟悉这些条款，当发生纠纷时，及时采取协商、仲裁等手段予以解决。

(4) 施工方案。施工方案是施工单位进行施工准备和指导现场施工的规划性文件的基本部分，其内容突出了技术方法的选择和保证质量措施的设计。实行监理的工程，施工方案在监理单位审核后才能定案。它是施工单位和监理单位进行质量控制的共同依据。

(5) 施工技术资料管理的规定。为了统一工程施工技术资料的管理，加强企业的基础业务建设，提高管理水平，确保工程质量，有关地区和行业均根据国家颁发的施工验收规范，结合实际情况颁发了施工技术资料管理的规定。该规定对单位工程竣工时应具备的技术资料及资料的取得方式、管理办法、使用的表格等，都有明确的要求，施工单位在进行质量监理时，必须遵守。

5. 建设工程质量监理的内容

工程质量监理从内容上看主要包括以下三个方面：

(1) 对原材料的监理。对项目工程使用的每种原材料，都要审查其生产厂家的有关数据资料，并通过试验决定能否在该工程上使用。施工单位不得使用未经监理部门批准的任何一种原材料。

(2) 对混凝土浇灌的试验监理。工程的任何部门浇灌混凝土都要由监理单位和施工单位双方共同测试，根据规范严格检查。未经监理单位认可，施工单位不得自行浇灌混凝土，否则要炸掉，并且不付工程款。

（3）对施工程序的监理。在工程建设中，承建单位的每一项施工活动，都要事先上报监理方取得认可。在施工过程中监理方按施工方报告逐项检查，不合格的即下令停工，直至修改合格后方准继续施工。全部施工活动完毕，监理方还要进行严格检查。

7.3.3　房地产开发项目投资监理

工程投资监理是对工程的投资可能性、投资量、投资分配形式和方案等作具体的研究、考证和管理。工程投资监理贯穿于工程全过程。在工程未决策前，对工程投资可行性进行考察和验证，选择效益好的投资项目，避免造成严重的投资决策失误。在项目实施过程中，投资控制能在限定的投资估算额的前提下，少花钱、办好事、多发挥生产能力或效益等；同时有利于减少各种资源的消耗，达到建设任务与资金供应平衡、建设任务与物资和人力平衡、资金与资源平衡。

1. 投资监理的内容

按工程项目的不同阶段，投资监理的内容可分为：

（1）投资决策阶段的投资监理。在工程项目投资决策阶段，即编制项目建议书阶段，应把项目建设纳入长远规划和年度计划通盘考虑，审批项目建议书、可行性研究报告和设计任务书，为最终投资决策奠定基础。

（2）设计阶段的投资监理。在设计阶段，进行设计监理的建设项目，监理单位应在初步设计阶段提出设计要求，组织设计招标或设计竞赛，评选设计方案，选择勘察设计单位并签订委托设计合同，审查初步设计和初步设计概算；在施工图设计阶段，同样要在施工图进行中间审查，控制设计标准及主要设计参数，审查施工图预算，参加图纸会审等。

（3）施工招标阶段的投资监理。在施工招标阶段，监理单位通过编制与审查标底、编制与审核招标文件、提出决标意见、协助建设单位签订发包合同、审查分包单位的选择等进行投资监理。

（4）施工阶段的投资监理。在施工阶段，监理单位通过审核设计变更与协商、核批索赔文件、签发工程付款凭证、审查工程结算、审查主要建筑材料与设备订货、掌握工作进度与工程款发放、对投资计划与实际费用支出进行比较等进行投资监理。

2. 投资监理的措施

（1）组织措施。包括落实投资监理人员；明确监理人员的任务分工和管理职能分工；确定投资监理的工作流程。

（2）经济措施。包括编制投资规划和详细计划；编制资金的使用控制计划；投资的动态控制，即通过计划值与实际值的比较，提出控制报表与付款审核。

（3）技术措施。包括挖掘节约投资的潜力，开展技术经济比较论证等。

（4）合同措施。包括确定合同的结构，审核合同中有关投资的参数，参与合同谈判，处理合同执行过程中的变更与索赔。

3. 投资监理的方法

对项目的投资监理，应该运用具体的技术经济方法，针对不同的技术方案进行经济分析，选择合理的技术方案。其基本程序是：建立技术方案——分析各技术方案的优缺点——监理各种技术方案的数学模型——对技术方案作综合评价。适用于投资监理的主要技术经济分析方法有下列 5 种。

(1) 方案比较法。这是一种简便而适用的方法，主要是对比分析各种方案的技术经济指标或综合指标，从中选择指标最优的方案。利用这种方法，各对比方案要满足下述4个条件：① 满足需要的可比，即对比的方案必须满足相同的需要，它们的产量、质量品种指标具有可比性。② 消耗费用可比，各个方案的消耗费用必须从整个国民经济观点和综合的观点出发，考虑它的全部消耗费用。③ 价格指标上可比，即都利用同一时期的比价水平，或都计算利息等。④ 时间上可比，生产、消耗、资金占用时间的迟早，对企业和国民经济的作用不尽相同。但在对比时，要消除时间上的矛盾，采用相等的计算期。

(2) 盈亏平衡分析(量本利分析)法。这种方法适用于分析技术方案的生产规模与盈利关系，可用来进行经济预测和决策。

(3) 回归分析法。即研究经济、技术指标间的因果关系的方法，可用来对技术方案进行决策。

(4) 决策树法。决策树是一种树状图，可用来对不同技术方案进行概率分析，从而求出期望值，以便进行优选决策。

(5) 价值分析法。价值分析法是以最低寿命周期费用，可靠地实现必要的功能，着重于产品作业的功能分析的有组织活动，最适用于对设计方案进行分析和优选。

7.3.4 建设工程成本(造价)监理

建设工程成本(造价)监理是确保工程投资与资源充分利用，实现工程合同计划的重要保证；是防止预算超概算、决算超预算的重要手段；也是工程项目争取最大经济效益的重要管理措施。由此可见，工程成本(造价)监理对企业的经济效益尤为重要。

1. 建设工程成本(造价)监理的任务和控制方法

在项目建设实施过程中，工程成本(造价)监理的任务是按预算成本阶段、分部位地进行成本控制，使其每个部位或每个项目不超出预算规定，否则就要进行比较分析，找出原因。

工程成本(造价)监理与传统管理方法的重要区别是：传统管理是一次拨款，竣工后决算，对工程的预控工作难以落实，往往是亏盈既成事实；而工程成本(造价)监理则正好弥补了传统管理的缺陷，实行工程建设过程的预先控制，发现问题及时分析处理，并采取补救措施。

2. 施工阶段的成本(造价)监理

施工阶段的成本(造价)监理要求做到以下两点：

(1) 把好按进度拨款关，即要从审查每个工程和分部分项工程的清单、单价入手，按进度拟定拨款计划。

(2) 及时掌握和记录相关情况，如修改设计所引起的工程量、工程项目的增减情况，并保留项目变更的原始记录和审批手续。如遇不可预计的情况时(如地质条件变化、恶劣气候影响、材料供应拖延和价格调整等)，更应进行详细记录，以便区分责任和原因进行处理(如赔偿、索赔等)。

3. 招标承包工程的成本(造价)监理

招标承包工程的成本(造价)监理要求做到以下四点：

(1) 详细分析中标者的标书和报价，根据合同预算，组织双方签订合同，并以此作为工程结算的依据。

(2) 工程开工后，要逐月进行成本分析，具体核算实际成本与计划价格、投标报价、合同预算、施工预算之间的各分部分项工程及各阶段差别，进行比较和盈亏分析。如果发现问题，应及时采取有力措施，确保施工过程中的实际成本始终在计划价格幅度之内，直至工程竣工结算。

(3) 逐步建立检查制度和程序，进行定量工作，制定切实可行的措施(负责人、执行人等)，从而保证计划的实施和目标的实现。

(4) 根据工期计算工程造价的监理程序，应先根据建设单位提出的工期计算造价，编制2～3个不同工期的进度计划方案，详细计算每个方案的造价，然后求得最低造价的工期即为最优工期。

7.3.5 建设工程合同监理

建设工程合同监理的主要任务是对各方合同的实施执行情况和问题进行了解和处理。合同的订立，使合同各方在经济法规的约束下，各自履行一定的责任，达到各自的经济目的。签订合同的原则是“守约、保质、营利、重义”，为了实现合同规定的目标，对合同的监理是十分必要的。

1. 合同监理的内容

合同监理的内容主要是监督承发包双方的责任履行情况，确保合同的完整履行。这里将一般情况下承发包方的责任明确如下：

(1) 发包方的责任。包括：① 办理正式工程和临时设施范围内的土地征收、租用，申请施工许可执照和占用地、爆破以及临时铁道专用线接岔等的许可证。② 确定建筑物(或构筑物)、道路、线路、上下水道的定位标桩、水准点和坐标控制点。③ 开工前接通施工现场水源、电源和运输道路，拆迁现场内地上、地下障碍物(也可委托承包方承担)。④ 按双方协定的分工范围和要求，供应材料和设备。⑤ 向经办银行提交拨款所需文件，按时办理拨款和结算。⑥ 组织有关单位对施工图等技术资料进行审定，按照合同规定的时间、数量交给承包方。⑦ 派驻工地代表，对工程进度、质量进行监督，检查隐蔽工程，办理中间交工工程验收手续，负责签证，解决应由发包方解决的问题以及其他事宜。⑧ 负责组织设计单位、施工单位共同审定施工组织设计、工程价款和竣工结算，负责组织竣工验收。

(2) 承包方的责任。包括：① 施工现场的平整，施工界区以内的用水、用电、道路和临时设施的施工。② 编制施工组织设计，做好各种施工准备工作。③ 按双方商定的分工范围，做好材料和设备的采购、供应和管理。④ 及时向发包方提出开工通知书、施工进度计划表、施工平面布置图、隐蔽工程验收通知、竣工验收报告，提供月份施工作业计划、月份施工统计报表、工程事故报告以及提出应由发包方供应的材料、设备的供应计划。⑤ 严格按施工图与说明书进行施工，确保工程质量，按合同规定的时间如期完工和交付。⑥ 已完工程的房屋、构筑物和安装的设备，在交工前应负责报关，并清理好场地。⑦ 按照有关规定提出竣工验收技术资料，办理竣工结算，参加竣工验收。⑧ 在工程规定的保修期内，对属于承包方的工程质量问题，负责无偿修理。

监理单位要随时注意承发包方的职责履行情况，并及时督促检查，力争达到100%的合同履约率。

2. 合同执行中的监理方式

合同执行中的监理方式必须采用书面形式。一般应预先口头通知或协商，重大问题还应会议讨论，并作会议纪要。这主要是由于在合同执行过程中，监理方与合同方的交往活动属于民事法律行为，通过书面形式可以保证合同监理的严肃性。监理单位在合同执行过程中多借助如下所述书面形式。

(1) 信件。这是监理中最郑重的形式，要求信件内容必须清楚，文字表达准确，符合法律语言规范。同时，信件要编号，注明日期，通过法定当事人认真执行。

(2) 指示。现行的工地指示，就是监理单位的现场人员根据工程需要，通知施工单位的一种形式。增加或改变工作的内容，施工程序安排和向施工单位提供图纸、资料以及费用的处理意见等，都可采用这种方式。对"指示"应进行编号，并由常驻工地监理工程师签字。

(3) 现场通知书。这主要适用于小的变更，只需驻地工程师过目即可。但若涉及工程费用的变化，则应补发工地指示。

(4) 工地批准书。这主要对于施工单位使用的材料、施工方法和供需质量的批准书。

7.4 房地产开发项目的竣工验收

房地产开发项目竣工验收是指房地产开发项目在完工后和交工前所进行的综合性检查验收。它是房地产开发项目建设管理的最后环节，是全面考核工程建设成果和全面检验设计施工质量的总结性环节，是工程建设成果流入流通和消费阶段的标志，是房地产开发企业与承建施工单位进行商品交换的仪式。

7.4.1 建设工程竣工验收备案管理

1. 建设工程竣工验收备案管理的依据及适用范围

2000 年 1 月 30 日国务院颁发的《建设工程质量管理条例》明确规定了从事建设工程各有关方面承担的质量责任和义务。工程竣工后，由建设单位组织设计、施工、监理等有关单位进行竣工验收，验收合格后方可交付使用，并应当自建设工程验收合格之日起 15 日内，将建设工程竣工验收报告同规划、公安消防和环保等部门出具的认可文件报建设行政主管部门备案。建设行政主管部门发现建设单位在竣工验收过程中有违反国家有关建设工程质量管理规定行为的，可责令停止使用，重新组织竣工验收。建设部于 2000 年 4 月发布《房屋建筑工程和市政基础设施工程竣工验收备案管理暂行办法》，具体落实了这一改革措施。为贯彻《建设工程质量管理条例》，规范房屋建筑工程和市政基础设施工程的竣工验收，保证工程质量，建设部于 2000 年 6 月颁布了《房屋建筑工程和市政基础设施工程竣工验收暂行规定》。

为进一步规范房屋建筑和市政基础设施工程的竣工验收，保证工程质量，住房和城乡建设部于 2013 年 12 月印发《房屋建筑和市政基础设施工程竣工验收规定》的通知。至此，由建设单位自己组织竣工验收报政府建设行政主管部门备案的管理模式取代了原先由政府质监机构对建设工程竣工直接发合格证的管理模式。

新建、扩建、改建的土木工程、建筑工程、线路管道和设备安装及装修工程均实行竣工验收备案制度。竣工验收备案由行政区域的建设行政主管部门委托竣工备案部门实施。

2. 备案文件

建设单位办理工程竣工验收备案应提交下列文件：

(1) 工程竣工验收备案表。工程竣工验收备案表一式两份，一份由建设单位保存，一份由备案机关存档。

(2) 建设工程竣工验收报告。工程竣工验收报告主要包括工程概况，报建日期，建设单位执行基本建设程序情况，对工程勘察、设计、施工、监理等方面的评价，工程竣工验收时间、程序、内容和组织形式，验收小组人员签署的工程竣工验收意见等内容。

(3) 施工许可证。

(4) 施工图设计文件审查意见。

(5) 工程质量评估报告。

(6) 工程勘察、设计质量检查报告。

(7) 市政基础设施的有关质量检测和功能性试验资料。

(8) 规划验收认可文件。

(9) 公安、消防及环保部门验收文件或批准使用文件。

(10) 建设工程使用功能性试验资料。

(11) 商品住宅还应有建设单位签署的“住宅质量保证书”和“住宅使用说明书”。

(12) 法律、法规、规章等规定必须提交的其他文件。

3. 备案程序

(1) 建设单位向备案机关申领《房屋建筑工程和市政基础设施工程竣工验收备案表》。

(2) 建设单位应自竣工验收合格之日起15个工作日内，持加盖公章和单位项目负责人签名的《房屋建筑工程和市政基础设施工程竣工验收备案表》及上述规定的材料，向备案机关备案。

7.4.2 房地产开发项目竣工验收的内容

1. 竣工验收的范围

凡新建、改建、扩建或迁建的房地产开发建设项目，按批准的设计文件和合同规定的内容建成；对住宅小区的验收还应验收土地使用情况和单项工程、市政、绿化及公用设施等配套设施。符合验收标准的，必须及时组织验收，交付使用，并办理固定资产移交手续，交给产权人。

2. 竣工验收的任务

建设项目通过竣工验收后，由承包方移交给发包方使用，并办理各种移交手续，这标志着建设项目全部结束，即建设资金转化为使用价值。建设项目竣工验收的主要任务有：

(1) 建设单位、勘察和设计单位、承包方分别对建设项目的决策和论证、勘察和设计以及施工的全过程进行系统的总结，对各自在建设项目进展过程中的经验和教训进行客观的评价，同时检验管理机制和制度的有效性。

(2) 办理建设项目的验收和移交手续，并办理建设项目竣工结算和竣工决算，以及建设项目档案资料的移交和保修手续等。此外，还应完成整个工程项目的结尾工作、移交工作和善后清理工作。

3. 竣工验收的依据

竣工验收的依据主要有：批准的设计文件、施工图和说明书；双方签订的施工合同；设备技术说明书；设计变更通知书；施工验收规范及质量验收标准。外资工程应依据我国有关规定提交竣工验收文件。

4. 竣工验收的条件

根据住房和城乡建设部《房屋建筑和市政基础设施工程竣工验收规定》[建质(2013)171号]，竣工验收应符合以下条件：

(1) 完成工程设计和合同约定的各项内容。

(2) 施工单位在完工后对工程质量进行了检查，确认工程质量符合有关法律、法规和工程建设强制性标准，符合设计文件及合同要求，并提出工程竣工报告。工程竣工报告应经项目经理和施工单位有关负责人审核签字。

(3) 对于委托监理的工程项目，监理单位对工程进行了质量评估，具有完整的监理资料，并提出工程质量评估报告。工程质量评估报告应经总监理工程师和监理单位有关负责人审核签字。

(4) 勘察、设计单位对勘察、设计及施工过程中由设计单位签署的设计变更通知书进行了检查，并提出质量检查报告。质量检查报告应经该项目勘察、设计负责人和勘察、设计单位有关负责人审核签字。

(5) 有完整的技术档案和施工管理资料。

(6) 有工程使用的主要材料、建筑构配件和设备进场试验报告。

(7) 建设单位已按合同约定支付工程款。

(8) 有施工单位签署的工程质量保证书。

(9) 城乡规划行政主管部门对工程是否符合规划设计要求进行了检查，并出具认可文件。

(10) 有公安、消防、环保等部门出具的认可文件或准许使用文件。

(11) 建设行政主管部门及其委托的工程质量监督机构等有关部门责令整改的问题全部整改完毕。

7.4.3 房地产开发项目竣工验收的程序

1. 单项工程竣工验收

在开发小区总体建设项目中，一个单项工程完工后，根据承包商的竣工报告，房地产企业应先进行检查，并组织承包商和设计单位整理有关施工技术资料(如隐蔽工程验收单，分部分项工程施工验收资料和质量评定结果，设计变更通知单，施工记录、标高、定位、沉陷测量资料等)和竣工图纸。然后，由房地产企业组织承包商、设计单位、客户(使用方)和质量监督部门正式进行竣工验收，验收合格后开具竣工证书。

2. 综合验收

综合验收是指开发项目按规划、设计要求全部建设完成，并符合竣工验收标准后，按规定要求组织的验收。验收准备工作以房地产企业为主，组织设计部门、承包商、客户(使用方)和质量监督部门进行初验，然后邀请城市建设有关管理部门，如住房和城乡建设厅、银行以及人防、环保、消防部门和开发办公室、规划局等参加正式综合验收，验收合格后签证验收报告。对已验收的单项工程,可以不再办理验收手续,但在综合验收时应将单项工程的验收单作为全部工程的附件并加以说明。

在组织竣工验收时,应对工程质量的好坏进行全面鉴定,工程主要部分或关键部位若不符合质量要求会直接影响使用和工程寿命,应进行返修和加固,然后再进行质量评定。工程未经竣工验收或竣工验收未通过的,开发商不能办理客户入住手续。

3. 分户验收

分户验收是指由客户参加的一户户地验收过关,体现了房地产开发以市场为导向、客户利益至上、达到客户满意的目的。如果客户不满意,则一票否决,工程不能通过验收。

7.4.4 房地产开发项目竣工验收档案的编制

房地产开发项目竣工验收档案是工程在建设全过程中形成的文字材料、图表、计算材料、照片、录音带、录像带等文件材料的总称。

技术材料和竣工图是开发建设项目的重要技术管理成果,是使用单位安排生产经营、住户适应生活的需要。物业管理公司依据竣工图纸和技术资料进行管理和进一步改建、扩建工作。因此,开发项目竣工后,要认真组织技术资料的整理和竣工图的绘制工作,编制完整的竣工档案,并按规定分别移交给房屋产权所有者和城市档案馆。

1. 技术资料的内容

(1) 前期工作资料。开发项目的可行性研究报告,项目建议书及批准文件,勘察资料,规划文件,设计文件及其变更资料,地下管线埋设的实际坐标、标高资料,征地拆迁报告及核准图纸,原状录像或照片资料,征地与拆迁安置的各种许可证和协议书,施工合同,各种建设事宜的请示报告和批复文件等。

(2) 土建资料。开工报告,建(构)筑物及主要设备基础的轴线定位,水准测量及复核记录,砂浆和混凝土试块的试验报告,原材料检验证明,预制构件、加工件和各种钢筋的出厂合格证和实验室检查合格证,地基基础施工验收记录,隐蔽工程验收记录,分部分项工程施工验收记录,设计变更通知单,工程质量事故报告及处理结果,施工期间建筑物或构筑物沉降观测资料,竣工报告及竣工验收报告。

(3) 安装方面的资料。设备安装记录,设备、材料的验收合格证,管道安装、试漏、试压的质量检查记录,管道和设备的焊接记录,阀门、安全阀试压记录,电气、仪表检验及电机绝缘、干燥等检查记录,照明、动力、电信线路检查记录,工程质量事故报告和处理结果,隐蔽工程验收单,设计变更及工程资料,竣工验收单等。

2. 绘制竣工图

开发项目的竣工图是真实地记录各种地下、地上建筑物、构筑物等详细情况的技术文件,是对工程进行验收、维护、改建、扩建的依据。因此,开发商应组织、协助和督促承包商和设计单位,认真负责地把竣工图编制工作做好。竣工图必须准确、完整。如果发现绘制不准或遗漏时,应采取措施修改和补齐。

技术资料齐全,竣工图准确、完整,符合归档条件,这是工程竣工验收的条件之一。在竣工验收之前不能完成的,应在验收后双方商定期限内补齐。绘制竣工图的做法如下:

(1) 按施工图施工而无任何变动,则可在施工图上加盖"竣工图"标志后,直接作为竣工图。

(2) 结构形式改变、建筑平面改变、项目改变以及其他重大改变,不宜在原施工图上修改、补充,要重新绘制竣工图。

(3) 基础、地下构筑物、管线、结构、人防工程等,以及设备安装等隐蔽部位,都要绘制竣工图纸。

(4) 竣工图一定要与实际情况相符,要保证图纸质量,做到规格统一、图面整洁、字迹清楚,一经施工技术负责人签认,不得任意涂改。

7.5 房地产开发项目质量保修

7.5.1 建设工程质量保修办法

为保护建设单位、施工单位、房屋建筑所有人和使用人的合法权益,维护公共安全和公众利益,根据《中华人民共和国建筑法》和《建设工程质量管理条例》,建设部于 2000 年 6 月发布了《房屋建筑工程质量保修办法》,适用于在中华人民共和国境内新建、扩建、改建的各类房屋建筑工程(包括装修工程)的质量保修。

房屋建筑工程质量保修是指对房屋建筑工程竣工验收后在保修期限内出现的质量缺陷予以修复。质量缺陷,是指房屋建筑工程的质量不符合工程建设强制性标准以及合同的约定。房屋建筑工程在保修范围和保修期限内出现质量缺陷,施工单位应当履行保修义务。

1. 房屋建筑工程质量保修期限

建设单位和施工单位应当在工程质量保修书中约定保修范围、保修期限和保修责任等,双方约定的保修范围、保修期限必须符合国家有关规定。按照工程质量管理条例规定,工程质量的保修期规定如下:① 基础设施工程,房屋建筑的地基基础工程和主体工程,为设计文件规定的该工程的合理使用年限。② 屋面防水工程,有防水要求的卫生间和外墙面的防渗漏为 5 年。③ 供热与供冷系统为两个采暖期、供冷期。④ 电气管线、给排水管道、设备安装和装修工程为 2 年。

其他项目的保修期限由建设单位和施工单位约定。房屋建筑工程保修期从工程竣工验收合格之日起计算。

2. 房屋建筑工程质量保修责任

(1) 房屋建筑工程在保修期限内出现质量缺陷,建设单位或者房屋建筑所有人应当向施工单位发出保修通知。施工单位接到保修通知后,应当到现场核查情况,在保修书约定的时间内予以保修。发生涉及结构安全或者严重影响使用功能的紧急抢修事故,施工单位接到保修通知后,应当立即到达现场抢修。

(2) 发生涉及结构安全的质量缺陷,建设单位或者房屋建筑所有人应当立即向当地建设行政主管部门报告,采取安全防范措施;由原设计单位或者具有相应资质等级的设计单位提供保修方案,施工单位实施保修,原工程质量监督机构负责监督。

(3) 保修完后,由建设单位或者房屋建筑所有人组织验收。涉及结构安全的,应当报当地建设行政主管部门备案。

(4) 施工单位不按工程质量保修书约定保修的,建设单位可以另行委托其他单位保修,由原施工单位承担相应责任。

(5) 保修费用由质量缺陷的责任方承担。

(6) 在保修期内,因房屋建筑工程质量缺陷造成房屋所有人、使用人或者第三方人身、财产损害的,房屋所有人、使用人或者第三方可以向建设单位提出赔偿要求。建设单位向造成房屋建筑工程质量缺陷的责任方追偿。因保修不及时造成新的人身、财产损害,由造成拖延的责任方承担赔偿责任。

房地产开发企业售出的商品房保修,还应当执行《城市房地产开发经营管理条例》和其他有关规定。

7.5.2 房地产开发项目竣工后的服务

房地产开发项目竣工验收后,为使项目在竣工验收后达到最佳状态和最长使用寿命,承建单位在工程移交时,必须向建设单位提出建筑物使用和保护指导要领,并在用户使用后,实行回访和保修制度。

在房地产开发项目竣工验收投入运行之后的一定期限内,设计单位、施工单位、设备供应单位等,对房地产开发项目的实际运行情况(如设计质量、功能实现程度、施工质量、设备运行状况等)和用户对维修的要求等进行回访。通过回访了解项目在运行中暴露出来的各方面的问题,并根据用户的意见和要求,对需要进行处理的质量问题,在保修期内分别予以保修。

项目在竣工验收交付使用后,按照合同和有关规定,在一定的期限,即回访保修期内,应由项目经理部组织项目人员,主动对交付使用的竣工工程进行回访,听取用户对工程的质量意见,填写质量回访表,报有关技术与生产部门备案处理。

1. 保修

在项目竣工验收后,项目施工单位应向建设单位送交“建筑安装工程保修证书”。保修证书中应列明工程简况、使用注意事项、保修范围、保修时间、保修说明,并附有工程保修情况记录栏。

在工程保修期内,如项目运行中发生质量问题影响项目正常运转时,用户可及时向有关保修部门说明情况,要求其派人进行检修。有关保修部门得到用户的检修请求后,须尽快派人前往,会同用户和监理工程师共同对发生的质量问题作出鉴别,拟定修理方案,并组织人力、物力进行修理。

当检修完毕,排除了故障,项目进入正常运行后,报修人员须在保修证书的“保修情况记录”栏内填好检修记录,并经用户和监理工程师验收签证。

2. 回访形式

回访一般采用3种形式:① 季节性回访。大多是雨季回访屋面、墙面的防水情况,冬季回访采暖系统的情况,如发现问题,应采取有效措施,及时加以解决。② 技术性回访。主要是了解在工程施工过程中所采用的新材料、新技术、新工艺、新设备等的技术性能和使用后的效果,如发现问题应及时加以补救和解决。同时也便于总结经验,获取科学依据,为改进、完善和推广创造条件。③ 保修期满前的回访。在保修期内,属于施工单位施工过程中造成的质量问题,要负责维修,不留隐患。一般施工项目竣工后,承包单位的工程款保留5%左右,作为保修金。按照合同在保修期满后退回承包单位。

3. 回访内容

在执行回访和保修制度时，施工单位应定期向用户进行回访。一般在保修期内每个项目至少要回访一次，若保修期为一年的，可半年左右回访一次，到一年时，进行第二次回访。回访的内容包括：

(1) 填写项目回访卡，如表 7-1 所示。

表 7-1 项目回访卡

用　　户			接 待 人	
回访单位			回 访 人	
工程名称			回访时间	
用户意见			处理意见	
处理结果	施工方面			
	用户方面			

(2) 听取用户意见。施工单位应针对不同的回访形式，有目的地询问用户的使用情况，并耐心地倾听他们的意见与建议，将这些记录在案后整理归档，再采取相应的措施。

(3) 查询和察看现场由施工原因而造成的问题。

(4) 分析问题产生的原因。

(5) 商讨施工项目返修事宜。施工单位在接到用户来访、来信的质量投诉后，应立即组织力量维修，发现影响安全的质量问题，应组织有关人员进行分析、制定措施，作为进一步改进和提高质量的依据。同时，对所有的回访和保修都必须予以记录，并提交书面报告，作为技术资料归档。项目经理还应不定期地听取用户对工程质量的意见。对于某些质量纠纷或问题应尽量协商解决，若无法达成统一意见，则由有关仲裁部门负责仲裁。

4. 保修费用的规定

房地产项目施工完毕竣工验收时，虽经过了各方面的严格检查，但仍可能存在如屋面漏雨、建筑物基础出现不均匀沉降、采暖系统供热不佳等质量问题或其他质量隐患。这些质量问题或隐患会在项目运行过程中逐渐暴露出来。为了确保房地产项目处于良好的运行状态，建设监理工程师应注意督促有关单位及时做好工程保修工作，同时做好工程保修期间的投资控制工作，要求监理工程师根据具体的工程质量问题，明确其责任与具体返修内容，并与应返修单位协调质量问题的处理办法及有关费用的支付责任。常见的质量责任单位及处理办法如下：

(1) 因设计原因造成的工程质量问题，应由原设计单位承担责任。由原设计单位修改设计方案，其所需费用由原设计单位负责。业主委托施工单位对工程进行施工处理，其所需施工费用由原设计单位负责。监理工程师还应认真确定由此而给业主造成的生产经营上的经济损失，向原设计单位提出索赔以便得到补偿。

(2) 因施工安装原因造成的工程质量问题，则应由施工安装单位承担责任。由施工安装单位进行保修，其费用由施工安装单位负责。监理工程师确定由此而给业主造成的经济损失，向施工安装单位提出索赔。

(3) 因设备质量原因造成的问题，则应由设备供应单位承担责任，并由设备供应单位进行保修，其费用由设备供应单位负责。监理工程师确定由此而给业主造成的经济损失，向设备供应单位提出索赔。

(4) 因用户使用不当而造成的问题，应由用户承担责任，并由用户与施工单位协商进行修理，费用由用户负责支付。

5. "住宅质量保证书"和"住宅使用说明书"

房地产开发企业须在商品房竣工验收、交付使用时，向购买人提供"住宅质量保证书"和"住宅使用说明书"。"住宅质量保证书"须列明工程质量监督单位检验的质量等级、保修范围、保修期限和保修单位等内容，并承担保修责任。保修期内如因开发企业进行维修时造成房屋使用功能受到影响，给购买人造成损失的，须依法承担赔偿责任。

复习思考题

1. 简述房地产开发项目建设管理的概念。
2. 开发商的建设项目进度计划体系包括哪些内容？
3. 项目实施阶段，在有监理的情况下，开发商如何完成质量管理任务？
4. 项目实施阶段，开发商如何进行合同管理？
5. 进度控制的措施有哪些？试进行简要分析。
6. 建设单位办理工程竣工验收备案应提交哪些文件？
7. 什么叫工程监理？工程进度监理的方法有哪些？
8. 合同执行中的监理方式有哪些？

8 房地产开发项目的融资管理

学习目标

1. 了解房地产开发项目融资的概念、特点、目的和原则；
2. 掌握房地产融资方式的分类及融资渠道；
3. 了解房地产投资信托基金的含义和运作方式；
4. 掌握资金筹集方式、融资成本计算和财务杠杆原理；
5. 掌握房地产筹资风险的度量、控制与筹资方案的比较方法。

拥有获取资金和使用资金的能力，是房地产开发企业生存与发展的关键。房地产开发项目融资是房地产开发项目经营活动中的一项重要内容，是确保开发项目顺利实施的重要经济活动。

8.1 房地产开发项目融资概述

8.1.1 房地产开发项目融资的概念

房地产开发项目融资是指房地产开发项目资金的融通，是房地产企业为支持房地产开发项目的建设，通过资金流通和信用渠道所进行的筹集资金的经济活动。房地产开发项目融资是以房地产项目为核心的，首要前提在于准确分析企业自身和项目的情况，对项目做出符合市场价值的评估，明确项目投资的可行性及必要性。融资过程中应注意保障融资方的资金安全，将融资成本控制在项目或企业可承受范围内。

房地产开发项目融资的主要任务是：① 以最小的成本筹集到足额的资金，在适当的时间投入项目建设；② 通过资金的合理使用，充分发挥资金的效益，提高企业经营效果，促进企业的进一步发展。

8.1.2 房地产开发项目融资的目的

房地产开发投资规模大、周期长、风险也大，因此保证项目顺利启动和正常运作以及开发企业的合理发展是房地产开发企业或项目的最低资金筹集要求。但是资金筹集不是一种盲目的行为，应该根据项目开发的不同时期和过程的资金需要和经营管理目标，并遵循一定的资金运作原则，科学合理地实施资金筹集活动。房地产开发项目资金筹集的主要目的有以下两点：

(1) 实现项目投资开发目标和企业发展目标。房地产开发企业投资开发新项目，或者在项目开发的中前期阶段，往往需要筹集大量资金，尤其是中长期资金，同时项目投资者一般总是希望加快项目的投资开发速度和进程，这样必须突破现有的资金存量，需要新的资本增量。这种扩张性筹集资金使企业的资产规模有所扩大,使企业增加了市场竞争能力和收益能力,但由于负债规模也有所增大,带来了更大的投资风险。

(2) 偿还债务,改善盈利能力,调整资本结构。企业的资本结构是一个动态指标,为了偿还某些债务而筹集资金,企业通常有两种方法:一是尽管企业有能力支付到期旧债,但为了调整原有的资本结构,仍然举借新债,从而使资本结构更加合理,充分发挥杠杆效应;二是企业现有支付能力已不足以偿还到期旧债,被迫举借还债,这表明企业的财务状况已经恶化。因此,通过筹集资金,可以调整资本结构,使企业的权益资本和债务资本保持适当的比例关系,从而改善和提高企业或项目的偿债能力和盈利能力。

8.1.3 房地产开发项目融资的特点

由于房地产开发项目具有位置固定性、使用长期性、建设期长、投资量大等特点,房地产开发项目融资与其他项目融资相比具有以下特点:

(1) 开发资金需求量大,对外源融资依赖性高。房地产业的资本密集性决定了开发一个房地产项目所需资金极大,一般项目造价都在千万元以上,甚至数亿元、数十亿元,若仅仅依靠企业自有资金,难以独立完成项目开发,房地产开发企业必须通过各种手段进行外源性融资。

(2) 资金周转慢,投资回收期长。房地产项目从开发到交付使用,其建设周期短则一年,长则数年,因此投资回收期较长,如果靠分期收款或出租获得租金收回投资,则所需时间更长。

(3) 投资风险较大。房地产项目占用资金量大、建设周期长、涉及面广、影响因素复杂,其收益情况与项目周边经济环境、交通状况、人流状况、居住人群乃至政府的政策都会有很大关系。因此,在项目完工使用后的实际使用率、租金和销售情况可能会与预测值有较大出入,具有较大的投资风险。

(4) 房地产资金的增值性。土地资源的稀缺性、房地产的不可替代性等特点使得房地产具有保值、增值的优点。

(5) 资金运作受地域影响大。房地产属于不动产,其生产、流通和消费都要在同一地域才能完成,使得房地产的流通和消费有一定的地域性,从而导致房地产资金运作也会受地域的影响。

(6) 土地和房产的抵押是重要条件。房地产附着于特定的地块。土地是稀缺性资源,其自身价值不断增加,土地和房产的抵押成为金融机构的主要融资条件。

8.1.4 房地产开发项目融资的原则

1. 时机适当原则

企业在进行项目融资时,必须根据项目的投资情况,合理安排融资时机和规模,避免因取得资金过早而造成资金闲置,或因融资时机延误而影响项目的正常进行。

2. 安全性原则

融资过程中必须综合分析项目现有或预期的收益能力和偿债能力,使企业负债率保持在可控范围内,降低企业的财务风险。衡量安全性的指标主要是风险程度,一方面,融资主要考虑利率、汇率变动的风险,同时要考虑到影响企业财务状况和偿债能力的举债规模、偿债日期、利率高低等各种因素;另一方面,融资目的主要是为了更好地实现资金平衡,使开发项目顺利进行,并最终取得预期利润。因此,融资应以顺利实现既定目标(如进度目标、利润目标等)为原则。任何由于融资而可能影响既定目标实现的因素都是不安全因素。

3. 经济性原则

不同来源和用途的资金会影响项目的付息水平,在融资过程中必须合理安排融资结构,在保证资金供应的情况下,尽可能降低融资成本,经济合理地筹集资金;充分发挥财务杠杆作用,提高企业的经营能力和收益能力,融资成本不能高于开发项目可能的投资收益率。

4. 可行性原则

在筹集资金过程中,除了要考虑企业的筹资能力、偿债能力、盈利能力和经营能力外,还必须考虑政府法律法规、财税制度和筹资运作管理的约束,以及不同筹资方式和筹资渠道的适配。

8.1.5 房地产开发项目融资的影响因素

影响房地产开发项目融资的因素较为复杂,可分为两大因素:外部因素和内部因素。

1. 外部因素

影响房地产开发项目融资的外部因素是指外部客观环境对房地产融资造成的影响。房地产融资与居民个人、房地产开发企业及有关经济部门都有某种直接或间接的联系,因而决定了房地产融资活动与客观外部环境的紧密联系,外部环境的宽松与否会直接影响到房地产融资的效果。由于房地产融资具有较其他一般融资更为复杂的特点,外部客观环境对其影响比对其他一般融资的影响更大,主要影响因素有以下几个方面。

(1) 国家政策调控。房地产业是我国国民经济的主要产业,受国家政策调控的影响很大。为调控房价,近年来国家实行了一系列调控,《关于切实稳定住房价格的通知》、《国务院关于坚决遏制部分城市房价过快上涨的通知》等文件的出台对房地产业的发展和房地产开发企业的融资施加了全面而显著的影响。

(2) 行业的总体形势。市场对行业总体形势的判断将会影响投资者的信心。房地产业处于复苏和繁荣阶段时,投资者比较看好该行业的投资前景,有利于开发商的资金筹集,融资渠道相对较多。若是行业发展处于萧条和衰退阶段,投资者会对该行业前景失去信心,开发商的融资来源会减少,融资难度将加大。

(3) 通货膨胀水平。通货膨胀将影响融资数额和融资成本。在物价上涨,发生通货膨胀的情况下,开发商所需融资数额增大,而投资者担心融资风险,从而要求更高的回报,这就会给正常的房地产融资带来一定的困难。

(4) 购买者的心理预期。在房地产复苏和繁荣阶段,总会有部分购买者心存疑虑,对未来的房地产市场不看好,不愿意近期购房,随着这样的持币待购者的增加,对于目前许多以预售房制度来筹集资金的开发商来说,其融资难度会加大。

2. 内部因素

(1) 企业经营状况。房地产开发企业是房地产融资的直接参与者。房地产开发企业作为房地产融资的需求方,融入资本主要是为了补充资本的不足。在企业经营状况良好的情况下,介入资本转入房地产开发企业的资本周转,经过生产和销售过程,货币资本回流至企业,则能按时归还所借款项,房地产融资就能顺畅进行,并取得较好的收益。如果企业经营状况较差,预算约束较软,介入资本参与房地产开发企业资本周转后,则可能在某一环节发生沉淀,难以按时归还所借款项,由此影响房地产金融机构信贷资本的正常运行,或影响其他企业的资本周转，从而限制房地产融资取得较好收益。

(2) 企业规模。在同等信誉下，规模大的房地产开发企业比规模小的房地产开发企业更容易取得银行贷款；就其他融资方式而言，规模较大的企业也会因为其“背景”更容易取得投资者的信任，融资的难度较小，规模也较大。

8.2 房地产开发项目的融资方式

融资方式是指筹集资金时所采用的具体形式。由于宏观政策的影响，房地产开发企业获得银行贷款的难度增加，大型房地产企业成为银行放贷的主要对象，而对于中小型房地产企业，银行一般不会轻易放贷。因此，对于房地产企业来讲，选择和采取多元化融资方式已成为国家宏观调控背景下的必然选择。

8.2.1 融资方式的分类

融资方式从时间上分，可分为短期融资和长期融资两种形式。短期融资有短期借款和商业信用两种形式；长期融资包括留存收益、长期借款、发行股票、发行长期债券及融资租赁等形式。

融资方式从资金来源渠道上分，可分为内源融资和外源融资两种形式。内源融资主要是房地产企业的自有资金，包括可以抵押贴现的票据、可出售的楼盘、各种应收账款等，企业向承购人预收购房定金或购房款也属于内源融资。外源融资即来源于企业外部的资金筹集手段，通常所说的企业融资即指外源融资。外源融资按照资金是否直接从资金持有者手中到达资金需求者手中，可以划分为直接融资和间接融资。间接融资主要是从金融机构获取资金，解决房地产开发中短期的资金需求，如银行贷款；直接融资主要是从资本市场获取资金，主要用于长期性投资，包括信托基金融资、股票融资、债券融资、合作开发等融资方式。

常用的融资方式如表 8-1 所示。

表 8-1　　常用融资方式及其关系

<table>
<tr><th>资金性质</th><th>融资方式</th><th colspan="2">来　源</th></tr>
<tr><td rowspan="3">自有资金</td><td>资本金</td><td colspan="2" rowspan="3">内源融资</td></tr>
<tr><td>折旧基金</td></tr>
<tr><td>留存利润</td></tr>
<tr><td>权益资金</td><td>股票融资</td><td rowspan="3">直接融资</td><td rowspan="7">外源融资</td></tr>
<tr><td rowspan="6">借入资金</td><td>债券融资</td></tr>
<tr><td>私募基金</td></tr>
<tr><td>银行贷款</td><td rowspan="4">间接融资</td></tr>
<tr><td>投资信托基金</td></tr>
<tr><td>典当融资</td></tr>
<tr><td>租赁融资</td></tr>
</table>

由于内源融资相对简单，因此一般所说的融资方式通常为外源融资。

8.2.2 自有资金筹措

房地产开发企业自有资金是按财务制度的规定归企业自行支配的各种资金，主要包括固定资产折旧、资本金、资本公积金和盈余公积金。

1. 固定资产折旧

固定资产折旧是作为固定资产重置准备金，被提取以后暂时处于闲置状态，是企业无须还本付息的资金来源，企业可以根据自身发展的需求，安排折旧资金的使用，提高这部分资金的使用效益。

2. 资本金

项目资本金是指在项目总投资中，由投资者认缴的出资额，可以采用国家投资、各方集资或发行股票等方式。按照有关规定，资本金可以用货币出资，也可以用实务、工业产权、非专利技术、土地使用权作价出资。对作为资本金的实物和无形资产，必须经过有资格的资产评估机构依照法律、法规评估作价，不得高估或低估。在资本金筹集过程中，吸收的投资中无形资产(不含土地使用权)出资不得超过企业或项目注册资金的20%。资本金占总投资的比例，根据不同行业和项目的经济效益等因素确定。

3. 资本公积金

资本公积金是指企业从事非营业活动形成的资本增值，归全体投资者共有。其主要包括资本溢价、接受捐赠资产、法定财产重估增值等。

(1) 资本溢价是指投资者实际缴入的出资额超过按注册资本和投资比例所确定的其法定出资额的差额。这种出资一般发生在经营期间其他投资者参股、原有投资者单方向增资、原有投资者同时增资等情况。经营者在经营期间有新的投资者加入时，原有投资者往往要求按其大于法定出资额的数额出资，以使新的投资者对投资企业已获得的市场信誉给予承认和回报，超过法定出资额的差额，即为企业的资本溢价。另外，企业在经营一段时间后，形成了账面积累，如提取的盈余公积、未分配利润等。这部分积累的利润，新投资者同样可以分享，作为分享这部分利润的条件，新投资者必须投入法定出资额。股份有限公司以超过面值的价格发行股票，获得的溢价收入同样属于资本溢价。

(2) 接受捐赠资产是指政府、社会团体或个人赠予企业的资产。企业接受捐赠的各种资产不属于投资人投入的资本，因为捐赠人并不对企业净资产拥有所有权，也不对企业亏损承担责任。因此，企业接受的捐赠计入"资本公积"账户。

(3) 法定财产重估增值是指企业按国家规定，对其占有的资产进行重新估价时，重估价值大于账面价值的数额。一般而言，企业财产应按取得时的实际成本入账，除有物价变动时，可根据国家相关规定进行调整，否则不得随意调整账面价值。但在特殊情况下，企业可对资产进行重估。如企业分立、合并和改组，企业以实物资产和无形资产对外投资，物价上涨时幅度较大和实际价值严重分离。

4. 盈余公积金

盈余公积金是指企业按照规定从税后利润中提取的积累资金，按其用途分为法定公积金和任意公积金。

公司分配当年税后利润时，应当提取利润的10%列入公司法定公积金。《公司法》规定公积金累计额为公司注册资本的50%以上的，可以不再提取。公司的法定公积金不足以弥补以前年度亏损的，在依照前款规定提取法定公积金之前，应当先用当年利润弥补亏损。公司从税后利润中提取法定公积金后，经股东或股东大会决议，还可以从税后利润中提取任意公积金。

8.2.3 国内商业银行贷款融资

国内商业银行贷款是指国内商业银行向房地产开发企业发放的用于房地产开发及其配套设施建设的贷款。

1. 国内商业银行贷款的种类

房地产开发企业申请的贷款方式主要有房地产开发贷款、固定资产贷款、流动资金贷款。

(1) 房地产开发贷款是指对房地产开发企业发放的用于住房、商业用房和其他房地产开发建设的中长期项目贷款。贷款对象是注册的有房地产开发、经营权的国有、集体、外资和股份制企业。房地产开发贷款期限一般不超过 3 年(含 3 年)。贷款原则上应采取抵押担保或借款人有处分权的国债、存单及备付信用证质押担保方式，担保能力不足部分可采取保证担保方式。

(2) 固定资产贷款是银行提供的，主要用于固定资产项目的建设、购置、改造及其相应配套设施建设的中长期本外币贷款。固定资产贷款包括基本建设贷款和技术改造贷款。固定资产贷款的特点是期限长，贷款金额大，期限一般不超过 8 年，实际贷款期限根据项目评估结果确定。

(3) 流动资金贷款是为满足借款人在生产经营过程中临时性、季节性的资金需求，保证生产经营活动的正常进行而发放的贷款。流动资金贷款的特点是期限灵活，能够满足借款人临时性、短期和中期的流动资金需求，按期限可分为临时流动资金贷款、短期流动资金贷款和中期流动资金贷款。临时流动资金贷款是指期限在 3 个月(含 3 个月)以内的流动资金贷款，主要用于满足企业一次性进货的临时需要和弥补其他季节性支付资金的不足；短期流动资金贷款是指期限为 3 个月至 1 年(不含 3 个月，含 1 年)的流动资金贷款，主要用于满足企业正常生产经营周转的资金需求；中期流动资金贷款是指期限为 1～3 年(不含 1 年，含 3 年)的流动资金贷款，主要用于企业正常生产经营中经常性的周转占用和铺底流动资金贷款。

2. 贷款申请程序

向银行申请贷款的基本程序如下：

(1) 提出借款申请。由房地产开发企业向银行提出借款申请，并根据银行要求提供相关材料。

(2) 签订合同。在借款申请通过银行调查审核认为可行后，房地产开发企业与银行签订借款合同和担保合同等法律性文件，其中应包含贷款种类、贷款用途、金额、利率、还款期限、违约责任等双方约定的各项条款。

(3) 贷款获取。在办妥发放贷款前的有关手续后，借款合同即生效，银行即可发放贷款，房地产开发企业就可按照合同规定的用途支用贷款。

(4) 还款。按合同约定的方式偿还贷款。

3. 国内商业银行贷款的特点

银行贷款的优点是：种类和数量多，贷款效率较高，贷款流程相对固定，融资的弹性大，可根据企业经营情况随时借款，成本相对较低，财务杠杆作用大等。

银行贷款的缺点也很明显：还债压力较大，贷款条件的审查很严格，对企业的资信、经营状况、财务状况等要求较高，对一些中小企业来说，限于自身实力以及不正规的管理，向银行获得贷款比较困难。尤其是近年相继出台的各项宏观调控政策，使得中小企业已很难获得银行贷款。

8.2.4 国外商业银行贷款融资

国外商业银行贷款是指一国借款人在国际金融市场上向外国银行借入货币资金。外国银行既包括资金雄厚的大银行，也包括中小银行及银行的金融机构。

1. 国外商业银行贷款的种类

根据贷款期限的不同，国外商业银行贷款可分为短期、中期和长期贷款。

(1) 短期贷款。短期贷款通常指借贷期限在1年及1年以下的贷款。这种贷款可分为银行与银行间的信贷和银行对非银行客户(公司、企业、政府机构等)的信贷。银行之间的信贷称为银行同业拆放，该种贷款完全凭银行间同业信用商借，不用签订贷款协议。银行可通过电话、电传承交，事后以书面确认。同业拆放期限从1天到6个月为多，超过6个月的较少，通常每笔交易额在10亿元以下。典型的银行间的交易为每笔1 000万美元左右，通常银行对非银行客户的交易很少。

(2) 中期贷款。中期贷款是指借贷期限在1年以上、5年及5年以下的贷款。这种贷款由借贷双方银行签订贷款协议。由于这种贷款期限长、金额大，有时贷款银行要求借款人所属国家的政府提供担保。中期贷款利率比短期贷款利率高。

(3) 长期贷款。长期贷款是指借贷期限在5年以上的贷款。这种贷款通常由数家银行组成银团共同贷给某一客户。银团贷款的当事人，一方面是借款人(如银行、政府、公司、企业等)；另一方面是参加银团的各家银行(包括牵头行、经理行、代理行等)。

2. 国外商业银行贷款的主要特点

(1) 来源广泛。国际上众多的商业银行和银行集团均可作为资金来源。

(2) 手续简便。安排融资时间较短，且无附加条件，资金的用途一般不受贷方限制。

(3) 方式灵活。可借到不同的货币资本，期限与数额也可由自己选定后与银行协商，还本付息的方法也较多。

(4) 成本高。利率较其他国际信贷形式高，而且其他费用也较高。

(5) 风险大。银行普遍采用浮动利率计息，加上汇率的频繁变动，增大了客户的利率风险和汇率风险。

(6) 期限较短。通常以中、短期贷款为主，长期的一般也限于10年以内。

3. 我国对国外商业银行贷款的管理办法

(1) 对短期国际银行贷款的管理办法。我国对短期国际银行贷款采取余额管理的办法，即由国家主管部门向经批准的金融机构下达短期国际银行贷款的年度余额，由金融机构据此调整本单位的债务水平和资金运用。

(2) 对中长期国际银行贷款的管理办法。对于中长期国际银行贷款的宏观管理，采取指标控制的办法，主要包括：① 规模控制。国家通过两类计划对中长期国际银行贷款实行规模控制。② 项目的审批管理。使用国外贷款的项目需由国家发改委审批。③ 对外贷款的“窗口管理”。筹措国际银行贷款需要通过国家指定的或者经批准的国内金融机构进行。④ 外债的统计、监测、监督制度。借用各类国际银行贷款的单位在贷款签约后，必须及时到国家主管部门进行外债登记，每次偿付贷款本息前，借款人应提前向主管部门报送贷款偿还计划，并在主管部门同意后，及时对外偿还应付的本息。

8.2.5　债券融资

债券融资是企业按照法定程序发行约定在一定期限内还本付息的债务凭证而进行融资的方式。债券融资与银行贷款一样属于外源融资。我国企业发行的债券称为企业债券，分为长期债券和短期债券。偿还期限在1年以上的视为长期债券，1年及1年以内的视为短期债券。由于房地产开发建设期长，房地产企业一般都倾向于发行长期债券，长期债券有利于长期投资项目，但要想争取尽量长的偿还期限，也要相应提高债券的票面利率。

1. 企业发行债券的条件

根据《中华人民共和国公司法》规定，只有股份有限公司国有独资公司和两个以上的国有企业或者其他两个以上的国有投资主体投资设立的有限责任公司，为筹集生产经营资金，才可以发行公司债券。根据《国家发展改革委关于推进企业债券市场发展、简化发行核准程序有关事项的通知》发行企业债券，必须符合下列条件：

(1) 股份有限公司的净资产额不低于人民币3 000万元，有限责任公司的净资产额不低于人民币6 000万元；

(2) 累计债券余额不超过公司净资产(不包括少数股东权益)的40%；

(3) 最近3年平均可分配利润(净利润)足以支付公司债券1年的利息；

(4) 筹集的资金投向符合国家产业政策和行业发展方向，所需相关手续齐全；

(5) 债券的利率由企业根据市场情况确定，但不得超过国务院限定的利率水平；

(6) 已发行的企业债券或者其他债务未处于违约或者延迟支付本息的状态；

(7) 最近3年没有重大违法违规行为。

2. 企业债券的发行程序

(1) 企业提出债券发行规模申请。省属企业直接向省发改委提出申请；其他企业由各设区的市发改委初审后，向省发改委转报申请。经省发改委统一审核后，集中向国家发改委申请企业债券发行规模。

(2) 企业提出债券发行方案。企业债券发行人获准发债规模后，按照公开发行企业债券申请材料目录及其规定格式，逐级上报企业债券发行方案。经省发改委审核后，向国家发改委申请。

(3) 公告债券筹集办法。企业债券发行人获准发行方案后，公告债券筹集方法，应包括如下内容：公告企业的名称、发行债券的用途、债券面额、利率、还本期限与方式、利息支付方式等情况。

(4) 承销机构承销债券。

8.2.6 股票融资

股票是企业为筹措资金而发行的有价证券，它代表了持有者对企业资金享有的相应所有权。房地产企业股票融资就是指房地产企业通过发行股票获得资金，或者借壳上市后再进行增发或者配股，从而获得资金的一种方式。通过发行股票融入的资金是企业的资本金，企业与出资人之间没有债务关系，无须偿还本金，有利于改善企业的财务结构，降低企业债率。

1. 股票发行条件

(1) 所筹资金用途符合国家产业政策。

(2) 符合国家有关固定资产投资立项的规定。

(3) 符合国家有关利用外资的规定。

(4) 发起人认购的股本总额不少于上市公司拟发行股本总额的35%。

(5) 发起人出资总额不少于1.5亿元人民币。

(6) 拟向社会发行的股份达公司股份总额的25%以上；拟发行的股本总额超过4亿元人民币的，其拟向社会发行股份的比例达15%以上。

(7) 改组设立公司的原有企业或者作为公司主要发起人的国有企业，在最近3年内没有重大违法行为。

(8) 改组设立公司的原有企业或者作为公司主要发起人的国有企业，在最近3年连续盈利。

(9) 国务院证券委员会规定的其他条件。

2. 股票融资的特点

(1) 上市融资可以提高公司自有资本比率，改善财务结构，降低资产负债率，从而提高公司的经营安全程度和竞争力。自有资本在资金来源中所占比率的高低是衡量一个公司财务结构和实力的重要指标。资金雄厚的房地产企业更容易获得债权融资。

(2) 有利于企业股份制改造。上市的企业必须是股份制企业，必须明晰产权，建立健全规范的法人治理结构，优化产业结构和资本结构。面对激烈的市场竞争，上市将有利于企业构建"产权清晰，权责明确，政企分开，管理科学"的现代企业制度。

(3) 提高公司价值，提高公司知名度。上市企业以其透明度、品牌声誉、规范操作等多方面的业绩，向社会证明其稳健经营。由于股市所具有的公众效应，房地产的子公司上市后能对公司的品牌形成良好的宣传效果，提高知名度，有助于企业品牌的形成，同时还比较容易培养公众的认同感和形成较为稳定的消费群体。

(4) 融资成本相对较高，此外还会产生上市费用、股利、税负成本和管理成本等间接费用。上市费用，即企业上市前必须聘请专业的律师事务所、会计师事务所和券商进行严格的评估和辅导，从而产生入市费、年费、审计师费、财务顾问费、承销商费等一系列费用的支出。股利，即为了保持良好的市场形象，房地产企业通常在年终结算后，将盈利的一部分作为股息按股额分配给股东，因而增加了公司的成本。税负成本，即在上市融资的情况下，存在对公司法人和股东"双重征税"的情况。这实际上相当于提高了股东的成本，降低了其收益。管理成本，即上市公司信息公开需要的费用，以及董事会和监事会进行重大决策的谈判成本等。

(5) 财务信息透明度的要求增强。房地产企业资金运作数额较大,作为商业机密,房地产企业一般不愿披露财务运作的细节,然而一旦成为上市公司,就必须按规范及时进行信息披露,从企业自身的角度来讲,企业运用资金的自由度必然受到限制。

(6) 对企业治理结构造成影响。股票融资导致公司治理结构发生变化。新股东的加入带来了管理层的变动,使得管理层不稳定,企业的战略方针和经营策略变化的不确定性增加,不利于企业长期发展。

8.2.7 其他融资方式

1. 项目融资

项目融资是指以项目的资产、预期收益或权益作抵押取得的一种无追索权或有限追索权的融资或贷款活动。项目融资是以项目本身的经营状况和项目建成、投入使用后的现金流量作为还款保证来融资的。其融资方式有两种:无追索权的项目融资和有限追索权的项目融资。

无追索权的项目融资也称为纯粹的项目融资,贷款的还本付息完全依靠项目的经营效益。如果项目未能建成或经营失败,其资产或收益不足以清偿全部的贷款时,贷款银行无权向该项目的主办人追索。

有限追索权的项目融资同时需要有项目实体以外的第三方提供担保,以贷款项目的经营收益作为还款来源和取得物权担保。贷款方有权向第三方担保人追索,但数额以担保人提供的担保金额为限。

2. 企业并购融资

企业并购是指兼并和收购。企业兼并又称吸收合并,是指两家或者更多的独立企业、公司合并组成一家企业,通常由一家占优势的公司吸收一家或者多家公司。企业收购是指一家企业用现金或者有价证券购买另一家企业的股票或者资产,以获得对该企业的全部资产或者某项资产的所有权,或对该企业的控制权。

企业并购是私募融资的一种常用手段,并购活动较为复杂,涉及融资风险、债务风险、经营风险、反收购风险、法律风险、信息风险及违约风险等多方面因素,并购的实质是企业控制权的让渡,并购的过程是企业权利主体不断变换的过程。根据并购的不同功能或根据并购涉及的产业组织特征,可以将并购分为三种基本类型。

(1) 横向并购。横向并购的基本特征就是企业在国际范围内的横向一体化。近年来,由于全球性的行业重组浪潮,结合我国各行业的实际发展需要,加上我国国家政策及法律对横向重组的一定支持,行业横向并购的发展十分迅速。

(2) 纵向并购。纵向并购是发生在同一产业的上下游之间的并购。纵向并购的企业之间不是直接的竞争关系,而是供应商和需求商之间的关系。因此,纵向并购的基本特征是企业在市场整体范围内的纵向一体化。

(3) 混合并购。混合并购是发生在不同行业企业之间的并购。从理论上看,混合并购的基本目的在于分散风险,寻求范围经济。在面临激烈竞争的情况下,我国各行各业的企业都不同程度地想到多元化,混合并购就是多元化的一个重要方法,为企业进入其他行业提供了有力、便捷、低风险的途径。

3. 合作开发融资

房地产合作开发是指具有土地使用权、开发资质、建设资金等要素的不同当事人之间共同出资、共同经营、共担风险、共享利益的合作建房行为，是一种房地产开发的联合经营行为。这种合作方式不限于一方出地、另一方出资，也可以双方共同出地出资。

(1) 合作开发方式。合作开发有两种方式：法人型合作开发和非法人型合作开发。法人型合作开发是指房地产合作开发各方以组建新的法人，即成立项目公司的方式进行开发经营；非法人型合作开发是指房地产合作开发各方不组建新的法人，而是采用联营的方式进行开发经营。

(2) 房地产企业合作开发的条件包括：① 合作主体中至少一方应当具有房地产开发的经营资格；② 用于合作开发的国有土地必须是通过出让方式取得的，不能是以划拨方式取得的土地，但经有批准权的人民政府批准的，可以进行合作开发。

4. 典当融资

典当是指当户将其动产、财产权利作为物质抵押或者将其房地产作为当物抵押给典当行，交付一定比例的费用，取得当金，并在约定期限内支付当金利息、偿还当金、赎回典当物的行为。典当行是指依照《中华人民共和国公司法》和《典当管理办法》设立的专门从事典当活动的企业法人。典当融资可快速、便捷地获得资金，解决短期需要，可以对开发项目融资发挥辅助作用。

5. 私募基金融资

私募是相对于公募而言的。针对证券发行方式，以向社会私下募集还是公开发行来区分，将其界定为私募和公募。根据其内涵一般可分为对冲基金、私募股权基金和创业投资基金(也可称为风险投资基金)三种。金融市场中常见的私募基金有两种方式：基于签订委托投资合同的契约型集合投资基金和基于共同出资入股成立股份公司的公司型集合投资基金。

私募基金通过非公开方式募集资金，其募集对象针对少数特定的投资者，这些人群对企业的业务或经营情况了解不多，对信息披露要求较低，且政府监管相对宽松，因此私募基金的投资更具隐蔽性，运作也更为灵活，相应获得高收益回报的机会也更大。

6. 预售资金融资

房地产预售是比较流行的一种融资方式。在房地产区位、环境等条件较好的情况下，预售可以筹集到必要的建设资金。但随着国家有关规定的健全，其要求房地产企业需全部缴付土地出让金和投入超过总投资 25%的资金，并办理预售许可证等各项证件，方可预售。预售虽可以将部分市场风险转移给买家，但开发利润会降低，如果成本控制较差就会丧失未来利润。随着房地产企业的不断发展，市场供求双方发生转变，供给大于需求时，房地产企业也就难以采用预售方式筹集资金。同时，由于现在国家控制了第二套房的房贷以及相关限购政策，销售进展会变得很慢，这样预售资金回笼也很慢，就不能保证项目建设资金的及时到位。

8.3 房地产投资信托基金

房地产投资信托基金是标准化可流通的金融产品，主要是以房地产相关权利进行投资的共同基金。2003 年年底，中国第一个商业房地产投资信托计划“法国欧尚天津第一店资金信托计划”在北京推出，代表着中国房地产信托基金初现雏形，但它并未上市交易。投资的房地产缺乏多样性，以及不参与房地产的开发过程等问题使我国市场以往的房地产投资信托基金产品与国际上真正意义的房地产投资信托基金有很大不同。

8.3.1　房地产投资信托基金的含义和种类

1. 房地产投资信托基金的含义

房地产投资信托基金(Real Estate Investment Trust，简称 REITs)是指专门投资于房地产或房地产抵押贷款，通过发行股票或收益凭证募集投资者资金的投资基金。

从国际上看，房地产投资信托基金是一种以发行收益凭证的方式汇集特定多数投资者的资金，由专门投资机构进行房地产投资经营管理，并将投资综合收益按比例分配给投资者的一种信托基金。与我国信托产品纯属私募所不同的是，国际意义上的房地产投资信托基金在性质上等同于基金，少数属于私募，但绝大多数属于公募。房地产投资信托基金既可以封闭运行，也可以上市交易流通，类似于我国的开放式基金与封闭式基金。

2. 房地产投资信托基金的种类

从不同角度看，对房地产投资信托基金有多种不同的分类方法，常见的分类方法有以下几种。根据投资形式的不同，房地产投资信托基金通常可被分为三类：权益型、抵押型与混合型。

(1) 权益型

权益型房地产投资信托基金直接投资于房地产并拥有所有权，其收入主要来源于属下房地产的经营收入。权益型房地产投资信托基金的投资组合视其经营战略的差异有很大不同，但通常主要持有购物中心、公寓、办公楼、仓库等收益性房地产。投资者的收益不仅来源于租金收入，还来源于房地产的增值收益。房地产投资信托基金与传统房地产公司的主要区别在于，房地产投资信托基金主要目的是作为投资组合的一部分对房地产进行运营，而不是开发后进行转售。

(2) 抵押型

抵押型房地产投资信托基金是投资房地产抵押贷款或房地产抵押支持证券，其收益主要来源于是房地产贷款的利息。抵押型房地产投资信托基金主要以金融中介的角色将所募集的资金用于发放各种抵押贷款，收入主要来源于发放抵押贷款所收取的手续费和抵押贷款利息，以及通过发放参与型抵押贷款所获得的抵押房地产的部分租金和增值收益。

(3) 混合型

混合型房地产投资信托基金顾名思义是介于权益型与抵押型之间的，即在从事抵押贷款服务的同时，自身也拥有部分物业产权，混合型房地产投资信托基金在向股东提供该物业再增值空间的同时，也能获得稳定的贷款利息。市场上流通的房地产投资信托基金绝大多数为权益型，而另外两种类型房地产投资信托基金所占比例不到10%，并且权益型房地产投资信托基金能够提供更好的长期投资回报与更大的流动性，市场价格也更具有稳定性。

8.3.2　房地产投资信托基金的特点

1. 面向中小投资者募集资金

由于房地产投资信托基金将投资者的资金集合起来投资于房地产，一般中小投资者即使没有大量资本也可以用很少的资金参与房地产业的投资。

2. 流动性强

由于多数房地产投资信托基金像其他股票一样，能在证券交易所上市交易。与传统的以所有权为目的的房地产投资相比，房地产投资信托基金具有相当高的流动性。

3. 市场价值稳定

衡量某一投资工具市场价值波动性的指标是系数。从房地产投资信托基金发展最成熟的美国市场来看，1972～2000 年，房地产投资信托基金的系数平均为 0.56，即房地产投资信托基金的波动性只及标准普尔 500 指数的 0.56。正因为房地产投资信托基金的波动性很小，其价格水平、资产总量及价值本身也不会有很大的变化。

4. 高现金回报

房地产投资信托的投资目标是既获得稳定的当前收入，又得到富有潜力的资本增值，因而被投资界誉为“全面收益型”投资。

5. 抵御通货膨胀

作为房地产投资信托基金价值基础的房地产，具有很强的保值功能。一方面，通货膨胀来临时物价上扬，房地产物业的价值更是升值很快，以房地产物业为资产基础的房地产投资信托基金股票价值也会随之上升；另一方面，在通货膨胀时期，房地产投资信托基金的收益水平也会比平时高，能够在一定程度上抵消通货膨胀的作用。

8.3.3 房地产投资信托基金的运作模式

房地产投资信托基金的运作模式是房地产开发企业以转让房地产所有权或抵押贷款的形式从房地产投资信托基金托管公司得到所需资金。房地产投资信托基金托管公司的资金是经由金融市场获得的。根据组织形式的不同，房地产投资信托基金可分为公司型和契约型两种。

公司型房地产投资信托基金是通过向社会公开发行股票成立房地产投资信托基金投资公司，投资人购买公司股份，以股息或红利的形式收回投资，房地产投资信托基金投资公司委托房地产投资信托基金托管公司进行经营和管理操作。

契约型房地产投资信托基金则是以信托契约为基础形成的代理投资行为，由投资人将资金注入房地产投资信托基金，房地产投资信托基金投资公司委托房地产投资信托基金托管公司进行经营和管理操作。契约型房地产投资信托基金本身并非独立法人，仅仅属于一种资产，由基金管理公司发起设立，其中基金管理人作为受托人接受委托对房地产进行投资。

8.4 房地产开发项目融资成本分析

8.4.1 项目融资成本相关概念

1. 融资成本的概念

房地产开发项目从各种渠道筹集的资金，不外乎来自于投资人和债权人两大途径。前者称之为自有资金，后者称之为债务资金。投资者将资金投入开发项目，其目的是为了取得一定的投资报酬，或者说投资报酬必须达到一定的期望水平；而债权人将资金借贷出去的目的是为了能获得一定的贷款利息。因此，作为资金使用人的具体开发项目，其资金不论来自于投资者还是来自于债权人都必须为此付出一定的代价，而绝不能无偿地使用这些资金。简言之，融资成本就是为筹集与使用资金所付出的代价。

从理论上讲，融资成本是资金所有权与使用权相分离的产物。资金所有者不会将资金无偿地让渡给资金需求者使用，因为资金使用权的让渡意味着资金所有者失去了凭资金获取其他盈利的机会和条件。同样，资金使用者也不能无偿地占用他人的资金，因为得到了资金的使用权，也就得到了使用资金获取利润的机会，这也要求资金的使用者将获取的利润与资金所有者共同分享。

总之，融资成本实质上是资金使用者支付给资金所有者的报酬，或者说是资金使用者为取得资金使用权而付出的代价。由于资金投入性质不同，这一报酬的形式也有所区别。如果是吸收投资者投入资金，那么这一报酬的形式就是投资利润；如果是从债权人处借入资金，那么这一报酬的形式就是借款利息。由于企业都希望以最小的融资成本获取所需的资金，因此分析融资成本有助于筹资人选择筹资方案，确定筹资结构以及最大限度地提高筹资的效益。

2. 融资成本的内容

融资成本包括资金筹集费用和资金占用费用。

(1) 资金筹集费用。资金筹集费用是指项目在筹措资金过程中为获取资金而支付的费用，如发行股票、债券支付的发行手续费、债券印刷费、律师费、资信评估费、公证费、担保费、广告费等。资金筹集费用通常是在筹措资金时一次支付的，在资金使用过程中不再发生此项费用。因此，可视为对筹集资金数量的一项扣除。资金筹集费用一般属于一次性费用，筹集次数越多，资金筹集费用也就越高。

(2) 资金占用费用。资金占用费用是指在投资建设、生产运营中因使用资金而支付的费用，如借款利息、债券利息、股息、红利等。资金占用费用是项目经常发生的费用，它因使用资金数量的多少和时间的长短而变动。

融资成本通常用融资成本率表示。融资成本率是指使用资金所负担的费用与筹集资金净额之比，其公式为：

$$K=\frac{D}{P-F} \quad 或 \quad K=\frac{P}{D(1-f)}$$

式中 K——融资成本率；

D——资金占用费；

P——筹集资金总额；

F——资金筹集费；

f——筹资费用率。

融资成本是选择资金来源、确定融资方案的重要依据。由于资金筹集方式不同，需计算不同形式的融资成本，包括个别融资成本、综合融资成本以及边际融资成本等。个别融资成本是比较各种筹资方案优劣的一个尺度；综合融资成本是进行资金结构决策的基本依据；边际融资成本是比较选择追加筹资方案的重要依据。

8.4.2 个别融资成本的计算

1. 债务融资成本的计算

一般而言，通过各种负债形式取得资金（如银行贷款、发行债券等）具有如下特点：第一，资金成本的具体形式是利息，且利息率的高低事先确定，不受企业经营业绩的影响；第二，在债务生效期内，利息率一般固定不变，且利息应按期支付；第三，利息费用是税前的扣除项目；第四，本金应按期偿还。

债务融资成本由债务资金筹集费和债务资金占用费组成。债务资金筹集费是指债务资金筹集过程中支付的一次性费用，如承诺费、发行手续费、担保费、代理费等；债务资金占用费是指使用债务资金过程中发生的经常性费用，如贷款利息和债券利息。含筹资费用的债务融资成本是使下式成立的 K_{dt}：

$$P_0 - F = \sum_{i=1}^{n} \frac{P_i + I_i(1-T)}{(1+K_{dt})^i}$$

式中 P_0——债券发行价格或借款的金额，即债务的现值；

F——债务资金筹集费用；

P_i——本金的偿还金额和时间；

I_i——债务的约定利息；

T——所得税率；

n——债务的期限，通常以年表示。

上述公式中，等号左边是债务人的实际现金流入；等号右边为债务引起的未来现金流出的现值总额。

2. 权益融资成本的计算

权益资金是企业的所有者投入企业的资金。根据其形式不同，可分为优先股、普通股和留存收益等。权益资金的成本包含两大内容，即投资者的预期投资报酬和资金筹集费用。由于除优先股外，投资报酬不是事先确定的，它完全由企业的经营效益所决定，因而权益资金成本的计算有很大的不确定性。另外，与债券的利息不同，权益资金报酬是税后交付的，没有减税效应，所以权益融资成本的计算有其自己的特点。

(1) 优先股融资成本的计算。优先股同时具有普通股和债股的双重性质，其特征表现为：投资报酬形式为股利形式，股利率固定，本金不需偿还。优先股的成本也包括两部分，即额定股利和资金筹集费用，其融资成本计算公式如下：

$$K_s = \frac{D}{P-F}$$

式中 K_s——权益融资成本；

D——优先股年股利；

其他符号含义同前。

由于优先股股利是税后支付的，很明显，优先股的风险比债券大，因而通常优先股的融资成本高于债券的融资成本。

(2) 普通股融资成本的计算。普通股是构成股份公司原始资本和权益的主要部分，股利的分配是不确定的。从理论上分析，人们认为普通股的成本是普通股股东在一定风险条件下所要求的最低投资报酬，在正常情况下，这种最低报酬表现为逐年递增的。普通股融资成本计算公式如下：

$$K_s = \frac{D}{P-F} + g$$

式中 g——预期的股利率增长率；

其他符号含义同前。

另外，除上述以股利为基础计算普通股的融资成本以外，还可以采用以风险大小为基础计算普通股的融资成本。这种方法即“资本资产定价模型法”(Capital Asset Pricing Model)，其计算公式为：

$$K_s = R_f + \beta(R_m - R_f)$$

式中 R_f——社会无风险投资收益率；

β——项目的投资风险系数；

R_m——市场投资组合预期收益率。

(3) 留存收益融资成本的计算。留存收益是企业税后净利润在扣除发放的股利后形成的，它包括提取的盈余公积和未分配利润，其所有权属于普通股股东。对于股东来说，如何处理留存收益有多种选择，它可以作为未来股利的发放，也可以作为企业扩大再生产的资金来源。但不论如何处理，都会使股东付出代价，因而，留存收益资金的使用也有成本。通常，人们将留存收益视同普通股东对企业的再投资，并参照普通股的方法计算融资成本。

8.4.3 综合融资成本的计算

各种不同的资金具有不同的融资成本。一般来讲，一个企业几乎不可能采用单一的筹资方式，而是采用多种不同的筹资方式的组合。因此，要衡量一个企业的筹资成本，除分别计算不同来源融资的个别融资成本外，还必须计算全部资金的成本——综合融资成本。一般根据不同资金的融资成本及它们占全部资金的比重来确定，因而也称加权平均资金成本，其计算公式为：

$$K_w = \sum_{j=1}^{m} K_j W_j$$

式中 K_w——综合融资成本；

K_j——第 j 种个别融资成本；

W_j——第 j 种个别资金占全部资金的比重(权数)。

由公式可知，综合融资成本取决于两大因素——个别融资成本和该资金占全部资金的比重，通常也称资金结构。确定资金结构有多种不同的计算方法，可以按资金的账面价值计算，也可以按市场价值计算，甚至可以利用资金的目标价值计算。以上各种计算方法各有利弊。通常，以现行市场价值为基础，并对未来市场的变化趋势做出合理的估计，从而确定资金的目标价值来计算确定资金结构。

8.4.4 边际融资成本的计算

所谓“边际融资成本”是指企业追加筹措资金的成本。从严格意义上讲，边际融资成本可理解为：企业每新增 1 元资金所带来的融资成本，但由于这一定义的适用性较小，通常将

"边际融资成本"理解为企业因追加筹资而带来的融资成本。

1. 计算边际融资成本应考虑的主要因素

(1) 个别融资成本的变动。我们在前面计算个别融资成本以及综合融资成本时,都假定这一融资成本是过去筹资的成本或目前使用的融资成本。但实际上随着时间与筹资数额的变化,个别融资成本也会发生相应的变化,因此必须考虑不同筹资范围的融资成本。

(2) 选择适当的筹资数额。由于筹资数额的大小直接导致不同的资金成本,因此选择投资适量的项目,对确保融资成本有重要意义。

(3) 关于如何确定资金结构问题。资金结构直接影响筹资数额的大小及投资方案的选择,并反过来影响筹资成本。

2. 追加筹资的成本不变时,边际融资成本的计算

当各项追加筹资的融资成本保持不变时,则新增资金的综合融资成本取决于资金结构的变化。当追加筹资仍保持原有的资金结构时,不管追加筹资数额发生多大变化,其综合融资成本保持不变,与原来的综合融资成本相同;如果新增资金改变了原有的资金结构,则综合融资成本就不同于原来的融资成本,应重新根据新的资金结构计算综合资金成本,计算方法仍然相同。

3. 追加筹资的融资成本随筹资规模的扩大而上升时,边际融资成本的计算

当追加筹资的融资成本随筹资规模发生变化时,可按下列步骤计算边际融资成本:

(1) 根据金融市场的资金供求情况,确定各类资金的成本分界点。所谓资金的成本分界点,就是指在融资成本发生变化前的最大筹资额。

(2) 确定目标资金结构,如前所述,追加筹资既可维持原有的资金结构,也可改变原有的资金结构,确定目标资金结构是计算边际融资成本的一个重要因素。

(3) 根据各类资金的成本分界点及目标资金结构计算筹资总额的成本分界点,同时列出相应的筹资范围。

(4) 计算边际融资成本,根据不同的筹资范围,分别计算每一范围内的边际融资成本。

边际融资成本是决定是否采用某一投资项目时必须考虑的一个重要因素。当投资者进行新的资金筹措和投放决策时,可以用新资金的边际融资成本作为投资方案的贴现率,对投资方案的现金流量进行贴现。只有计算出的净现值为正值时,才有理由采纳该投资方案。此外,还可以将边际融资成本与投资机会的内部收益率相比较,只有当投资机会的内部收益率高于边际融资成本时,投资方案方可采用。

8.5 房地产开发项目融资风险分析

在一般财务管理活动中,未来的风险难以测定和计算。然而,风险是客观存在的,企业财务管理工作几乎都是在各种风险和不确定状态下进行的,房地产开发项目融资活动也不例外。

8.5.1 融资风险相关概念

1. 财务风险

通常,我们把由于企业采用各种方式筹集资金而产生的风险,尤其是企业负债筹资而面

临的风险，称为财务风险，也称为筹资风险或破产风险。当企业由于资金不足或出于其他目的而运用一定的方法筹集资金后，有可能使企业取得更多的利润，也有可能使企业发生亏损。但无论如何，企业都必须按规定向债权人按期支付利息和偿还本金等，如果企业的经营收入不足以偿还负债利息和本金时，则可能使企业面临财务危机，严重的可能导致企业破产。产生财务风险的主要原因是：

(1) 筹资决策时缺乏可靠的信息。在大多数决策中，决策事项(如收入、价格、销路等)未来变化的各种情况在决策时是无法精确掌握的，或者说不能取得足够的信息。这可能是根据现行的预测手段根本无法取得将来各种正确的信息，也可能在许多情况下，由于要取得这种正确的信息要花费极高的成本，而使决策者无法承受。因而，进行筹资决策时，往往只能根据历史资料或经验来判断，只是一种近似的估计，或多或少地带有主观性，从而使决策具有一定的风险性。

(2) 筹资决策者不能控制事物未来发展的过程。决策事项未来发展的过程，直接受到未来客观经济环境的影响，如政府宏观经济政策的改变、市场景气与否、产业结构的调整、顾客需求的变化、市场价格和利息率的波动等。所有这一切都使筹资决策处于风险之中，而且这种风险与时间长短有关，未来收益的风险就明显大于近期收益的风险。

因此，由于上述原因的存在，在项目开发过程中，实际的现金流量就会与筹资决策时预期的现金流量发生偏差，从而使企业面临财务风险。

2. 财务杠杆作用

财务杠杆是指企业的全部负债与企业总资产的比例关系。财务杠杆的变化会对企业普通股收益产生影响，也就是财务杠杆作用。财务杠杆的作用程度，通常用财务杠杆系数(Degree of Financial Leverage，简称 DFL)来衡量，它表示每股收益随着息前税前利润的变化而变化的幅度，或每股收益的变动率相当于息前税前利润变动率的倍数。用公式表示为：

$$DFL = \frac{\text{每股收益变动的百分比}}{\text{息前税前利润变动的百分比}} = \frac{\Delta EPS/EPS}{\Delta EBIT/EBIT}$$

式中 EPS——变动前的每股收益；

$EBIT$——变动前的息前税前利润。

由于企业负债利息和优先股股利在财务处理上的不同，两者财务杠杆作用的程度是不同的。

在没有优先股的情况下，有

$$EPS = \frac{(EBIT - I)(1 - T)}{N}$$

式中 I——利息；

T——所得税率；

N——普通股数。

由于 I，T 固定不变，则有

$$\Delta EPS = \frac{\Delta EBIT \times (1 - T)}{N},$$

$$\frac{\Delta EPS}{EPS} = \frac{\Delta EBIT}{(EBIT - I)}$$

从而财务杠杆系数可表示如下：

$$DFL = \frac{EBIT}{EBIT - I}$$

在存在优先股的情况下，有

$$EPS = \frac{(EBIT - I)(1 - T) - PD}{N}$$

式中 PD——优先股股利；

其他符号含义同前。

此时的财务杠杆系数是不相同的。

一般来说，当企业的全部资金的息前税前利润率高于同期负债成本率时，财务杠杆使企业在不增加权益资本投资的情况下，取得更多的利润，财务杠杆具有正效应；反之，则财务杠杆为负效应，并对企业所有者权益带来损失。对优先股而言，当企业全部股本税后利润率高于优先股股利时，会对普通股权益产生财务杠杆收益；反之则对普通股权益产生相应的财务杠杆损失。由此可见，财务杠杆作用方向的不确定性使企业的普通股权益面临额外的财务风险。财务杠杆作用是筹集资金时必须考虑的一个重要因素。

3. 资金结构与财务风险

不同的资金结构使企业面临的财务风险存在差异。由财务杠杆作用可知，由于负债和优先股杠杆作用的不同，企业的财务风险是不同的。此外，长期负债与短期负债的财务风险也是不相同的。通常，短期负债的利息费用较长期负债要低，但使用短期负债比使用长期负债有更高的风险。主要表现在：第一，企业使用长期负债筹资，在既定负债时期内，其利息费用是固定的；但如以短期负债来取得长期的资金使用权，则可能由于利率的调整造成利息费用的不确定性。第二，企业利用长期负债筹资，可利用较长的经营期为偿还债务提供现金来源，虽有风险，但相对较小。如果企业以重复的短期负债来筹措长期资金，可能会因频繁的债务周转而产生一时无法偿还的情况，从而落入财务困境，甚至导致企业破产。

因此，在筹集房地产开发资金时，必须充分重视房地产开发项目投资量大、投资回收周期长，正好与短期负债还款期短的特征相反的特点，避免产生过度的财务风险。因此，自有资金严重缺乏、负债比例较高的企业更应避免以短期负债的接续来实现长期使用资金的做法，应根据企业的资产结构来确定企业的资金结构，选择合适的资金筹集方法。

8.5.2 融资风险的度量

由前述可知，由于房地产市场的不确定因素的存在，在同一筹资方案下，开发项目的预期收益可能有多种情况。再加上财务杠杆作用方向的不确定性，筹资可能使开发商取得更大的利润，也可能使开发商蒙受额外的损失，所以在市场变化不定和杠杆作用方向不确定的双重作用下，筹集资金存在很大的风险。通常我们以各种条件下项目可能的收益率与期望收益率的差异程度来衡量风险程度，常用的统计指标有期望收益率、标准差和变异系数。

1. 期望收益率

期望收益率是指一定资金筹集方案下根据各种可能的收益率和不同概率计算出来的加权平均报酬率。如果以现金流入反映项目收益，则可计算其现金流入的期望收益额，也称期望值。期望收益率的计算方式为：

$$\overline{K} = \sum_{i=1}^{N} K_i \cdot P_i$$

式中 $\overline{K}$——期望收益率；

K_i——第 i 种可能结果的收益率；

P_i——第 i 种可能结果发生的概率；

N——各种可能结果的总数。

2. 标准差

标准差是反映各种可能结果的收益率偏离期望收益率的综合差异，或称离散程度的指标。标准差一般用 R 表示，其计算公式如下：

$$R = \sqrt{\sum_{i=1}^{N}(K_i - \overline{K})^2 \cdot P_i}$$

标准差是以期望收益率为基准的概率加权平均离差，标准差越大，说明实际数值（实际收入或收益率）偏离期望值或期望收益率的可能性越大，风险也就越大；反之，说明实际收入或收益率偏离期望值或期望收益率的可能性越小，风险也就越小。

3. 变异系数

变异系数是标准差与期望收益率（或期望值）的比值。由于标准差的作用具有局限性，它只适用于比较分析相同的期望收益率（或期望值）的各种资金筹集方案的风险大小，而不能比较分析不同的期望收益率（或期望值）的各种资金筹集方案的风险大小。变异系数以相对数来表示离散程度即风险的大小更具有可比性。变异系数的计算公式如下：

$$Q = \frac{R}{\overline{K}} \times 100\%$$

式中 Q——变异系数。

必须注意的是，由于风险与收益的权衡永远是一对矛盾，而且往往可能收益越高，风险越大。因此，对于风险相对较高、收益也较高的房地产开发项目而言，并不是 Q 越小越好，比较风险（Q）的大小仍必须以达到一定的期望收益率为前提，否则开发商便不会有开发项目的积极性，这种资金筹措方案也就失去了现实性，自然也没有比较风险大小的必要。

考虑风险因素后，按风险调整的融资成本应包括无风险融资成本和风险融资成本两部分，其计算公式为：

$$C' = C + b \cdot Q$$

式中 C'——按风险调整的融资成本；

C——无风险融资成本；

b——风险报酬系数；

Q——风险程度，一般用变异系数表示。

8.5.3 融资风险的控制

由前述分析可知，由于取得信息的不完全性及事物发展的不可控性，使得实际现金流量与预期现金流量的偏差较大而发生财务风险；而财务杠杆作用方向的不确定性则加剧了财务风险的作用程度。因此，控制财务风险，可以从以下方面考虑。

1. 针对企业自身财务状况，合理编制资金筹集方案，选择筹集资金的渠道

通常应注意以下 4 点：

（1）除资金回收较快且利润丰厚的项目以外，要注意适量地直接投入自有资金，当然，

必须保证达到投入自有资金的最低限额。

(2) 应视市场情况灵活选择支付固定利息或分割固定利润的筹资方式。对于风险较大的项目,自己又难以筹措到足够的资金时,寻找有实力的合作方共同开发可以分散风险,共享利润。

(3) 在政府许可的条件下,尽可能提前预售部分楼宇,是保证开发商利益、分散风险、筹措开发资金的有效办法。认真做好营销策划和销售组织工作是确保预售收入按计划实现的关键。

(4) 应针对企业状况及项目开发的风险程度、资金回收情况选择合理的资金来源结构,避免短期资金的长期使用。

2. 加强债务管理,尽可能保持资金流动过程中的收支平衡

一般应遵循如下基本原则:

(1) 债务与自有资金保持适当的比例,避免过度负债。

(2) 债务的偿还日期分布尽可能均匀,避免集中在某一时期,并且债务中应保持一部分长期负债,以保证资金供给的相对稳定性。

(3) 贷款利息尽可能均匀分布,减少现金支付的压力。

(4) 如开发项目有外汇负债,应采用各种方法减少汇率变动风险。

(5) 借款时应考虑赋税条件。

3. 采取各种措施,分散风险因素

除通过签署寻找合作伙伴、尽可能预售及合理安排债息偿还时间等以外,尽可能分散在不相关的筹资渠道上筹集资金;应尽可能选择合理的币种、渠道组合使相关的风险因素相互抵消,等等。

此外,对于周期长的项目,应随着开发的不断进行,不断分析资金的投入与回收情况,及时调整资金筹集方案。

8.5.4 融资方案的比较

资金筹集必须遵循的基本原则是安全性、经济性、可靠性,这也是选择比较资金筹集方案的三个基本原则。通常,我们可以按如下方法进行资金筹集方案的比较选择。

首先,列出方案比较的主要指标,即判断因素,一般可用安全性(风险程度)、经济性(融资成本率)、可靠性(资金在数量、时间上的可能落实程度)等指标,列出表 8-2 指标比较表。

表 8-2 指标比较表

指 标	方案 A	方案 B	方案 C
安全性	X_{11}	X_{21}	X_{31}
经济性	X_{12}	X_{22}	X_{32}
可靠性	X_{13}	X_{23}	X_{33}

表 8-2 中的安全性指标可由计算各筹资方案的变异系数取得,经济性指标可以使用各筹资方案的综合融资成本率,可靠性指标可以通过对各方案可能的资金落实程度按一定方法估计打分取得。另外,根据项目情况或投资人的偏好,指标可作适当调整或增减。

其次,计算确定不同方案的判断因素的评价值,如表 8-3 所示。

表 8-3 **指标评价值表**

指　标	不同方案的指标评价值			指标评价值之和
	方案 A	方案 B	方案 C	
安全性	P_{11}	P_{21}	P_{31}	1.00
经济性	P_{12}	P_{22}	P_{32}	1.00
可靠性	P_{13}	P_{23}	P_{33}	1.00

对于变异系数、融资成本等一类指标，其指标值一般越低越好，可以用调和平均数公式计算评价值 P_{ij}：

$$P_{ij} = \frac{1}{\left(\sum_{i=1}^{n} \frac{1}{X_{ij}}\right) X_{ij}}$$

对于可靠性等指标，其指标值一般越高越好，可以用加权平均数公式计算评价值 P_{ij}：

$$P_{ij} = \frac{X_{ij}}{\sum_{i=1}^{n} X_{ij}}$$

式中　X_{ij}——第 i 方案的指标值；

P_{ij}——第 i 方案的指标评价值。

显然，$\sum_{i=1}^{n} P_{ij} = 1$

最后，按一定的方法确定各判断因素的权重，如表 8-4 所示，并以此计算各个资金筹集方案的总评价分 TP_i：

$$TP_i = \sum_{j=1}^{m} P_{ij} W_j$$

式中　TP_i—— 方案 i 的总评价分，且 $0 < TP_i < 1$；

W_j—— 第 j 个判断因素的权重，且 $\sum_{j=1}^{m} W_j = 1$；

m—— 判断因素的数量。

由于 $\sum_{i=1}^{n} P_j = 1$，$\sum_{j=1}^{m} W_j = 1$，所以 $\sum_{i=1}^{n} TP_i = \sum_{i=1}^{n} \sum_{j=1}^{m} P_{ij} W_j = 1$。

一般而言，TP_i 值最高的方案为最优方案。

表 8-4 **方案总评价分计算表**

指　标	权重	不同方案的指标评价分			评价分之和
		方案 A	方案 B	方案 C	
安全性	W_1	$P_{11}W_1$	$P_{21}W_1$	$P_{31}W_1$	
经济性	W_2	$P_{12}W_2$	$P_{22}W_2$	$P_{32}W_2$	
可靠性	W_3	$P_{13}W_3$	$P_{23}W_3$	$P_{33}W_3$	
评分合计	100%				1.00

复习思考题

1. 房地产开发资金筹集的基本原则是什么？主要渠道有哪些？

2. 房地产开发资金筹集方案的主要内容有哪些？如何编制？

3. 什么是融资成本？包括哪些内容？

4. 什么是筹资风险？如何度量、控制筹资风险？

5. 房地产开发资金的特点有哪些？

6. 房地产开发资金筹措的成本是什么？

7. 某房地产企业取得5年期银行借款2 000万元，年利率6%，每年付息一次，到期一次还本，筹资费用率为0.2%，所得税税率25%。试计算该房地产企业的银行借款的融资成本。

8. 某房地产企业发行面值为5 000元、期限为8年、票面利率为8%的长期债券。该债券售价为4 800元，所得税税率为25%，筹资费用率为0.2%，问该企业的债券筹资成本是多少？

9. 某房地产企业为开发某项目需筹集10 000万元资金，其中通过发行长期债券筹资3 000万元，融资成本为10%；通过向银行借款筹资3 000万元，筹资成本为6%；通过发行股票筹资4 000万元，筹资成本为12%。请计算该企业的综合融资成本是多少？

9 房地产开发项目的营销管理

学习目标

1. 理解房地产营销的含义、特点和运作过程；
2. 掌握房地产市场营销渠道的内涵、类别和模式；
3. 熟悉房地产中间商的类型和特点、营销渠道的选择和管理；
4. 熟悉房地产定价方法和策略；
5. 掌握房地产营销模式的含义、类型和选择方法，房地产促销策略以及促销组合策略的制定。

9.1 房地产开发项目营销管理概述

9.1.1 房地产市场营销的含义

市场营销是企业的一项综合性经营业务活动，它围绕满足消费者需求这一中心，开展市场调查和预测，进行环境分析，研究产品设计和开发，在市场细分的基础上选择目标市场和分销渠道，制定促销策略，提供销售服务，反馈市场信息，在消费者或用户的满足中实现自己的各项目标。

房地产市场营销属于专业市场营销领域，是房地产企业对房地产这种特殊商品所进行的一系列营销活动，是在符合社会利益的前提下，以消费者利益为中心最终完成房地产交易，从而获得最佳的预期收益的一种商务活动过程。房地产市场营销不仅是一种适应动态变化着的房地产市场的创造性活动，也是由这些活动综合形成的房地产商品、服务和信息从房地产开发经营者流向房地产购买者的社会活动和管理过程。它具体包括：市场调研、市场细分、目标市场选择、市场定位、营销策略制定与执行等多方面的内容。

9.1.2 房地产市场营销的特点

(1) 建立在市场营销理论的基础上。房地产市场营销是市场营销的分支，因此市场营销的一般原理及其策略能在房地产领域得到很好的运用，市场营销理念的发展过程也直接影响着房地产市场营销理念的变化。

(2) 营销周期长。房地产商品的特性决定了房地产营销的周期长。与普通的商品比，房地产投资者在产品进入市场前要做大量的市场调查和研究，在确定目标市场后，进入较长的建设周期，而建设一座大楼要耗费更多的时间。开盘后，因购买房产的资金投入较大，很多消费者在购买时也十分挑剔，不会轻易决定购买。甚至在房地产市场有波动时，多数消费者会选择持币观望。这就决定了房地产销售活动要比一般商品的营销持续更长的时期。

(3) 营销风险高。房地产生产投入的资金量大，但在短期内却不会有回报，相反还要受到国家政策、金融动态、物价水平等相关因素的影响，并且房地产的特殊性决定了房地产产品一经投入就不能改变，如果产品不符合市场需求，产品销毁重新生产的可能性几乎为零。这一切都决定了房地产产品的定位和目标市场选择以及相关的营销策略的使用都具有很高的风险性。

(4) 营销策略的特殊性。如前所述，没有一模一样的房地产，也没有完全一样的房地产营销策略，也许仅仅是一道之隔的相邻位置就可能有天壤之别。房地产营销没有可以效仿的营销个案，真正的房地产营销应该是准确把握所占地块的自然地理、社会经济、交通条件等信息，来选择属于自己的市场定位和营销策略模式。这就需要营销始终要有新视角、新思路，这就是房地产营销的机遇与挑战所在。

(5) 营销受周围社区环境及相邻房地产商品的影响。房地产营销不同于一般商品的营销，楼盘的市场竞争往往是同区域不同价位的竞争或者相同价位不同楼盘间的竞争。而房地产商品价格不仅与其本身的用途等有直接关系，还取决于其周围其他房地产的状况以及相关交通、社区环境、人文环境等的影响。

(6) 营销贯穿于楼盘开发全过程。真正意义上的房地产营销应贯穿于楼盘开发的始终。现实生活中，大多数房地产项目开发前期与市场营销是无缘的，大部分都是选好址、定好开发的地块，取到预售许可证之后，才开始组建营销部门。但其实早在选址、设计开始时营销就应该开始发生作用，在地块的选择之前就应该通过营销调研来决定是否具有投资价值，而不是凭直观的市场感觉进行投资选择，以此来避免投资的盲目性。

(7) 完备的房地产营销过程是一项综合性的营销活动。房地产开发活动具有其特殊性，以项目为单位的市场开发，要从全面开发市场调研、分析市场机会开始，对项目进行准确的定位，加强产品策划的执行力度，并充分强调营销策划的重要性。要求企业既要进行外部市场营销，又要进行内部市场营销。在外部市场营销上应把产品策略、定价策略、销售策略、促销策略等要素在时间与空间上协调一致，实现最佳的营销组合。内部市场营销要求企业内部其他部门均应在服务企业利益的大前提下，强化全局营销意识，提高营销人员的素质，以实现整体营销。

房地产产品的生产从可行性研究、勘察设计、工程施工、竣工销售直至使用阶段的物业管理，涉及多个专业、多个领域。这些环节既彼此相连，又各自独立。房地产产品的复杂性决定了房地产营销不能只着眼于销售阶段。以上这些特性决定了房地产营销应与一般经济产品的营销策略有所区别，传统营销理念在房地产营销中不一定适用。

9.1.3 房地产市场营销的运作过程

1. 房地产市场调查

从房地产开发项目营销策划程序图中就可以看出，房地产开发项目的营销策划是建立在对房地产项目所在市场环境进行深入分析的基础之上的。可以说房地产营销策划的基础是市场调研。在房地产市场调研的过程中，调查结果不真实、不适应市场需求的现象很多。开发商千方百计地寻找优秀项目，但滞后的市场调研可能会误导开发商的决策，导致房地产项目的失败。对开发商而言，开发什么样的商品？面对什么形态的市场？房子建好后卖给谁？如何卖？这些都已经成为各开发商绞尽脑汁、认真研究的课题。在调研中需要注意以下三点：① 房地产的市场调研需要有针对性。对于特定项目的市场调研，需要遵循针对性原则。例如，在房地产市场调研中，不同物业的目标客户群体是不同的，不同客户群体对房屋的偏好各异，如中等收入家庭购房时更关注价格，而高收入家庭购房时则会更注重环境与景观等。市场调研的目的，就是要准确把握住不同客户群体间方方面面显著或是细微的差别，最终抓住目标客户群。② 房地产市场调研需要全面。市场环境的影响因素有许多，既有人为的因素，也有客观的因素；既有经济因素、社会因素，也有政治因素、环境因素等。由于各因素之间的变动是互为因果的，如果单纯地就事论事地调研，而不考虑周围环境等因素的影响，就不能把握事物发展的本质，就难以抓住主要因素并得出正确的结论。因此一个完整全面的市场调查要包括宏观的背景情况、中观的区域市场情况及微观的项目情况。③ 房地产市场调研要具有时效性。只有最新的调研资料才能更准确地反映市场的现实状况，并成为企业制定营销策划方案的客观依据。在市场调研中，要充分利用有限的时间，尽可能在较短的时间里搜集更多的资料和信息，避免调研工作的延误。否则不但增加费用支出，而且会使决策滞后，贻误时机。因此市场调研应具有时效性，及时反馈市场信息，以满足企业的需要。

2. 开发项目解析

该部分主要是针对房地产开发项目及地块进行分析，以期明确项目概况和地块价值问题。

房地产开发项目概况主要分析项目的自然地理位置、用地性质、城市规划要求及项目主要技术经济指标；地块价值分析的主要内容有地块周边景观（如自然、历史人文景观等）、地块周边环境污染状况（如水、空气、噪声等的污染状况）、地块周边治安状况、地块周边交通状况、地块周边配套设施状况等。在分析地块价值时，一般会采用 SWOT 方法对房地产开发项目所在地的优劣进行分析，采用类比土地价值法从规划能力、建筑风格、单体设计等方面分析土地升值的潜力，为产品的后期推广奠定基础。

3. 产品策略策划

产品策略策划主要解决为顾客开发什么产品的问题，即确定产品属性的问题。策划的内容主要包括在对目标顾客进一步细分的基础上，进行项目规划、主题概念设计、园林景观设计、户型设计、建筑风格与形式、外立面设计等，据此确定产品属性，形成产品定位，为制定价格策略和促销策略服务。

4. 价格策略策划

价格策略策划主要解决房地产产品定价及价格调整问题。在项目可实现价值的基础上，分析目标顾客预期的心理价位，并确定企业的定价目标。据此，估算项目开发成本，建立定价模型，制定均价、基价及不同住宅单位的价格。至于价格调整策略，应该依据促销策略而制定。

5. 渠道策略策划

渠道策略策划主要解决房地产产品如何由开发商过渡到顾客手中的问题。策划内容包括分析公司销售网络布局、评价及选择销售代理商等。

6. 促销策略策划

促销策略策划主要是依据目标顾客的需求特点（是自住还是投资）、购买行为分析结果，结合产品策略、价格策略策划的结果，制定吸引目标顾客的措施。策划内容具体包括项目开盘入市时机、销售进度与节奏、广告创意及表现主题、卖点宣传推广、广告策略与实施计划

（如广告投放媒体的选择、投放量的安排、投放时间的选择等）、销售推广活动的策划、销售人员的培训等。

7. 后营销策略策划

后营销策略策划主要是解决房地产产品延伸服务的问题。策划内容主要包括确定与项目定位相适应的物业管理理念，以及物业管理的方式、费用等，还包括寻找提高顾客满意度的方法。其实，后营销策略策划强调的就是要以人为本，为顾客创造更多的让渡价值（让渡价值即顾客获得的总价值与顾客支付的总成本之间的差额）。

8. 营销组合方案策划

上面讲述的都是单项策划，每项策划都可能有几种方案，从而可得到若干套组合方案。营销组合方案策划就是将各方案加以组合，形成几套初步可行方案的过程。营销组合方案策划不是简单地将各方案累加在一起，而是每套营销组合方案都要体现公司的整体策略和理念，为公司的经营目标服务。

9.2 房地产开发项目市场营销渠道

9.2.1 房地产营销渠道概述

1. 营销渠道概念及其分类

营销渠道又称分销渠道，是指产品或服务由生产者向消费者转移的途径，是促使产品或服务顺利进入市场，最终被使用或消费的一整套相互依存的组织及维持组织正常运行的一系列政策、制度与合同关系。在市场经济环境下，大多数生产者都不是将其产品直接出售给消费者，而是利用一些介于生产者和消费者之间的中间机构，如中间商，来寻找消费者，推销产品。这类中间机构就构成了市场营销渠道。营销渠道的基本类型有如下四种。

（1）直接渠道和间接渠道。直接渠道是指生产者不通过中间商，而是将产品直接销售给消费者。直接渠道又称为零级渠道，是最短的营销渠道。间接渠道是指生产者利用中间商来销售产品，即在生产者和消费者之间有中间商的介入。对企业来讲，其产品销售是采用直接渠道还是间接渠道，应该在分别考察市场及企业各方面条件的基础上，认真考虑产品特点，权衡地加以选择。

（2）长渠道和短渠道。营销渠道的长短是以商品从生产者至消费者的转移过程中所经历的中间环节的多少为标志来判断的。从生产者到消费者只经过一个中间商的，称为短渠道；如果经过两个及两个以上的中间商，则称为长渠道。不论长渠道还是短渠道都属于间接渠道。一般来说，在商品转移过程中，应该尽量减少中间环节，以利于节省商品流通费用。

（3）宽渠道和窄渠道。营销渠道的宽窄是指在同时期内有多少中间商为生产者销售某种产品。中间商多，销售面广，则渠道就宽；反之，中间商只有一个，渠道就窄。企业在营销过程中，是采用宽渠道还是窄渠道，需要依据相关因素综合考虑后确定。

（4）多渠道和单一渠道。对企业而言，如果消费者人数少、购买次数少、间隔时间长、单位购买次数金额大的话，则适合建立直接、短、窄、单一渠道进行销售。而对于消费者人数众多、购买频繁、购买人群分散的产品来说，其更适于使用间接、长、宽、多渠道进行销售。当然这也不是绝对的。在现代社会中，也有一些销售日用品的公司采取的是直销模式。总之，企业应该根据自己的实际情况和市场发展状况来确定自己的营销渠道模式。

2. 房地产营销渠道

房地产营销渠道就是房地产商品的流通途径。具体地说，其包括三层含义：

（1）房地产营销渠道的起点是房地产商品的所有者（可以是新建商品房的开发商，也可以是存量房的所有者），终点是消费者（可以是购房者，也可以是使用者），它所包含的是完整的房地产商品流通过程，而不是流通过程中的某一阶段。

（2）房地产营销渠道的积极参与者是房地产商品流通过程中各种类型的中间商，即房地产中介代理机构。

（3）在房地产营销渠道中，房地产的所有者向消费者转移房地产商品时，既可转移房地产的所有权，也可转移房地产的使用权。

3. 房地产营销渠道的模式

（1）直接营销渠道。直接营销渠道就是房地产企业直接将房地产商品销售给消费者。在我国现行的房地产营销渠道中，直接营销渠道仍然是主导营销渠道。房地产的直接营销主要包括开发企业自设门市进行销售、楼盘展销会、电话营销、电视营销等。

直接营销渠道的优点有：① 有利于开发商直接了解消费者的需求、购买特点及变化趋势，由此可以迅速调整楼盘的各种功能。② 产销不经过中间环节，可以缩短商品流通环节，减少流通费用，降低营销成本。③ 直接渠道可以避免因某些素质不高的代理商介入而造成的短期营销行为，如先将好销楼盘销售，造成难销楼的积压。④ 产销直接见面还便于房地产企业为消费者提供特殊服务。产销见面可以满足消费者对住宅商品房的选型、结构色彩、室内装修等不同的个性需求，提供良好的售前售后咨询和服务，有利于提高企业的声誉，树立良好的企业形象。

直接营销渠道的缺点有：① 房地产企业直接营销会分散企业的人力、物力、财力，分散企业决策集团的精力，甚至会使企业顾此失彼，生产和销售都会受到影响。② 房地产营销是一项专业性非常强的工作。房地产开发企业直接营销，难以汇集营销方面的专业人才，很难形成专业优势，进一步会影响营销业绩。③ 房地产企业要独立承担全部风险。房地产产品价值量大，生产周期长，市场具有时滞性，常会有销售困难、降低利润的风险，产品全部直接销售，则不利于风险的分摊与转移。

一般在销售市场集中、范围较小，房地产销售价格与成本相差较大，企业本身具有营销技术、经验丰富、财力雄厚的情况下，企业可以选择直接渠道营销。

（2）间接营销渠道。间接营销渠道是指房地产产品从房地产企业转移到消费者需要经过中间商环节。中间商介入房地产商品的交换活动，并专门承担商品流通职能。房地产间接营销渠道的方式有许多，总体上有两种不同的性质：一种是涉及房地产所有权转移，如经销商的介入。企业将产品所有权全部交给经销商，产品的利润和风险与房地产企业无关，全部由经销商承担。另一种是不涉及房地产所有权转移，如代理商的介入。房地产企业和代理商之间并不是商品买卖关系，商品的所有权并未转移，代理商只是接受生产企业和消费者的委托，办理代销、代购业务，从中收取一定的佣金或手续费。

间接营销渠道的优点有：① 有利于发挥营销专业的特长。房地产中间商往往集中了市场调研、广告文案设计、现场销售接待等各方面的营销人才，便于从专业上保证开发企业的房地产产品销售成功。② 有利于房地产企业集中精力，缓解人力、物力、财力的不足，重点进行开发、工程方面的工作。③ 有利于房地产企业分散风险。例如,经销商的介入可以为加快扩大再生产创造条件,而代理商的介入也可以加快商品房的销售速度,同时也间接地降低了开发企业的风险。

间接营销渠道的缺点有:① 增加了经营环节。由于采用了中间商,房地产商品成本增加,加重了消费者的负担,容易引起消费者的反感。② 我国中间商市场运作尚不成熟,而且中间商良莠不齐,存在很多不规范的操作行为,容易导致房地产企业信誉受到损害。③ 营销策略容易被竞争对手模仿,难以形成核心竞争优势。

9.2.2 房地产中间商

房地产中间商是指处在房地产企业和消费者之间,参与房地产商品流通业务,促进买卖行为发生和实现的企业或个人。一般包括房地产经销商、房地产代理商、房地产中介商、房地产经纪人、房地产策划公司等。但只有房地产经销商和房地产代理商属于间接营销渠道类型。房地产中间商按其是否拥有房地产所有权,可分为房地产经销商和房地产代理商。

(1) 房地产经销商。房地产经销商是指一次性或分期付款买断整栋、整片房地产企业开发的商品房,随后再分单元出售给消费者的中间商。房地产经销商以赚取的买入价和卖出价的差额为利润,经营风险大,销售利润回报高。我国的房地产市场经销商与国外经销商有所不同,其特点如下:① 职能具有多元性。我国房地产经销商兼有批发和零售两种作用。由他们批租地皮,向建筑企业投资建设或大批量购置房地产,再批量提供或售给房地产代理商、团体客户,同时也为社会零散的个人消费者提供商品房源。② 经销具有兼容性。大多数房地产经销企业在主营房地产经营活动的同时也从事其他的工商活动。③ 需要大量的启动资金。因房地产经营的特点,其对经销企业的流动资金要求极高,其资金不可能完全由银行贷款取得,经销企业必须拥有大量的注册资金,才能保证其在经销投资建筑或买卖房地产产品过程中获得利润。

(2) 房地产代理商。房地产代理商是指接受房地产生产者或经销者的委托,从事销售业务,但不拥有商品所有权的中间商。房地产代理商应该具有整盘策划能力和现场销售能力。房地产代理商往往要和房地产企业共同承担营销风险。房地产代理商以获取的楼盘销售单元佣金为利润。房地产投资的高价值、高回报与高风险决定了房地产销售的复杂性远远超过一般商品。一般具体表现为以下三点:① 房产销售方式多样,从获取土地使用权开始,可以是卖楼盘、卖项目、卖期房、卖现房,此外,销售时还可以采用保值法、入股法、微利法、折扣法等方式。② 销售时间长,从获取土地使用权起,一直到楼房建成竣工,整个房地产开发、建设过程都可以作为销售时间。销售时间持续之长是任何其他商品无法比拟的。③ 营销企划制定的范围广,包括市场调查,市场预测,确立产品策略、促销策略、价格策略,较一般商品复杂。

房地产产品的特殊性,决定了代理商是必然存在的。房地产市场的发展将使代理商有一个较大的发展空间。房地产代理商在我国不仅具有发展的必然性和合理性,也具有可能性和现实性。代理商不需要事先购买房地产的所有权和限期使用权,不需要大量的资金和银行信用,市场风险不大。

9.2.3 房地产营销渠道的选择

1. 房地产营销渠道选择的影响因素

房地产所有者在选择营销渠道之前，必须对影响营销渠道选择的各种因素进行分析，然后才能做出决策。房地产营销渠道选择的影响因素主要有以下六个方面。

(1) 房地产商品自身因素。对于不同的房地产商品，其选择的营销渠道也不同，房地产商品自身有许多因素都会影响房地产营销渠道的选择。其主要有：① 房地产价格。一般情况下，房地产价格越高，就越可能采用房地产间接营销渠道，这是因为房地产价格越高，其价格弹性就越小；而价格越低，则价格弹性就越大。② 房地产开发量。开发量大的往往要通过房地产中间商，以扩大房地产的租售面，如那些开发量超过十万平方米的楼盘大多都委托房地产中间商作中介代理。③ 房地产利润。安居房、微利房等一般利润率低，多采用开发商直销的直接营销渠道。而豪华住宅、高级商办楼利润率相对较高，有条件也有能力支付中介代理费用，多委托房地产中间商代理租售。

(2) 房地产市场因素。影响房地产营销渠道选择的另一个重要因素是市场情况，具体来讲主要有以下两方面：① 潜在消费者状况。如果潜在消费者垂直分布分散，市场范围大，就要利用房地产中间商广为推销；若市场范围小，消费者少且集中，一般由开发商直接租售。② 需求量的影响。需求量大的房地产，一般应减少中间环节，由开发商直接销售，如普通居民住宅；对于需求量较小的房地产，开发商为了打开销路，往往需要房地产中间商等间接销售。另外市场因素还包括市场性质、市场基本设施、市场条件等因素。

(3) 房地产企业自身因素。房地产企业自身因素也影响营销渠道的选择。① 规模和品牌。一般来说，规模较大的房地产企业都建立了自己的一套销售系统和网络，而且由于企业的品牌效应，消费者往往会慕名而来购买和租赁房屋，因此，这类企业多采用直接营销渠道；反之，一些名气小、资金薄弱的中小企业，则对房地产中间商的依赖性要大得多。② 企业的销售经验与服务能力。若房地产企业租售经验丰富，且在售前、售中和售后为顾客服务的能力较强，则可采用直接租售渠道，或短而窄的间接渠道；反之应尽力采取与精明能干的代理商密切合作的策略。③ 生产者所提供的服务。生产者提供的服务越多越完善，则越可提高中间商的兴趣。建筑一些大型项目时，若能将规划好的公共设施预先完成施工，便能提高代理房地产企业的承接愿望和信心。④ 企业对渠道控制的要求。企业若采取间接渠道模式，就一定要与中间商协调配合。如果企业有较强的控制渠道欲望，一般就选择直接营销渠道或较短的营销渠道。⑤ 企业的经营策略和目标。以为消费者提供最满意服务、最优质楼盘为经营目标的企业，一般选择直接营销渠道。

(4) 竞争因素。① 竞争者使用的营销渠道。房地产开发商一般不会与竞争者使用同一个房地产中间商。② 市场竞争的状况。市场竞争状况越激烈，房地产开发商就会选择更宽更深的营销渠道，并在渠道中尽可能多地选择房地产中间商，以打开市场。

(5) 中间商素质因素。在选择中间商时，应挑选素质较好的中间商作为自己的合作伙伴。中间商素质条件大体有如下四个方面：① 实力素质。一般来说，若中间商的实力雄厚，其租售成功的概率就比较大。② 管理素质。中间商的管理水平是与租售成功率直接相联系的。③ 信誉素质。信誉高的中间商会使顾客有安全感。④ 经验素质。所谓经验素质，是指对产品的熟悉程度，即对产品的性能、用途、保养、维修有很深的了解，曾有过良好的租售业绩。一般来说,房地产产品租售经验丰富的中间商,其租售成功率也比较高。

(6) 环境因素。各种环境因素及其变化对营销渠道的选择也有很大影响。① 政治环境因素,包括国家对房地产业的支持度,制定的政策法规对房地产业的保护、限制等。② 经济环境因素。经济环境是指一个国家或地区的经济制度和经济水平。后者包括人口分布、经济周期、通货膨胀、科学技术发展水平等。经济环境对房地产营销渠道的选择有很大影响。③ 社会文化环境因素,包括一个国家或地区的思想意识形态、道德规范、社会风气、社会习俗、生活方式、民族特性等许多因素以及与之相联系的消费者的购买习惯、时尚爱好和其他与市场营销有关的一切社会行为。

2. 房地产中间商的选择

除了直接营销渠道外,其他的房地产营销渠道都离不开房地产中间商的参与,优秀的房地产中间商使房地产租售一下子走出低谷的例子层出不穷,所以选择合适的中间商是房地产营销渠道选择策略中相当重要的一个环节。房地产中间商的选择一般要考虑以下两方面的因素。

(1) 中间商的条件。选择中间商首先要广泛搜集有关中间商的品牌实力、市场范围、服务水平等方面的信息,确定审核和比较的标准,一般情况下选择房地产中间商必须考虑以下条件:① 中间商的实力和品牌。房地产中间商的实力和品牌的具体体现是多方面的,包括规模大小、资金实力、专业销售技术、高素质的销售队伍以及对市场和消费者有深入的把握。房地产中间商的成功代理业绩往往能够体现其品牌价值。② 中间商的市场范围。所谓市场范围既包括地理概念上市场的大小,也包括市场中消费者数量的多少,一般每个具体的房地产商品的目标市场不会太大,比较专一。房地产开发企业都希望选择可以打入自己目标市场的中间商。③ 中间商的综合服务能力。包括各种服务提供能力,如信息咨询服务、财务金融服务、法律服务等,甚至在销售过程中还要提供关于建筑工程等方面的技术指导。合适的中间商所能提供的综合服务项目与服务能力应与房地产租售所需要的服务要求一致。④ 中间商的促销策略和技术。房地产商品的促销往往需要广告促销、人员推销、营业推广和公共关系等促销策略的综合运用,促销策略的组合和促销水平的高低在很大程度上会影响房地产的租售水平。⑤ 预期合作程度。由于房地产中间商大多为代理商,不存在垫付资金的情况,促销压力相对较小。若中间商与开发商合作得好,其会积极主动地推销房地产商品;若合作程度一般,则可能并不积极拓展市场、精心促销。

(2) 中间商的数量。中间商的数量也是中间商选择策略中要考虑的主要因素。确定中间商数量时,有三种可供选择的策略。① 密集分销策略。密集分销是指企业在营销渠道的每一层次选择尽可能多的中间商销售其产品,在房地产营销中就是指房地产所有者选择尽可能多的中间商帮助租售房地产。这种方式可以使房地产达到最大的展露度,使消费者能够最方便地买到房地产,但这种方式可能会使用一些效率不同的中间商,使房地产的分销成本上升,也会导致部分代理商缺乏开拓市场的动力,难以使每一代理商做到精心促销,一般较少采用这种方式。② 选择性分销策略。选择性分销策略是指房地产所有者在营销渠道的每一层次只挑选少数几个精选的中间商来销售其产品,使分销成本降低,同时开发商也易于与中间商保持良好关系,使之能更好地完成营销职能。③ 独家分销策略。独家分销是指房地产所有者在一定时期内,只选择一家房地产中间商租售其房地产,房地产开发企业选择独家分销就不能授权其他中间商租售其房地产,通常开发企业也会要求中间商不再代理与之竞争的房地产。一般来说，这种分销方式对企业来说风险较大，如果中间商选择不当，则有可能失去相当一部分市场。

确定了选择中间商的条件和要选择的数量后，房地产企业仍会面临一个招募中间商的问题。有的企业可以毫不费劲地找到许多合格的中间商，而有的却费尽努力也找不到或找不够中间商，这取决于房地产企业和房地产商品本身对中间商的吸引力。对于那些找不到或找不够合格中间商的开发商来说，必须考虑降低中间商条件，为中间商提供更多利润，或者重新设计营销渠道，采用直接营销的方式销售房地产。

3. 房地产营销渠道选择分析

(1) 潜在租售额比较。一般的方法是将一段时间内各营销渠道已完成的租售额采用回归分析方法拟合回归曲线，求回归方程，以此对各营销渠道的潜在销售量进行预测，然后再进行比较。

(2) 营销渠道成本比较。比较营销渠道成本，重要的是比较不同的营销渠道在不同租售额情况下的成本。开发商将各个备选的销售渠道在不同租售额水平上的不同的渠道成本，拟合出回归曲线，求出回归方程，预测出每个渠道的成本后再进行比较。

(3) 营销渠道收益比较。渠道收益随着销售额的变化而变化，与渠道成本比较相同，渠道收益比较也同样需要一组动态的数据，拟合出回归曲线，预测出收益后再进行比较。

(4) 营销渠道投资报酬率比较。当两种营销渠道所产生的销售额不同时，最好通过计算投资报酬率来帮助选择营销渠道。计算公式如下：

$$R_i = \frac{S_i - C_i}{C_i}$$

式中，R_i 表示营销渠道 i 的投资报酬率(R_i 越大，则此营销渠道越佳)；S_i 表示采用营销渠道 i 的估计销售额；C_i 表示采用营销渠道 i 的估计成本。

9.2.4 房地产营销渠道管理

房地产营销渠道管理是保证所选的营销渠道有效运行的重要条件。房地产营销渠道管理中涉及的问题主要包括渠道成员的职责、渠道成员的激励、渠道成员的评价、营销渠道冲突的管理、营销渠道的改进以及营销渠道的控制等。

1. 渠道成员的职责

渠道成员既包括中间商，也包括房地产所有者(主要是房地产开发企业)本身。首先开发商必须制定相应的职责和服务范围，明确企业要为中间商提供哪些方面的服务，承担哪些方面的职责，尤其当企业选择多渠道营销时，企业本身也进行直接渠道营销(直销)，这时对企业直销时房地产的定价、折扣等都要做出相应的规定，使之与中间商代理的条件保持一致。其次中间商也要明确其要为企业提供的服务内容及承担的职责，主要包括市场营销资料、目标市场分析等方面的内容。

2. 渠道成员的激励

为了促使中间商尽心尽力地为企业工作，完成企业所要求完成的营销职责，对所选的中间商采取适当的措施给予激励是非常重要的，既包括积极鼓励性的，如给中间商高额佣金、折扣让利，为中间商提供广告促销等服务，达到规定租售额后给予额外奖金也是常使用的措施；也包括消极惩罚性的，如减少所提供服务、推迟结算佣金、甚至中止双方关系等。当然，在实际应用中一般使用的是积极鼓励性的激励措施。

3. 渠道成员的评价

渠道成员的评价是指对企业所选择的营销渠道的中间商所完成的职责进行评价，以此对中间商进行激励和管理。企业在选择中间商时，一般都对中间商有一定的要求，如在一定时期内完成的租售量、为消费者提供的服务等，这些就构成了企业评价中间商的标准。企业根据对中间商的要求，定期检查他们各项要求的执行情况，若任务完成得好，则对中间商给予激励；若完成得不好，则进行诊断，找出原因，以决定剔除这些中间商或帮助这些中间商改进工作。如果一开始就与中间商签订了有关绩效标准与奖惩条件的契约，这个工作就容易多了。

一般来说，衡量标准主要有以下六个方面：① 销售指标及完成情况；② 对本企业商品经营的态度；③ 对用户的态度和服务水平；④ 中间商的存货水平和按时交货情况；⑤ 在企业广告宣传及培训等方面的合作情况；⑥ 经营管理水平、信誉状况及发展趋势。

4. 营销渠道冲突的管理

营销渠道的冲突是指在营销渠道内部或营销渠道之间出现的相互矛盾与冲突的现象。房地产营销渠道内部冲突常出现在开发商同时委托几家中间商代理租售房地产的情况中；而渠道间冲突则在开发商使用多渠道营销时(既有开发商直销，又有中间商代理)出现。无论哪种冲突，其原因一般都是渠道间或渠道内成员的目标或利益不一致。例如，个别中间商为促销而少拿佣金，但却损害了其他中间商的合法利益；又如，开发商希望高价销售获取高额利润，而中间商希望低价销售达到高销售率。对于这些冲突，一般根据以下原则处理：① 建立统一的组织目标；② 协调渠道成员利益；③ 使用权力、制度、规定促使渠道成员意见一致。

5. 营销渠道的改进

开发商在设计好一个良好的营销渠道后，不可放任其自由运行而不采取任何措施。事实上，根据市场营销环境的变化，对整个营销渠道系统或部分营销渠道系统必须随时加以修正和改进。如某高级别墅区的开发商以往是通过设置售楼处来租售其别墅，当其租售速度明显降低后，该开发商才发现其竞争者已采取了许多创新措施：① 许多高级别墅通过代理商租售；② 越来越多的竞争者和代理商采取对高级商务楼挨门挨户访问推销的方式；③ 许多竞争者都在海外聘请了独家代理商。上述渠道的变化势必迫使开发商要时时考察各种可能的渠道策略，并做出必要的修正和改进。

通常企业改进营销渠道的策略有：增减某些渠道成员(中间商)，增减某些市场营销渠道以及改进和修正整个市场营销系统。无论采用哪一种策略，都需先对现有的营销渠道和中间商作全面的分析评价，然后模拟出修正后的租售量、利润率等指标，进行对比后再做出决定。

6. 营销渠道的控制

营销渠道控制是指房地产销售渠道中某个“领袖”成员以各种标准制约该渠道中其他成员行为的活动过程。作为“领袖”成员的房地产市场企业一般应具备下述两个条件中的一个：① 大型房地产企业，其实力雄厚，声誉高，产品开发处于领先地位，能为中间商提供较优厚的利润和强大支持。② 虽属中小型企业，但具有优良的或独特的适销对路产品，产品优势十分明显。

9.3 房地产开发项目产品定价管理

9.3.1 房地产定价理论依据

房地产企业在制定价格时应该遵循房地产价格形成和运动的一般规律，对于房地产价格形成和运动规律的认识就构成了房地产定价的依据。

1. 生产费用价值论

生产费用价值论认为，商品的价格由商品的价值决定。而商品的价值是由生产商品的必要费用所决定的。因此企业在制定价格时都要求价格不能低于已投入的必要费用，这个必要费用包括正常的成本投入和相应的利润，房地产企业根据成本和应获得的正常利润来制定房地产的价格。生产费用价值论是从开发企业自身出发进行定价的理论依据。

2. 预期原理

与生产费用理论完全不同，预期原理是一种以消费者为基础的定价方式，即站在消费者的立场上，考虑产品未来所能产生的最大效用和最大利润。以这个原理为依据制定消费者所能意愿付出的最大价格，这个意愿付出的最大价格是房地产企业制定价格的基础。

3. 供求理论

供求理论认为，需求、供给之间的力量对比决定产品的价格，供求决定价格而价格反过来影响供求，以供求理论作为定价依据就是既要了解消费者的消费水平又要分析竞争者的状况。综合衡量供求与价格之间的变动关系，从而制定相应的价格水平。

9.3.2 房地产定价的目标

房地产企业在制定价格目标时需要考虑企业经营战略、目标市场的需求情况，竞争环境及其产品的质量和功能等。归纳起来房地产企业有如下可以选择的定价目标。

1. 实现预期投资回报率的目标

企业之所以决定进行投资，就是该项目所能达到的预期收益率符合企业选择的标准。目前除了经济适用房是在总投资额的基础上加上相应比率的预期回报率来作为价格制定依据外，大型的有很强实力的房地产开发企业还用这种定价策略。

2. 项目利润最大化的目标

追求利润最大化是企业通常选择的经营目标，利润最大化就要求房地产开发企业在制定价格策略时注重项目整体的分析，准确把握市场的需求和开发经营成本，分析竞争项目和客户的心理承受价位，依此为出发点制定出恰当的价格，实现企业项目利润最大化的目标。

3. 适应市场竞争的目标

适应市场的竞争并能够生存和发展，是每一个企业的最高目标。房地产企业以应对竞争为目标的定价策略就是在定价前有意识地广泛搜集竞争项目的情况。尤其是销售策略的制定。针对具体的竞争对手制定出全面细致有竞争力的价格策略，从而达到排斥竞争对手和打败竞争对手、提高自身市场份额的目标。不同类型的开发商应结合自身的特点，如资金雄厚、产品质量、推销水平等，制定符合自身的价格。

4. 树立企业良好的品牌

树立企业良好的品牌是企业长期的战略目标和核心任务。品牌的建立不仅仅意味着高质量的产品，优质的服务，也意味着企业核心竞争力的增强、企业的形象和信誉度的树立，还意味着消费者对企业和开发的新产品信心的增强，有效降低开发风险等。我国大型的房地产企业如万科、中海、金地集团开发的产品在社会公众中就有较好的企业品牌形象，楼盘的价格比周边同档次的楼盘不但高出很多，而且仍然能够保持热销的态势。这就是企业品牌对产品显而易见的影响。

9.3.3 房地产定价方法

开发商定价通常有三种导向，即成本导向、购买者导向和竞争导向。

1. 成本导向定价

成本导向定价法确定房地产产品价格是从产品的成本出发来进行的。具体定价方法有成本加成定价法和目标定价法等。

(1) 成本加成定价法。开发商按照所开发物业的成本加上一定百分比的加成来制定房地产的价格。加成是指一定比率的利润，其计算公式为：

$$销售单位价格=单位成本\times(1+目标利润率)/(1-销售税费率)$$

成本加成定价法忽视了当前的需求、购买者的预期价值及竞争者状况。

(2) 目标定价法。目标定价法是根据估计的总销售收入和估计的销售量来制定价格的一种方法。目标定价法要使用损益平衡点(或盈亏平衡点)这一概念。目标定价法有一个重要的缺陷，即开发商以估计的销售量求出应制定的价格，殊不知价格却又是影响销售量的重要因素。

2. 购买者导向定价

购买者导向定价是从购买者的角度出发来确定房地产产品价格，具体定价方法包括认知价值定价法和价值定价法。

(1) 认知价值定价法。认知价值定价法是指开发商根据购买者对物业的认知价值来制定价格的一种方法。用这种方法定价的房地产开发商认为，定价的关键是顾客对物业价值的认知，而不是生产者或销售者的成本。他们利用市场营销组合中的非价格变量，在购买者心中确立认知价值，制定的价格必须符合认知价值。认知价值定价法与产品市场定位的思想非常吻合。认知价值定价法的关键是准确评价消费者对物业价值的认识及采取措施提高消费者对物业的认识。当购买者对开发商的品牌有信心时，纵然定价较高，购买者仍然会欣然接受；若购买者对推出产品的开发商不具信心时，即使定价较低，消费者反而怀疑其物业品质而不予以信任。当前，品牌定价法就是认知价值定价法的主要方法之一。

(2) 价值定价法。价值定价法与认知价值定价法不同，它是开发商制定相对于竞争对手较低的产品价格，同时通过各种渠道树立项目形象和企业形象的一种方法。该方法对于消费者来说，代表着“较低(相同)价格，相同(更高)的质量”，即“物美价廉”。价值定价法不仅是制定的产品价格比竞争对手低，而且是对公司整体经营的重新设计，形成公司接近大众、关怀民生的良好形象。

3. 竞争导向定价

竞争导向定价包括领导定价法、挑战定价法和随行就市定价法。

(1) 领导定价法。处于市场领导者地位的房地产开发商可以采用领导定价法。更准确地讲,这是一种定价策略。一般地,由于该公司在房地产业或同类物业开发中的龙头老大地位,实力雄厚,声望极佳,故其可以制定在该类物业中较高的价位。

(2) 挑战定价法。与领导定价法不同,挑战定价法的定价比市场领导者的定价稍低或低得较多,但所开发的物业在质量上与市场领导者相近。如果公司具有向市场领导者挑战的实力,或者是其成本较低,或者是其资金雄厚,则开发商可以采用挑战定价法。虽然利润较低,但可以扩大市场份额,提高声望,以争取成为市场领导者。

(3) 随行就市定价法。所谓随行就市定价法,是指开发商按照行业中同类物业的平均现行价格水平来定价。采用随行就市定价法,公司在很大程度上是以竞争对手的价格为定价基础,不太注重自己产品的成本或需求。公司的定价与主要竞争者的价格一样,也可以稍高于或稍低于竞争对手的价格,主要是中价策略。随行就市定价法的应用非常普遍,因为人们认为市价反映了该行业的集体智慧,该价格既能带来合理的利润,又不会破坏行业的协调性。

9.3.4 房地产定价策略

从不同角度出发,房地产项目有多种类型的定价策略。房地产销售阶段一般划分为:预热期、强销期、持续销售期和扫尾期。房地产项目在不同的销售阶段采用不同的定价策略。

1. 低开高走策略

低开高走策略一般用于期房销售。项目以低价开盘,随着房地产产品的建成和工程不断接近竣工,根据销售进展情况,每到一个调价时点,按预先确定的幅度将价格调高一次,如此进行。项目低开的目的是吸引市场关注,对于一些大盘在一期开盘中往往会以接近成本价或低于成本的价格开始销售。项目高走可以形成房地产增值的表现,给前期购房者以信心,给购房意向者以刺激,造成旺盛的人气。

运用该策略应注意的是:① 通过测算,应保证销售目标的整体实现;② 开盘价格应在充分调查竞争楼盘价格和消费者心理价格基础上,结合销售测算和成本测算确定;③ 调价的频率应适当,不应凭空主观调价,吸引需求才是关键;④ 调价的幅度一般情况下应是小幅递增。

2. 高开低走策略

高开低走策略是指项目以高价开盘销售房地产产品,经过一个阶段后,降低价格销售的策略。该策略可在以下情况选择采用:

(1) 某些高档商品房销售。当市场竞争比较平缓时,开发商以高价开盘取得成功,基本完成预期营销目标,之后通过降价或变通降价及谈判降价等将剩余部分迅速售出,达到尽快回笼资金的目的。

(2) 当宏观环境变化,市场出现衰退时,或者当市场竞争过度时,前期高价开盘销售遇阻,开发商不得不降价来推动销售。

(3) 在一般项目的尾盘销售中,通常有类似策略,即在项目产品大部分销售完毕,剩余少量物业单位销售时采用低价(接近成本价或略低于成本价)。

3. 稳定策略

稳定策略是指在房地产项目整个销售期间,产品销售价格保持相对稳定(不等于一成不变),既不进行大幅度提价,也不进行大幅度降价。适于采用该策略的情形有两种:① 一些规模小的房地产项目的销售;② 某些品牌开发企业塑造企业形象或执行经营思想。

需要说明的是,定价策略应具有动态的观念和意识。房地产产品价格是根据市场变化和销售进展而变化的,不应一成不变。同时,应做好根据实际变化而调整价格的计划。开发商还可以采取很多灵活的定价策略,例如,心理定价策略、折扣定价策略和差别定价策略等。

9.4 房地产营销模式及其选择

评价一个房地产企业经营好坏的关键标准之一,就是营销业绩(包括销售额、市场占有率、利润等)的高低。房地产企业的营销实力决定了营销业绩的好坏。一个房地产企业的成功与失败,70%是由企业的营销策略和营销模式决定的。房地产企业区域性强、差异性大、融资多、需求广泛而缺乏弹性。这些特点决定了房地产交易操作难度大、专业性强。要抢占房地产市场,营销至关重要。在房地产营销中,开发商对其所开发的楼盘项目营销所采取的方式和方法,即营销模式,起着举足轻重的作用。

随着房地产产品的不断细化以及购房者置业行为和心理的不断成熟,房地产市场营销模式已不仅仅局限于产品本身和产品表面,而是注重挖掘产品内涵,倡导一种更深层次、更有力量的营销方式,来拓展更为宽广的营销渠道,赢得更大的利润空间。因此,探究房地产营销模式的含义、类型,选择合适的营销模式对房地产营销的成功起着关键性作用。

9.4.1 房地产营销模式的含义

营销模式不仅仅是一种手段和方法,同时也是一种体系。目前公认的营销模式从构筑方式上划分,有以下两大主流:一是以市场来进行细分,通过企业管理体系细分、延伸、归纳出的市场营销模式;二是以客户来进行整合,通过建立客户价值核心,整合企业各环节资源的整合营销模式。概括来讲,市场营销模式是以企业为中心而构筑的营销体系,整合营销模式则是以客户为中心而构筑的营销体系。

9.4.2 房地产营销模式的类型

从房地产市场发展历程及趋势来看,房地产营销模式可分为两类,即传统营销模式和新型营销模式。前者是房地产发展初期卖方市场自然形成的结果,后者主要是针对互联网及通信工具的普遍应用而言,是网络经济从各个方面冲击、刷新传统经济的结果。

1. 传统营销模式

(1) 开发商自产自销模式。这种营销模式是从项目前期可行性研究、获取土地、申报立项、组织设计、施工到营销,全部由开发商独立完成。开发商自己组建营销队伍,营销人员与开发商是同一系统主体,有着信息沟通及时、矛盾小、效率高等优点。

但是,这种自产自销模式不符合社会化大分工越来越细的发展趋势,存在以下缺点:① 开发商承担全部任务,负担重,精力分散;② 要求开发商实力雄厚、部门机构齐全、人力资源充沛,加大了经营成本;③ 缺乏有经验的专业化营销队伍和策划人员,市场需求信息不充分,在市场竞争中处于不利地位;④ “大而全”的开发兼营销团队易造成专业不精、顾此失彼。

(2) 代理商模式。作为中介机构,房地产营销代理商从事房地产估价、咨询、经纪等活动,它利用丰富的市场信息、专业的市场调研及营销策划人员对项目进行全程策划,提供咨询服务,包括项目立项、可行性研究、市场需求分析、户型设计、市场定位、楼盘包装、价格制定、广告策划等。

此种营销模式的优点在于:① 有广泛的客户网络,市场定位准确;② 产品定价以市场需求为准,更贴近市场可接受价格,具有价格优势;③ 加快营销进度,能够加快资金利用效率,尽早收回开发成本,减少财务费用;④ 可突出核心竞争力,做出精品,做出品牌;⑤ 理性销售控制有助于降低市场风险。

但此种营销模式也有如下不足:① 增加房地产企业营销成本,如代理费;② 开发商与代理商为不同利益主体,为促进营销,广告费用进一步增加;③ 开发商与代理商是不同系统主体,信息沟通上的滞后性和策划上的差异性易造成决策矛盾、策划思路执行不到位等;④ 代理商同时代销多个楼盘,精力分散;⑤ 不规范竞争,对房地产企业而言,营销风险较大。

(3) 房地产超市。这种营销模式是建立统一的集中式房地产营销中心,目前在上海已经出现。其他地方的各种房地产楼盘展销会、住交会是其雏形。地产商把其产品模型放在超市的展厅内,配以各种产品说明资料、置业顾问,以及利用房地产专家咨询、赠礼品促销活动等。超市里还可引入房地产相关行业,如法律、金融、装饰等,还有二手房交易等。另外,在超市里采用先进的电子技术及设备、多媒体显示等,汇总房地产的各种信息并及时公布。

房地产超市不仅为广大房地产行业的从业者提供了一个展示优质住宅产业产品的稀有平台,也为广大购房者提供了一个购房比较和选择的机会。楼市调控政策威力巨大,改变的只是营销策略和节奏,而不是长期的需求。通过楼盘的集中展示及一些促销优惠活动,让部分购房者省去平日里的奔波,让有买房、投资需求的市民利用空闲时间去房地产超市、房展会选择自己喜欢的房子,双方都可以达到互惠互利的效果。

这种营销模式的优点是:① 有利于开发商与开发商、开发商与消费者之间的信息交流。并且消费者可先在超市里选择好房源,然后去现场参观比较,从而节省了消费者的选房时间。② 有利于开发商与房地产相关企业(如建材、装饰企业)的交流和合作。③ 有利于政府部门获取信息,更好地进行宏观调控。

此种营销模式的缺点是:① 增大了开发商的成本,如参展费;② 维持房地产超市的正常持续经营费用过高。

以上三种模式都是在传统产业经济下发展起来的。在当今房地产市场营销中,随着社会化大分工越来越精细,消费者极具个性化,瞬息万变的房地产市场已不局限于传统营销模式。

2. 新型营销模式

(1) 联合营销。联合营销是结合传统营销的优点,让开发商和代理机构都参与到营销过程中。开发商在委托代理机构的同时,自己对营销工作也给予较大的关注和投入,代理机构则发挥自己的特长,做全程深度策划,优化营销渠道。联合一体营销渠道的建立旨在集中开发商和代理机构的优势,避免单纯直接营销和间接营销的不足,其成功的操作关键在于开发商和代理机构真诚相待,利益共享,并且依赖于代理机构高超的专业素养和优良的职业道德。

(2) 异地推广。由于房地产商品的不可移动性特点,除少数投资型产品外,传统营销模式主要集中在本地市场消费,极少将目光投向异地市场。目前由于营销压力增大,不少地区的开发商开始突破地域局限,实施异地营销推广。这说明外地潜在的巨大购买力逐渐得到开发商的重视。而开发商们通过拓宽异地营销渠道,又可以缩短项目营销时间,实现利润最大化。在实施异地营销过程中,开发商们多是与当地公司进行合作推广,这样一方面可以缩减销售成本,实现快速销售的目的;另一方面异地营销也成为房地产公司进行品牌扩张的又一种方式。通过房地产的外地销售,可以取得该地区消费者的认可,既可以抓住最新的市场机遇,实现销售的目的,又可以借助优质的产品扩大企业品牌效应,寻求在当地的合作机会。

更有甚者,以北京、上海等房地产一线城市为代表的房地产开发商们把目光投向国外,选择了项目境外营销。近年,仅北京就有多个房地产中高端项目纷纷通过各种国际代理模式对项目进行境外直销,获得了不错的市场反响。

(3) 三级市场联动。这种模式是将二级市场的产品通过三级市场进行深度分销。就是每个二手店铺的销售员在客户选购二手房的时候,根据客户的需要,适时推荐一手新房,以促进新房的销售。这种方式的优势在于开发商投入很少,而通过大量的三级网络传播,能够获得良好的销售效果。随着内地房地产市场的不断发展,预计二、三级市场联动营销将会成为未来发展的一个重要渠道模式。

(4) 连锁营销。这种模式是实力雄厚的代理商提供专业化系统服务的新形式。房地产代理市场的发展趋势是规模化、专业化,因此,有实力的代理商在兼并小机构的同时,也引进了麦当劳式的连锁经营方式,以其规模化经营、低成本运作、专业化服务改进经营模式,拓展服务范围,形成强大的市场竞争力,是市场的一支生力军。而连锁经营专业系统的服务给客户带来的安全感和便捷感,也是其他房地产营销渠道无法比拟的。

(5) 网络营销。随着网络基础设施的健全和网络知识的普及,新经济下的网络营销正悄然来临。网络营销是指以互联网为传播手段,通过对市场的循环营销传播,达到满足消费者需求和商家诉求的过程。

它的营销手段主要有:① 网上房展,开发商或代理商把有关楼盘的详细资讯放在网上,消费者可随时查阅;② 网上房地产竞拍,先制定好规则以确保竞拍成功,如常见的“门槛规则”(到楼盘现场参观过,登记了个人详细情况的消费者才能参加竞拍)和“入围规则”(前若干名入围,名次靠后的可替补名次靠前的);③ 网上房地产市场调查,具有层面广、互动交流快、即时性等优点;④ 网上公关宣传,例如互联网广播、网上广告、电子杂志、网站友情链接与搜索、网络社区、二手楼的交易信息及“在线评估”、“在线律师”等各种咨询服务。

互联网已成为房地产迅猛发展的全新推动力。互联网在融入人们生活的每个细节的同时,也将对房地产营销的传统产业格局产生深刻影响,房地产营销模式的革新势在必行。随着横跨新房、二手房、家居全产业链的房地产交易和家居互联网平台的闪耀登场,必定为整个房地产产业营销发展注入新鲜的活力和强韧的牵引力,给业界带来一种全新的思路和平台运营模式。在购房者中具有无可比拟的影响力和号召力,满足购房者轻触鼠标即可置业、装修等各种需求。共寻房地产营销新模式之利器,打破房地产市场营销坚冰,是房地产市场营销发展的前提,也是其发展后的最终结果。

9.4.3 房地产营销模式的选择

不同的产品,不同的位置,不同的客户群,自然产生不同的营销模式。这是以纵向的时间轴线的思维角度考虑的营销模式，是一种战略角度的营销模式。市场永远处在变化中，企业永远在浪尖处前行。每种营销模式的选择对企业本身没有绝对的优劣，每个模式都有利有弊，我们无法断言哪种方式最适合地产商的发展，只能把种种利弊呈现在眼前。“只有适合自己的，才是最好的”。不同的房地产开发企业可以依据自身的情况，结合市场环境进行选择。房地产营销商选择营销模式时，需考虑的因素主要有以下几点。

1. 考虑市场的成熟程度

传统营销模式多以推广、传播产品为主，也就是俗称的“产品主义”，采用的是功能性诉求的模式。随着房地产市场越来越成熟，消费者对于产品的理解和认识有了一定深度，这种模式逐渐显得单一，于是传统营销模式之间交叉混合使用得到发展，也催生了新型营销模式。但是相对于市场成熟程度较低的二线、三线城市而言，传统营销模式可能依然是最适合当地市场的模式。而且，如果是高端产品，立足点必然采用以产品为核心的营销模式。如果是新颖但是非原创的产品，则要以推广为核心。但是随着项目的进展，无论是以产品还是以推广为核心，都会慢慢转向以渠道为核心的模式。

2. 考虑消费者的需求特性

消费者的价格敏感性和需求特性对营销模式影响最大。是采用价值追随、价格略低的营销模式，还是差异化价值的定位，都是以营销商对消费者的判断作为基础的。

3. 考虑竞争对手的营销策略

营销是一个互动博弈的过程，需要根据竞争对手的模式变化进行选择。竞争对手的实力、竞争对手的营销策略重心以及营销模式的有效性都会影响营销模式的决策和选择。

4. 考虑环境的变化

社会环境、市场环境、经济环境、政治环境、自然环境等变化莫测，所以需要营销商保持警觉性和敏感性，不断调整营销模式来迎合营销环境。

5. 考虑企业竞争战略

在项目开发的过程中，项目的竞争战略是由公司战略决定的。而营销模式是实现公司战略和竞争战略的途径和方式。从这个逻辑上来说，一方面，营销模式的选择必须在竞争战略的框架下；另一方面，营销模式又能验证竞争战略的有效性。例如，某项目一期开发阶段因为急需资金回笼，薄利快销则成了这个阶段的营销模式。随着资金的充裕，企业度过了成长期，做大做强的企业战略会改变后期营销模式。

6. 考虑企业资源和能力

企业产品创新能力、财务状况、管理能力、成本控制能力、人力资源水平等方面的差异，造成企业拥有的资源和能力不可能处于同一个水平线上。产品、品牌、价格、渠道等方面的核心竞争力不同，企业在营销模式的选择上就会出现差异。

对房地产企业来说，在营销模式的选择上，基于以上影响因素，依据企业自身去选择合适的模式是最基本的。以代理商模式为例，一般来说，下列情况较宜于采用代理商模式：① 缺乏后续操作项目的临时性项目公司；② 多家企业联合开发的项目；③ 成立时间不长，或由其他行业新进入房地产开发领域的企业；④ 大规模运作，所运作项目需要树立品牌形象的开发企业；⑤ 进入新的地理区域，需要专业代理商拓展市场、树立品牌的开发企业；⑥ 不以房地产开发为主业的企业。

与此同时，房地产公司在选择代理商时，要考察代理机构是否具备以下几个条件：① 拥有以自身营销网络为基础的强大营销能力;② 丰富的客户信息资源;③ 有效的信息搜集、分析和运用能力;④ 成熟的管理经验和专业的团队;⑤ 强大的营销策划能力、宣传推介能力和合同执行能力;⑥ 能否帮助开发商拓展合作领域。

9.5 房地产促销管理

房地产开发企业要将自己开发的产品成功销售出去,除产品本身适销对路、价格制定适当、销售渠道选择合理外,还需要与现实和潜在的消费者进行沟通,以引发消费者对本企业产品的注意和兴趣,激发消费者的购买欲望及购买行为。房地产开发企业与消费者之间的这种沟通,就是房地产促销。

9.5.1 房地产促销策略

房地产开发项目的促销策略,是房地产开发项目经营的自选动作,对售楼效果影响明显。房地产开发项目促销策略多种多样,这里介绍广告促销、营业推广、公共关系、楼书促销和人员推销等。

1. 广告促销策略

广告是最常用的促销手段,用于商品住宅推销的广告可以是企业广告(专门介绍企业名称、规模、主要产品、地点、总经理及主要业绩等),也可以是商品广告(重点介绍待销售的商品房地产、面积、装修水平、售价等)。要分阶段来制定广告的内容、投放方向和投放力度、频率以及广告效果的要求。比如售前的形象品牌广告,要表达什么内容,如何表达,向谁表达,要表达多少次以及采用什么语言风格,用什么图案、颜色都要一一安排妥当。

广告不是万能的营销推广。房地产的营销推广,绝非广告量越大,效果就越好,也不是指广告越有创意,房地产销售就越好。产品推广,不仅仅只是“广告”那么简单。广告不是营销的全部,做实效的广告比一味强调创意的广告更有市场,要做就做以合理的投入实现增加房屋价值的广告。房地产因其不可移动性和价值巨大,故此消费者的购买行为需要一个较长的思考分析过程才能发生,绝不是凭一两个广告就可以奏效的,最重要的是帮助买方建立对企业和对物业的信心。物业的价值可以分为硬价值和软价值两种,前者就是成本加利润,没有弹性,而后者则是目标客户对物业的认可,其弹性很大,比硬价值更重要。产品推广就是利用各种手段让目标客户从对物业的良好印象逐步到欣赏到信任,最后到购买,这期间需要传播大量的信息,从多方位多角度包围目标客户,帮助他们去除顾虑下决心购买。

2. 营业推广策略

营业推广又称为“销售推广”或“销售促进”,是房地产企业运用各种短期诱因,以刺激和鼓励消费者购买房地产产品和服务的促销活动。营业推广有赠送促销、折价券、抽奖、现场展示、会议促销等形式。营业推广策略既可针对消费者,也可针对中间商或销售人员,都最终能对消费者发挥最直接的作用,效果显著,已经成为房地产企业重要的竞争手段。例如展销会,一般有固定的场所、时间,有大规模的宣传活动,往往会聚集众多参展的房地产企业和经销公司,相互对比、评价,竞争气氛浓厚;更重要的是也会吸引大量的消费者,他们轻轻松松就可以观察、了解到数十个楼盘的信息。通过沟通、交流和反复的比较,可以初步筛选出自己心仪的物业产品,然后可以有针对性地进行现场踏勘。因此,展销会是一种非常有效的推广工具。房地产企业都很重视每次参展的机会，不惜代价地抢占有利的展示摊位，将展台布置得富有特色，并且综合运用电视录像、售楼书、模型等手段加强参展楼盘的宣传效果，其目的就是引起消费者的注意和兴趣。

营业推广能够在短时间内对产品销售发挥较强的刺激作用，但这种效果持续的时间比较短，而且在建立长期品牌上基本起不到什么帮助；相反，如果营业推广使用过于频繁或者运用不当，还会让消费者对产品质量和价格产生怀疑。因此，房地产开发企业一定要慎重使用营业推广。

3. 公共关系策略

公共关系是指企业与社会公众之间的各种联系。公众既包括房地产开发企业的股东、员工等内部公众，也包括顾客、新闻媒体、金融机构、政府管理部门、竞争者、供应商、中间商等外部公众。房地产公共关系是指房地产企业为改善与社会公众的关系，促进社会公众对本企业的认识、理解与支持，达到树立良好社会形象、促进房地产商品销售目标的一系列促销活动，如开展新闻宣传、主办专题活动、借助公关广告、开展公益服务活动等。

公共关系策略是一种内求团结、外求发展的经营管理艺术。房地产企业有计划地与公众之间进行持久的双向沟通，协调企业上下、内外的关系，提高企业知名度和美誉度，树立企业形象，间接达到促进销售的目的。与其他促销方式不同，公共关系策略不是企业所实施的直接宣传活动，也就没有采用直接付款的方式，而是借助于公共传播媒体，由有关新闻单位或社会团体进行的宣传活动，因此容易获得公众的信赖和注意，达到潜移默化的良好效果。

房地产开发企业公共关系策略常用的公共关系工具有下述几种：

(1) 参加公益活动。企业应积极参与各种有意义的公益活动，如参加社会赞助、捐助、义卖等活动，以支持文化、教育、社会福利和慈善等事业的发展。这不仅可以显示企业的资金雄厚、积极承担社会责任的精神，而且还可以为企业赢得政府及有关公众的支持，为企业生存和发展创造良好的社会环境。

(2) 制造新闻事件。房地产开发企业可以开展有益的社会活动，如以房地产开发企业命名的体育比赛、文艺演出等，扩大企业的社会影响。还可以有意制造新闻事件，以吸引新闻媒体的关注，享受无偿广告。如针对当前屡屡发生的入住纠纷问题，如处理得当，或许可在众多消费者与媒体的关注下，以坦诚的态度重树项目良好形象，化不利为有利。

(3) 社区关系。社区关系是指房地产开发企业与所在地政府、社会团体、其他组织及当地居民之间的睦邻关系。社区关系的好坏，取决于企业的行为和社区居民的意向。这对于企业的生存和发展意义重大。如对有关方面的礼节性、策略性访问，逢年过节发放礼仪电函、节日贺卡等，同社会各界建立长期、稳定、友好的关系。

(4) 举办专题活动。房地产开发企业通过举办或参加专题活动，强化与各有关公众之间的信息交流和情感联络。如房地产开发企业通过民意调查等方式来搜集企业内部与外部环境的变化消息，了解消费者对企业，对房地产价格、质量、功能等的意见和建议，并及时将改进后的情况告知消费者，以跟踪消费者的需求趋势，尽力满足消费者的要求。

4. 楼书促销策略

楼书是指促销房地产项目时使用的各种宣传资料。楼书促销是为实现促销商品房的目的，把宣传资料做成活页或装订成册后送给消费者或有关人员，也是房地产企业常用的促销手段。

楼书促销的特点有:① 内容详尽,在宣传材料里可以把有关房地产的信息都反映出来;② 针对性较强,只对那些与房地产销售有关系的人发送宣传资料;③ 见效速度较慢;④ 传播范围较窄。

5. 人员推销策略

房地产人员推销是房地产开发企业派出的销售人员直接与消费者接触,通过交谈来帮助和说服消费者,促成交易,扩大销售的过程。推销人员可以采取在售楼部与客户面对面直接交谈的现场推销方式,也可以采取电话询问、上门访谈的访问推销形式。

房地产产品的特性和交易的复杂性,决定了人员推销在房地产销售中具有不可替代的作用。在访问推销或现场推销中,推销人员在企业和消费者之间起着纽带性作用。一方面,销售人员是企业的象征,向消费者传递信息,并针对具体顾客展开推销;另一方面,销售人员可以归纳消费者的反馈信息,为企业制定营销策略提供依据。在这种长期的接触和沟通中,可以使买卖双方增进了解,建立感情,密切企业与消费者的关系,让消费者产生信任感,推动消费者采取购买行动。在实践中,人员推销是效果好、费用高的一种促销方式。

9.5.2 房地产促销组合策略

1. 不同房地产促销策略的特点

在房地产开发经营中,企业不仅要开发优秀的产品,制定具有吸引力的价格,使目标客户愿意购买,还要与现实的和潜在的客户沟通,每个企业最终都不可避免地担当起沟通者和促销者的角色。沟通不应任其自然,为了有效地与客户沟通,应该使用促销组合方法。房地产促销组合又称沟通组合,是指开发企业根据促销的需要,对广告促销、营业推广、公共关系、楼书促销和人员推销等各种促销方式进行合理的选择和综合运用。虽然各种促销策略及其手段都可通过信息沟通来刺激消费需求,但每种促销策略各有侧重,作用各不相同,各有优劣(表 9-1)。房地产开发企业需要灵活掌握,配合使用,扬长避短,发挥协同效应。

表 9-1　房地产促销策略的优劣比较

促销策略	优　势	劣　势
广告促销	传播范围广、及时、形象生动、节省人力	属于间接传播,单向信息沟通,难以形成即时购买,成本费用高
营业推广	直接而有效,刺激性强,手段灵活多样	短期效果明显,但不能长期使用,易产生消极影响
公共关系	影响范围大,可信度高,可有效提升知名度,树立企业形象	组织实施难度大,经济效果不直接,不能迅速产生效果
楼书促销	内容详尽,成本低,形式多样,针对性较强	见效速度较慢,传播范围较窄
人员推销	双向信息沟通,针对性强,灵活性高,注重人际关系,成交率高	成本费用高,对销售人员的要求高,接触面窄

2. 房地产促销组合策略的基本形式

实际上,为有效地与消费者沟通,房地产开发企业不但要雇用广告公司设计广告,也要雇用促销专家设计销售奖励计划,聘请公共关系顾问来塑造公司形象,还要对销售人员进行严格培训，使其既懂礼仪又懂专业。因此，房地产开发企业通常会根据企业和产品的特点，结合营销目标和影响促销的各种因素，对各种促销策略进行选择、编配和运用，以获得更好的促销效果。

房地产开发企业通过将不同特点的促销方式进行整合，就形成了房地产促销组合策略。通常房地产促销组合的基本策略有三种形式，即推式策略、拉式策略和混合策略。

(1) 推式策略。该策略是指房地产开发企业采取以人员推销和营业推广为主、结合其他方式的促销策略。这是一种主动的直接方式，将产品推向市场，如推向中间商或消费者，其目的是说服中间商和消费者购买本企业的房地产产品。

(2) 拉式策略。该策略是指房地产开发企业采取以广告、楼书促销和营业推广为主、结合其他方式的促销策略。这是一种间接的方式，将顾客吸引到销售现场，使顾客在强大的信息攻势下产生强烈的购买欲，形成急切的市场需求，其目的是刺激需求来消除中间商的顾虑。

(3) 混合策略。该策略是上述两种策略的综合运用，既向消费者大力推销，又通过广告刺激房地产市场需求。

复习思考题

1. 在什么情况下开发企业选择委托代理机构进行销售？委托代理机构销售一般有哪些种类？

2. 房地产项目定价目标主要有哪些类型？

3. 什么是房地产促销组合？其主要工具有哪些？

4. 房地产开发企业选择营销渠道的影响因素有哪些？

5. 简述房地产促销的实质和作用。

6. 试说明影响房地产价格的因素。

7. 如何制定房地产促销组合策略？

8. 某商品住宅的固定成本为400万元，单位建筑面积的变动成本为2 000元，项目完工后可供出售的建筑面积为10 000 m^2，预计成本加成率为30%，各项税费的平均税率为5%，但开发商希望能够从该项目获得40%的投资回报。请问：以你对市场状况或开发商经营管理能力的判断，你认为该住宅价格适宜水平是多少？

10　房地产开发项目的物业委托

学习目标

1. 了解物业和物业管理的概念、物业管理的特征和目的；
2. 理解早期介入、前期物业管理和常规管理的特点与区别；
3. 掌握前期物业管理的内容、物业服务企业招投标程序和物业服务合同的主要内容；
4. 了解物业交接的概念、程序和验收标准。

10.1　物业管理概述

10.1.1　物业与物业管理的基本概念

1. 物业的含义

物业是指已建成并具有使用功能和经济效用的各类建筑物及与之相配套的设施设备和相关场地。物业的内涵包括三个方面：① 各类建筑物可以是住宅小区、工业小区等，也可以是单体建筑，包括写字楼、商贸大厦、商住楼、别墅及厂房和仓库等；② 与这些建筑物相配套的设备和市政及共用设施；③ 相关场地包括相邻的场地、庭院、停车场、小区内的非主干交通道路。

2. 物业的基本属性

(1) 自然属性。物业是一种区别于其他物质的物质形式，主要有以下特征：① 固定性。表现为土地、建筑物的不可移动性或位置的固定性。② 耐久性。表现为土地的不可消失性和建筑物长久的使用寿命期。③ 多样性。表现为土地区位的唯一性和建筑物构造、外观、功能等形式的多样性。

(2) 社会属性。主要包括：① 经济属性。表现为物业的商品属性，即物业是一种商品，物业的生产、经营、交换、分配及消费等，必然也是商品化的运行过程，物业的一切运行须符合市场经济的客观要求。② 法律属性。表现为房地产的物权关系，房地产物权即为房地产物权人在法律范围内享有房屋的所有权及其占有土地的使用权。由此可见，一宗物业首先要界定其范围及产权的界限。

3. 物业管理的含义

物业管理是指业主通过选聘物业服务企业，由业主和物业服务企业按照物业服务合同约定，对房屋及配套的设施设备和相关场地进行维修、养护、管理，维护物业管理区域内的环境卫生和相关秩序的活动。物业管理是房地产开发管理的派生和延续，其质量的好坏，将直接影响房地产开发与管理工作的前景。

物业服务企业是指按法定程序成立并具有相应资质条件，专门从事永久性建筑物、附属设备设施等物业以及相关和周边环境管理工作，为业主和非业主使用人提供良好的生活或工作环境，具有独立的企业法人地位的经济实体。一些从事某些单项服务的公司，如保洁公司、保安公司、绿化公司等属于劳动服务公司，而不属于物业服务企业。

4. 物业管理的特征

物业管理是城市房地产管理体制的重大改革，是一种受业主委托、与房地产综合开发和现代生产生活方式相配套的综合性管理。作为集经营、管理、服务于一体的第三产业，物业管理具有如下特征：

(1) 社会化。进入市场经济后，物业管理逐渐告别了传统自建自管的分散管理体制，物业管理公司的统一管理逐渐取代了多个产权单位、产权人的多头、多家管理，这就是物业管理的社会化。物业管理公司在业主的委托授权下，对物业集中实施社会化的管理，彻底摆脱了多头管理、各自为政的旧体制产生的各种弊端，极大地提升了社区管理的整体水平，各类房屋的整体功能和综合效益得以充分发挥，经济效益、社会效益及环境效益真正实现了和谐统一。

(2) 专业化。物业管理的专业化是现代社会化大生产专业分工的必然结果。专门的物业服务企业与产权人和使用人签订委托合同，根据委托人的要求对物业实施专业化的管理，这就是物业管理的专业化。物业服务企业通过设立专门的组织机构，配备专门的人员和设备，制定专业规范化的管理流程，来实施专业化的物业管理。

(3) 市场化。物业服务企业向业主、使用者提供服务活动，业主和使用者购买并消费这种服务，这是市场交换的商业行为。正是市场竞争的机制和商品经营的方式使得物业管理的最根本特征就是市场化。

(4) 企业化。物业管理是实行企业化的管理，独立核算、自负盈亏。物业服务企业除了向住户收取物业管理费外，还要提供有偿服务并开展其他多种经营活动来获得稳定可靠的资金来源，以此实现企业的良性健康发展。

10.1.2 物业管理的目的

物业管理的基本出发点和归宿是一切为了人，为了人的生存、方便、健康，为了人的交往、成长以及工作生活等各项活动。物业管理不仅是对物业本身提供管理服务，保证和发挥物业的使用功能，使其保值增值，更重要的是构筑一个整洁舒适、安全宁静、优雅健康、和谐向上的工作与生活环境，最终实现社会、经济、环境三种效益的统一和同步增长，提高城市的现代文明程度。

物业管理的指导思想是以服务为宗旨，以经营为手段，以效益为目的。以服务为宗旨，就是要在物业管理的全过程中突出服务，管理也是一种服务；以经营为手段，就是在物业管理的全过程中实行有偿服务，并通过多种经营活动解决物业管理中各项经费开支；以效益为目的，就是以社会效益、环境效益、经济效益为最终目标。

物业管理的具体目标包括：

(1) 营造竞争有序的物业服务市场环节和运作机制，使物业管理的多个主体均能充分发挥作用，不断提高物业服务水平。既使物业发挥出最大的使用效能，又保证物业及其设备处于正常运行的完好状态，延长使用年限，实现物业的保值增值。

(2) 开展全方位、多层次、高效率、高质量的管理服务工作，创造一个安全、舒适、和谐的生活和工作环境与气氛，促进家庭、经济、社会、环境的协调发展，提高物业的投资收益。

(3) 建立良好的社区环境，建立并维护房地产开发商和物业服务企业的良好形象，保障和促进社会的和谐与稳定，提高城市管理水平和现代文明程度。

10.1.3 物业管理的基本类型

就物业管理的目的和意图而言，无论是将房地产作为生产消费还是作为生活消费，其管理的共性都必须是一种全方位的服务与管理。所谓"全方位"，即依照物业经营的范围与内容，站在权利与义务的高度，以热情周到的服务去满足人们在生产与生活等诸多方面所需要的服务与管理。一般来说，这类物业管理的内容，既包括以生活资料服务与管理为主业的常规性公共管理内容，也包括与业主相关的有针对性配套服务内容以及与所在社区相结合的委托性管理内容。

1. 以生活资料为主的公共服务与管理

(1) 房产与地产(包括建筑用地与环境用地)的产权、产籍管理。房屋产权管理的内容，是指在明确房屋产权和产权取得方式的情况下，包括对所辖各类房屋及其附属设施的所有权、使用权进行登记、审查和确认等方面的服务与管理；房屋产籍管理的内容，是经房屋产权登记后，包括对房屋所处的地理位置、产权归属和历史情况等所进行的产权情况的综合管理。房屋产权、产籍管理是有效地为产权管理和为城市建设规划管理提供重要依据的管理。

地产产权管理的内容，是在城市土地及其建设用地的权属依国家法律、法规确认的情况下，包括对所辖各类建设用地所进行的所有权、使用权等的权属登记、变更和依法禁止违章占地、非法侵占、出租和买卖等方面的管理；地产的产籍管理内容，是在用地权属关系明晰后，为保护所有权、使用权等的合法权益，包括行政、经济、法律和技术等所进行的地籍方面的综合管理。

(2) 房屋建筑物及其附属构筑物的管理。房屋建筑物及其附属构筑物的管理，通常称为物业管理中的主业管理，是物业管理的基础性管理。它包括对所辖各类建筑物与构筑物的保养、维修、修缮及局部改扩建以及其他使房屋保值增值等方面的服务与管理。

(3) 设备与设施的管理。设备与设施管理，通常被称为物业管理的核心，是关系到人们吃、穿、住、行，关系到物质与精神文明建设的一种管理。它包括对所辖各类基础设施、给排水、供电、供暖、通信、燃料、动力设备等的保养、检修，使之保持良好状态并正常运行的服务与管理，同时还包括为业主妥善管理房屋设备维修基金。

(4) 保安与消防管理。保安与消防管理是关系到人们生命财产和城市社区长治久安的管理。它包括对所辖各类安全与消防设备、设施、治安、保卫、安全、消防隐患等方面的服务与管理，以及配合公安和消防部门所作的住宅区内公共秩序维护和安全防范工作。

(5) 环境、卫生与绿地管理。环境、卫生与绿地管理，通常被人们称为物业的"窗口"管理，目的是提供温馨、舒适的环境，使人赏心悦目。它包括对所辖道路、电梯、楼内通道、绿化美化等保养、保洁的服务与管理。

(6) 交通协助管理。交通协助管理是针对物业服务区内车辆道路的管理，是区域内交通顺畅、内外联系快捷、建立有秩序的小区环境的保障。随着当前私家车辆的增多，交通协助管理的作用越来越重要。

(7) 公众代办性质的服务。公众代办性质的服务是当今人们生活节奏加快的必然产物，也是体现物业管理企业人性化服务的重要方面，主要包括为业主代缴水电费、煤气费等。

2. 与业主相关的针对性配套服务与管理

(1) 商业网点的设立。在现代物业管理中设立商业网点,是物业社会化服务的客观需要,是方便人们生活需要和提供全方位服务不可缺少的内容。主要包括副食餐饮、粮油、蔬菜、日用百货、土特产品、家电修理、公用电信、邮政代办和日用杂品等吃穿住行必不可少的商业配套服务与管理。

(2) 托儿所、幼儿园与中小学的设立。物业管理在具备物业规模经营的住宅小区内,设立托儿所、幼儿园、中小学校等教育设施,为物业使用人提供教育服务,解除了物业使用人对婴幼儿和青少年教育的后顾之忧,这些设施的设立是管理好物业小区的重要条件。

(3) 医疗保健网点的设立。物业管理尤其是住宅小区的物业管理,肩负着保"一方"身心健康的重任,扶老携幼,设立医疗、保健网点,使人们"大病"有去处,健康有保障,是物业配套服务与管理的重要内容。

(4) 娱乐、健身设施与社会福利场所的设立。满足人们日益增长的文化娱乐和身心健康需求是社会进步与发展的重要标志。物业管理在不断完善"硬件"服务的同时,为人们营造和谐、宽松的"软件"环境,使人们在工作、学习之余或茶余饭后,走向物业小区设立的文娱活动室、俱乐部、健身房、老年活动室、歌舞厅等文化、体育设施。物业管理为人们提供的先进"硬件"设施和营造"软件"休闲娱乐环境是我国物质文明和精神文明建设共同发展的客观要求。

(5) 日常生活服务的设立。这是指物业服务企业为业主提供的日常生活中衣、食、住、行等方面的服务,如代购日常生活用品、室内卫生清扫、饮食准备等家政服务和其他社会福利性的服务等。

(6) 物业中介机构的设立。在现代物业市场的形成与运作中,物业中介作为媒体,是物业全方面服务与管理不可或缺的组成部分。中介咨询是建立健全企业物业市场管理的客观需要。在以生活资料为主业的房屋与地产的产权、产籍等权属关系的管理中,发生变动与纠纷时需要物业中介的参与;房屋在长期消费中的维修、养护和改扩建等也会不断发生。设立物业不动产投资、估价、金融、法律和税务委托代理等中介机构,开展既服务于物业管辖内的房屋维修、产权纠纷,也服务于物业社区的业务咨询,是现代物业建章立制,实行物业市场规范化、法制化和企业化管理不可忽视的内容。

3. 与所在社区相结合的委托性服务与管理

这是指物业服务企业在物业管理合同中并未要求,在物业管理针对性服务中尚未设立,而物业产权人、使用人又提出了个别需求而受委托的服务。它是对上述两大服务类型的补充和完善。物业服务企业应在可能的情况下,以人为本,尽量满足其需求,这也是拓展其服务深度和广度的机会。

10.2 房地产开发项目的前期物业管理

10.2.1 前期物业管理的概念和特点

1. 前期物业管理的概念

《前期物业管理招投标管理暂行办法》第二条规定:"前期物业管理,是指在业主、业主大会选聘物业服务企业之前，由建设单位选聘物业服务企业实施的物业管理。”相对于前期物业管理，将业主、业主大会选聘物业服务企业并与之签订物业服务合同的阶段视为正常期的物业管理。

2. 前期物业管理的特点

(1) 法律基础特殊。正常期的物业管理法律关系建立在业主大会和物业服务企业两者基础上，而前期物业管理法律关系是根据建设单位与物业服务企业签订前期物业服务合同形成，而前期物业管理阶段业主陆续进入，决定了前期物业管理期间涉及的三方法律主体——房地产开发商、物业服务企业和业主。

(2) 过渡性。表现为以下三个方面：① 时间的过渡性。前期物业管理的期限，存在于业主、业主大会选聘物业服务企业之前的过渡时期。由于业主的入住是陆续的，从而业主大会的首次召开时间难以确定，因而前期物业服务的期限也是不确定的。② 物业服务企业的过渡性。物业服务企业经过前期物业管理阶段将面临两个结果，即继续留下从事正常物业管理工作或者被业主大会解聘。③ 前期物业服务合同的过渡性。前期物业服务合同是一种附终止条件的合同。前期物业服务合同的期限，存在于业主、业主大会选聘物业服务企业之前的过渡时期内。

(3) 内容有别于正常期物业管理。前期物业管理常常包括正常期的物业管理不包括的一些内容，如管理遗留扫尾工程、空置房出租或看管等物业管理事项。

(4) 房地产开发商或建设单位居主导地位。前期物业管理中的房地产开发商或建设单位居主导地位表现为以下两个方面。其一是前期物业管理阶段的物业服务企业是开发商或建设单位选聘的。其二是前期物业服务合同由开发商向业主出示。这并不表明开发商具有绝对的权利，而是由物业管理中必然的阶段所决定的。

10.2.2 前期物业管理的必要性

1. 对物业服务企业来说，有利于打造物业品牌

人们在选择物业、投资物业时十分注重物业管理这一指标，因为物业管理已成为人们生活质量的一个标志。房地产市场逐步走向理性和成熟，房屋除品质、功能、地段吸引购买力以外，物业管理的质量也成为企业品牌和产品品牌的重要内涵。

2. 对业主来说，有利于维护全体业主的合法权益

物业服务企业的基本职能就是代表和维护业主和使用人的利益对其所委托的物业进行有效的管理。物业服务企业作为物业的管理经营维护者，提前于未来的业主进驻物业管理区域进行前期管理，能对物业可能出现的问题及时把握和处理，为未来入伙的业主创造良好条件。

3. 对开发商来说，有利于把握市场

房屋的价格贵、投资大，如果产品定型后，与消费者的需求错位，则房屋难以出售或出租。物业管理服务是弥补开发建设不足的有力手段，前期物业管理是连接开发商与未来业主买卖关系的纽带，前期物业管理通过软性服务缩小需求错位，有助于开发的产品与市场对接。

4. 有利于后期管理工作的顺利进行

(1) 通过前期物业管理能及早发现各种问题。前期管理中物业服务企业可以以业主的

眼光和角度来审视项目，碰到问题早发现早解决，而不是等到业主入住才整改。

（2）通过前期管理可以全面了解所管物业。这包括掌握土建结构、管线走向、设备安装等情况，提前熟悉所安装的设备设施将确保物业管理单位从物业开始投入使用即能为业主提供良好的物业管理服务。

（3）通过前期管理，业主与物业服务企业可以建立密切的联系。这使得业主更了解物业管理的理念，为建立顺畅的服务渠道奠定基础。

（4）前期管理将促进物业服务企业初步建立同环卫、水电、煤气、通信、治安、维修、绿化等各部门之间的关系。外部环境逐步理顺，这也利于物业后期管理的进行。

5. 有利于促进物业的销售

房地产投资者和消费者，把物业管理水平的高低、效果的优劣，作为进行投资和消费决策的主要考量因素。因此，良好的物业管理是商品房销售的卖点之一，物业服务企业较高的服务水平，会使消费者满意，从而增强购买房地产商品的信心和欲望。

10.2.3 前期物业管理与早期介入

物业管理的早期介入，是指房地产开发商邀请物业服务企业在项目的规划设计阶段就提前介入，参与物业的规划设计、施工监理、竣工验收等各个环节的工作，确保建成物业符合业主的使用要求，并方便以后的物业管理。另外，物业服务企业以前期顾问等方式，在项目的开发建设阶段提前介入，也能从建筑物设计、施工及其对材料、设施设备的选择上就节能减排提出合理化建议，对实现“地毯物业管理”起到积极作用。前期物业管理与早期介入是两个不同的概念，它们的联系与区别如下。

1. 早期介入与前期物业管理的联系

从理论上讲，早期介入工作越深入对前期物业管理的实施越有利。因为早期介入提出的建议有利于物业的管理工作，对前期物业的管理具有指导意义，早期介入工作越细致深入，前期物业工作越便捷顺利。因此，早期介入是前期物业管理的重要铺垫。

2. 早期介入与前期物业管理的区别

（1）时间不同。物业管理的早期介入经历整个房地产开发、建设过程，这一过程大致划分为三个阶段，即规划设计阶段、施工安装阶段、竣工阶段。而根据《前期物业管理招投标管理暂行办法》第十九条规定，通过招标投标方式选择物业服务企业的，招标人应当按照以下规定时限完成物业管理招标投标工作：① 新建现售商品房项目应当在现售前 30 日完成；② 预售商品房项目应当在取得商品房预售许可证之前完成；③ 非出售的新建物业项目应当在交付使用前 90 日完成。

说明前期物业管理应该开始于竣工阶段前，即前期物业管理是在物业开发建设即将结束时开始的。

（2）性质不同。物业管理的早期介入是充当开发建设单位的参谋和顾问，是充当配角；而前期物业管理是全面开展各项物业管理服务，是充当主角。

（3）形式不同。物业管理的早期介入一般不签订正式的物业管理合同，而前期物业管理要签订正式的物业服务合同。

（4）内容不同。物业管理的早期介入主要是了解、熟悉施工过程和施工质量，从物业管理和使用角度对物业的设计、施工提出建议；而前期物业管理是对业主和使用人提供保安、卫生、绿化、停车管理等各项服务。

早期介入不是物业服务企业必须参与的，它只是向开发商提出便于日后正常阶段的物业管理顺利实施的建议，因此，并非实际物业管理工作的一部分；而前期物业管理则是物业服务企业必须进行的一个重要环节，它是物业项目顺利交接及业主顺利入住的关键工作。

10.2.4　前期物业管理的主要内容

1. 管理机构的设立与人员培训

按照《物业管理条例》及其相关细则的规定，开发商需通过招标选聘优秀的物业服务企业来进行前期物业管理。物业的前期服务合同一经签订，物业服务企业则应着手落实该物业的管理机构及管理人员。机构的设置应根据委托物业的用途、面积等确定；人员的配备除考虑管理人员的选派外，还要考虑操作层面如维修养护、秩序维护、绿化、清洁等人员的招聘。管理人员与操作人员确定以后，还应根据各自的职责进行培训，以便他们对所管理的物业有清晰的了解，明确各自的服务对象和职责范围。

2. 规章制度的制定

规章制度是实施和规范前期物业管理行为的重要条件，只有建立科学合理的规章制度，才能保证物业管理工作的顺利运行。规章制度必须以国家的法律、法规和政府部门颁布的相关文件为依据，结合物业管理的实践制定一些必要的、科学的管理制度和管理细则，保证物业的程序化、规范化、科学化、法制化。重要的规章制度包括：管理机构的职责范围、各类人员的岗位责任制、业主委员会的成立办法及协调沟通的制度、物业管理公约、用户（住户）手册等。这些文件和制度的制定应在业主入住以前完成。

3. 物业的验收与接管

物业验收是指物业建成以后有关部门依据国家有关建设标准及省市有关工程验收的技术规范与质量要求对已建成的物业的使用和养护。物业接管是开发商向物业管理单位移交物业的过程。物业的接管验收又称为物业的承接查验，不仅包括主体建筑、附属设备、配套设施，而且还包括道路、场地和环境绿化等，应特别重视对综合功能的验收。在整个物业接管验收过程中，物业管理企业还需要进行服务品质的定位或服务内容的延续，以及财产财务的核算交接等。

4. 业主入伙和装修管理

业主入伙是指业主或使用人收到书面通知书，在规定期限内办完相应手续并实际入住，即将物业正式交付业主或使用人使用的过程。前期物业管理阶段业主的入住是物业进入实质性管理运作启动的标志，是受托物业服务企业的一项具体工作。物业服务企业应根据接管验收过程中对物业的了解和掌握的实际情况，预先及时制定入住管理方案，拟定合理的入住程序，使物业管理区域的起始运作能处于一种规范、有序的良好状态，使业主能有序、便捷地办完相应手续，顺利进户。物业服务企业要加强业主装修的管理，以避免装修污染、装修扰邻、危害公共利益甚至装修工程质量事故的出现。

5. 物业档案资料的监理与管理

在物业服务企业接管物业和业主或使用人入住以后，物业服务企业应及时监理物业管理档案资料。物业管理档案资料包括物业及周围环境的资料、物业业主和用户的资料。物业管理档案资料是物业前期建设开发情况的记载，是以后实施物业工程维修、配套、改造必不可少的资料，也是物业转让或更换物业管理单位时必须移交的内容之一。尤其是发生故障时，物业管理档案资料就更显得必不可少。业主大会决定更换物业服务企业、新的物业服务合同生效时，撤管的物业服务企业应及时将物业管理档案资料移交业主委员会或新的物业服务企业。

6. 协助成立业主委员会

达到规定的条件，在区、县房地产行政主管部门，或街道办、乡镇人民政府指导下召开业主大会，选举并产生业主委员会，制定章程。当业主委员会选聘了新的物业服务企业以后，负责前期物业管理的物业服务企业应将档案资料等移交给业主大会确保物业管理的顺利交接。

10.3　物业服务企业的选择与招投标

10.3.1　物业服务企业的选择原则

《物业管理条例》第三条规定："国家提倡业主通过公开、公平、公正的市场竞争机制选择物业服务企业"。第二十四条规定："国家提倡建设单位按照房地产开发与物业管理相分离的原则，通过招投标的方式选聘具有相应资质的物业服务企业"。"住宅物业的建设单位，应当通过招投标的方式选聘具有相应资质的物业服务企业，投标人少于 3 个或者住宅规模较小的，经物业所在地的区、县人民政府房地产行政主管部门批准，可以采用协议方式选聘具有相应资质的物业服务企业"。《前期物业管理招标投标管理暂行办法》第四条规定："前期物业管理招标投标应当遵循公开、公平、公正和诚实信用的原则"。

公开原则要求增加招标程序、标书内容、评标定标标准等的透明度，以维护双方的合法权益。

公平原则要求所有的物业服务企业应当在同等条件下参加投标。

公正原则要求用同样的准则去衡量所有的投标者，即"一视同仁"。

诚实信用要求物业服务企业和招标者在物业服务企业的选聘活动中讲信用、恪守诺言，诚实不欺，在追求自己利益的同时不损害他人和社会利益，维持双方的利益以及当事人利益与社会利益的平衡。

物业服务企业的选择是通过物业管理招标投标来实现的。物业管理招标是指物业所有权人或其法定代表的开发商、业主委员会，为即将或已经建造完成的物业寻找管理者，编制符合其管理服务要求和标准的招标文件，向社会公开招聘并最终确定物业服务企业的过程。物业管理投标是指物业服务企业为了开拓业务范围，而依据物业管理招标文件的要求，组织编写并递交投标书，通过参加物业管理的竞争，争取获得物业管理权的过程。物业管理的招标与投标并非孤立存在，而是业主和物业管理企业之间，依托物业市场的双向选择行为。因此，物业管理的招投标活动，对于促进物业管理企业改进服务质量、效率，提高企业竞争能力和业主委员会的自治能力，培育、规范物业管理市场，具有重要意义。

10.3.2　物业管理的委托

1. 物业管理委托方

按物业产权归属和物业管理委托的时间，物业管理的委托方有房地产开发企业和业主委员会两类。

(1) 房地产开发企业。在以下两种情况下，开发企业是物业管理的委托方：对建成后以销售为主的物业，在物业建成和出售前，其产权归属房地产开发企业；对建成后并不出售或大部分不出售，而以出租经营为主的物业，其产权或大部分产权归房地产开发企业。

(2) 业主委员会。以销售为主的物业，当业主达到一定比例时，应成立业主委员会，它是全体业主的代表，物业管理委托方就是业主委员会。当业主只有一个或数量较少且经全体业主一致同意，决定不成立业主大会的，由业主共同履行业主大会、业主委员会职责，负责选聘、解聘物业管理企业，并签订物业服务合同。

2. 物业管理的委托内容

物业管理企业在接受业主对物业管理的委托时，因物业类型和业主委托的不同，其委托内容也会有较大的不同。总体上可以分为管理型物业管理和租赁型物业管理两种类型。管理型物业管理中，物业管理企业的重点是实施受委托物业的日常管理和服务，主要适用于业主自用的各类物业。租赁型物业管理中，物业管理企业对受委托的物业除实施管理权外还拥有经营权，为业主进行物业投资并取得一定利润或其他经营性物业和以租赁为主的高档居住物业。

业主委员会在委托物业管理企业时还需要履行与物业服务企业签订委托合同的职责，其主要内容有：① 物业基本情况；② 委托管理事项，包括建筑物共用部位的维护修缮，公共环境卫生的管理，公共秩序维护和交通车辆管理等；③ 委托管理期限；④ 双方可享有的权利和应履行的义务；⑤ 物业质量管理目标设定和物业服务费用协商约定；⑥ 违约责任等。

10.3.3 物业管理的招投标

物业管理招投标是推动物业服务企业向竞争性方向发展、提高管理服务水平的重要手段，也是进一步培育和发展物业管理市场的需要。1994 年 1 月 10 日，采用招投标方式确定的物业管理机构——深圳市万厦物业公司，获得了深圳市住宅局开发的莲花北村的物业管理权，被认为是我国首次把竞争机制引入到物业管理的运作过程之中。2003 年 6 月 26 日，建设部颁布了《前期物业管理招标投标管理暂行办法》，从法律规章上实现了规范物业管理招标投标活动，保护招标投标当事人的合法权益，促进物业管理市场的公平竞争。

1. 物业管理的招标

(1) 物业管理招标的内涵。物业管理招标通常是指物业所有权人或其法定代表的开发商或业主代表大会(业主委员会)，在为物业选择管理者时通过制定符合其管理服务要求和标准的招标文件，向社会公开，由多家企业竞标，从中选择最合适的企业，并与之订立物业管理合同的过程。招标人也可以委托招标代理机构在招标人委托的范围内办理招标事宜。

(2) 物业管理招标的类型。按照物业管理的内容，物业管理招标可分为三种类型：① 管理服务型物业管理招标，即仅围绕物业管理服务等内容进行招标。② 租赁型物业管理招标，即不仅针对所在物业的管理服务进行招标，也对其租赁经营等进行招标。③ 专项型物业管理招标。业主委员会或物业管理企业针对物业管理活动中的某些管理项目进行专项招标，如保安、保洁等。

(3) 物业管理招标的方式。物业管理招标的方式通常有三种，即：

① 公开招标(无限竞争性公开招标)：指招标单位通过报刊、广播、电视、新闻发布会，发

表招标广告，公告其项目的内容、管理水平、质量的要求、招标条件及开标日期等有关内容，由物业管理企业购买招标资料进行投标竞争的方式。

② 邀请招标(有限竞争性选择投标)：指由招标单位根据自己积累的经验和情报资料，有选择地向具有管理能力的若干物业管理公司(三个以上)发出招标通知，说明招标工程情况和要求，并邀请其参加投标的方式。

③ 协商投标(议标)：指物业管理企业即将完成前面物业管理委托合同时，业主委员会基本满意物业管理工作，为下一个合同期服务邀请该物业管理企业进行协商，确定物业管理有关事项的一种特殊的招标方式。

(4) 物业管理招标文件的内容。根据《中华人民共和国招标投标法》和《前期物业管理招标投标管理暂行办法》的规定，招标人应当根据物业管理项目的特点和需要，在招标前完成招标文件的编制。招标文件应包括以下内容：

① 招标人招标项目简介，包括招标人名称、地址、联系方式、项目基本情况、物业管理用房的配备情况等。

② 物业管理服务内容及要求，包括服务内容、服务标准等。

③ 对投标人及投标书的要求，包括投标人的资格、投标书的格式、主要内容等。

④ 评标标准和评标方法。

⑤ 招标活动方案，包括招标组织结构、开标时间及地点等。

10.3.4 物业服务合同

物业服务合同，是指物业管理企业接受小区业主或业主委员会的聘任和委托提供物业服务，业主支付服务费用的书面协议。它明确了物业管理企业和业主各自享有的权利与承担的义务，是建立业主和物业管理企业关系的法律文件，提供了当事人双方活动的范围和准则，是业主的权利保障书，在整个物业管理活动中处于核心地位。正确认识物业服务合同相关内容及注意事项，对每位业主都很重要。

1. 物业服务合同的性质

一般情况下，物业服务合同是在业主委员会成立后三个月内，最多不超过六个月与选定的物业管理企业签订的。根据合同，物业管理企业提供规定的服务，而业主要支付相应的物业服务费用。物业管理企业和业主之间是民事合同的双方当事人，是平等的主体，享有各自的权利和义务。二者之间订立的是民事法律关系，适用民事法律关系的基本原则：平等、自愿、公平、等价有偿和诚实信用。所以，物业服务合同是平等主体之间成立的民事合同，适用合同法的一般原则。

2. 物业服务合同的特征

物业服务合同是典型的民事合同，但不存在于现今《合同法》规定的15种有名合同中。它由民事合同的双方当事人——业主委员会和物业管理企业协商制定，是双方意思表示一致的产物。

物业服务合同实现了物业所有权和管理权的分离。物业管理企业凭借专业物业管理技能为业主服务，行驶管理权；业主则依托物业所有权对物业管理企业进行监督。

物业服务合同是双方合同，即签订物业服务合同的双方当事人互享权利，互尽义务，双方的权利和义务也是相对而言的。

物业服务合同是有偿合同。业主在聘请委托物业管理企业对物业进行管理服务时，需要为物业管理服务向物业管理企业支付必要费用和一定的酬金。

3. 物业服务合同的主要内容

物业服务合同应包括以下主要内容：

(1) 物业管理事项。包括物业的基本情况以及物业管理企业应为业主提供管理服务的具体内容。

(2) 服务质量。对物业管理企业提供的管理服务规定的具体的质量要求。

(3) 服务费用。包括收费方式(包干制或酬金制)、收费事项、标准及日期等。

(4) 双方的权利及义务。明确合同双方在物业管理服务中可以享有的权利和应当履行的义务。

(5) 专项维修基金的管理和使用。因为专项维修基金的特殊性和敏感性，需要当事人在国家规定的基础上对其管理和使用的规则、方式、程序等做出明确具体的约定。

(6) 物业管理用房。细化物业管理用房的配置、用途、产权等。

(7) 合同期限。双方当事人协议商定合同条款的期限。

(8) 违约责任。明确物业服务合同中一方当事人或双方当事人不履行合同时应当承担的法律责任。

此外，物业服务合同一般还应载明合同变更与解除的约定、解决合同争议的方法以及其他约定的事项内容等。

4. 物业服务合同的变更与废除

物业服务合同一经签订就对当事人具有法律约束力，任何一方不应擅自变更。但在实际履行过程中如果主客观情况或条件发生变化，经由合同的双方当事人在协商一致的情况下，可以对原合同内容进行变更。物业服务合同变更后，应到行政主管部门备案。物业服务合同在合同的有效期内，遇到：① 约定解除合同的条件成立；② 双方当事人协商一致解除；③ 物业管理企业被吊销资质、破产、解散等；④ 合同期限届至；⑤ 其他原因等情况，合同关系解除。

10.4 物业承接查验

物业承接查验是一项技术难度高、专业性强、对日后的管理有较大影响的专业技术性工作。在进行物业承接查验工作时，要以《物业管理条例》的有关规定指导，具体依据主要包括：一是住房和城乡建设部发布的《物业承接查验办法》，该办法对物业承接查验制度做了规范性详细规定；二是原建设部发布的《房屋接管验收标准》，该标准是各项设施的承接查验的技术规范。

10.4.1 物业承接查验的含义

1. 物业承接查验的概念

物业承接查验是指承接新建物业前，物业服务企业和建设单位按照国家有关规定和前期物业服务合同的约定，共同对物业共用部位、共用设施设备进行检查和验收的活动。物业承接查验发生在房地产项目竣工验收合格后，物业服务企业于业主入住前。在条件具备或物业服务企业前期介入充分时，物业的承接查验可以和房地产项目的竣工验收同步进行。物业服务企业对物业进行查验之后将发现的问题提交房地产开发企业进行处理，然后同开发企业进行物业移交并办理移交手续。

2. 物业承接查验的条件

根据住房和城乡建设部颁布的《物业承接查验办法》规定，实施承接查验的物业，应当具备以下条件：① 建设工程竣工验收合格，取得规划、消防、环保等主管部门出具的认可或者准许使用文件，并经建设行政主管部门备案；② 供水、排水、供电、供气、供热、通信、公共照明、有线电视等市政公用设施设备按规划设计要求建成，供水、供电、供气、供热已安装独立计量表具；③ 教育、邮政、医疗卫生、文化体育、环卫、社区服务等公共服务设施已按规划设计要求建成；④ 道路、绿地和物业服务用房等公共配套设施按规划设计要求建成，并满足使用功能要求；⑤ 电梯、二次供水、高压供电、消防设施、压力容器、电子监控系统等共用设施设备取得使用合格证书；⑥ 物业使用、维护和管理的相关技术资料完整齐全；⑦ 法律、法规规定的其他条件。

3. 物业承接查验的作用

现阶段，我国实行物业承接验收制度具有以下几方面的现实意义：

(1) 物业管理企业在承接物业项目时对共用部位、共用设施设备以及档案资料认真清点验收，各方共同确认交接内容和交接结果，有利于明确各方的责、权、利，对维护建设单位、业主和物业管理企业的正当权益，避免矛盾纠纷，都具有重要的保障作用。

(2) 实行物业承接查验制度，可以督促建设单位根据规划设计标准和售房约定，重视物业共用部位、共用设施设备的建设，对提高建设质量，保障业主财产权益具有重要意义。

(3) 实行物业承接查验制度，可以弥补前期物业管理期间业主大会缺位的弊端，加强物业建设与物业管理的衔接，保障开展物业管理的必备条件。而在新老物业管理企业交接时进行承接查验，有利于界定物业共用部位、共用设施设备的管理责任。

4. 物业承接查验与竣工验收的区别

承接查验与竣工验收密切相关，但两者又有着根本的区别，主要表现在以下几个方面。

(1) 目的不同。承接查验是物业管理企业为了分清管理责任，对即将进行管理的物业进行质量验收；竣工验收则是建设单位在工程项目建成后，为了取得物业进入市场的资格，对其是否合格进行的质量验收。

(2) 性质不同。承接查验是在竣工验收合格的基础上以主体结构安全和满足使用功能为主要内容的再检验；竣工验收则是为了检验房屋工程是否达到规划设计文件、建筑安装施工及检验规范的要求。

(3) 验收主体不同。承接查验的主体是物业管理企业；竣工验收的主体则是房地产开发企业，甚至建设行政主管部门。

(4) 交接对象不同。承接查验是由物业管理企业接管房地产开发企业移交的物业；竣工验收则是开发商验收承包商移交施工完毕的物业。

10.4.2 物业承接查验的程序

房地产开发公司与物业服务企业针对房地产开发项目的交接程序如下：① 确定物业承接查验方案；② 移交有关图纸资料；③ 查验共用部位、共用设施设备；④ 解决查验发现的问题；⑤ 确认现场查验结果；⑥ 签订物业承接查验协议；⑦ 办理物业交接手续。

一旦物业服务企业签发了承接查验文件，办理了必要的手续以后，整个房地产开发项目接管工作便正式宣告结束。

10.4.3 物业承接查验的内容

物业承接查验活动由物业建设单位或业主委员会组织实施。建设单位选聘物业管理企业的，应当在首位业主入住之前与物业管理企业办理物业承接验收手续，并将承接查验记录作为物业管理档案。物业承接查验包括物业管理资料移交和物业现场验收两部分。

1. 物业管理资料移交

物业管理资料是物业管理企业对物业实施管理的重要基础。《物业管理条例》对此现象进行了规范，要求物业承接验收时，建设单位向物业管理企业移交下列物业资料：① 竣工验收资料，包括竣工总平面图，单体建筑、结构、设备竣工图，配套设施、地下管网工程竣工图等资料；② 技术资料，包括设备设施的安装、使用和维护保养等资料。③ 物业质量保修文件和物业使用说明文件；④ 物业管理所必需的其他资料，如物业的规划、建设的有关资料，有关房屋产权权属的资料，工程验收的各种签证、记录、证明等。

2. 物业现场验收

物业现场验收包括物业共用部位、共用设施设备验收和物业管理区域环境验收两个方面。

(1) 物业共用部位、共用设施设备验收

主要涉及以下内容：① 对给水和暖气管线做打压试验，检查各类阀闸是否灵活，各类配件、支架是否齐全完好，检查排水系统是否通畅；② 检查相关的仪表、仪器是否齐全、完好，所有设备设施是否符合国家规定的安全标准；③ 检查消防、采暖、电梯等是否有政府认可的专业验收合格证书；④ 检查空调、发电机、电梯机房、高压泵房等高噪音设备设施是否有环保验收合格证；⑤ 检查沟、井等附属设施是否符合规定要求。

(2) 物业管理区域环境验收

主要涉及以下内容：① 检查道路、围墙是否完整，物业管理区域的道路是否与大市政主干道正确接通；② 临时设施及临时用房是否拆除清理干净，场地是否平整；③ 物业区域是否建立垃圾存放处或垃圾中转站；④ 停车场是否符合交通管理部门要求，有否交通标志和减速设施；⑤ 绿化是否符合设计要求，草坪、花卉、乔灌木长势是否良好，有否病虫害。

复习思考题

1. 应如何理解物业管理的含义？
2. 房地产开发项目前期物业管理的作用有哪些？
3. 简述房地产开发项目前期物业管理的招投标程序。
4. 前期物业服务合同如何签订？
5. 房地产开发企业前期物业管理的工作有哪些？
6. 如何理解物业承接查验的作用？

参考文献

[1] 陈建敏,唐欣.房地产开发经营与管理[M].北京:北京大学出版社,2009.
[2] 陈林杰.房地产开发与经营实务[M].北京:机械工业出版社,2014.
[3] 丁烈云.房地产开发[M].北京:中国建筑工业出版社,2014.
[4] 国家发展改革委,建设部.建设项目经济评价方法与参数[M].北京:中国计划出版社,2006.
[5] 韩朝.物业管理学[M].北京:高等教育出版社,2007.
[6] 何红.房地产开发经营与管理[M].北京:化学工业出版社,2008.
[7] 黄安心.物业管理概论[M].北京:高等教育出版社,2011.
[8] 建设部.房地产开发项目经济评价方法[M].北京:中国计划出版社,2000.
[9] 李明哲.房地产开发项目经济评价案例[M].北京:中国计划出版社,2002.
[10] 刘洪玉.房地产开发经营与管理[M].北京:中国建筑工业出版社,2017.
[11] 刘学应.房地产开发与经营[M].北京:机械工业出版社,2017.
[12] 刘亚臣.房地产经营管理[M].大连:大连理工大学出版社,2012.
[13] 吕萍.房地产开发与经营[M].北京:中国人民大学出版社,2011.
[14] 任宏,王瑞玲.房地产开发经营与管理[M].北京:中国电力出版社,2008.
[15] 施建刚. 房地产开发与管理[M].上海:同济大学出版社,2014.
[16] 石海均.房地产开发[M].北京:北京大学出版社,2010.
[17] 谭术魁.房地产开发与经营[M].上海:复旦大学出版社,2015.
[18] 赵延军.房地产策划与开发[M].北京:机械工业出版社,2017.
[19] 郑晓云.房地产开发与经营[M].北京:科学出版社,2010.